MW01241251

EL ARTE DE EDUCAR
A NIÑOS DIFÍCILES

EL ARTE DE EDUCAR
A NIÑOS DIFÍCILES

Herramientas Neuropedagógicas para padres y maestros

MARIBEL RAMÍREZ

EL ARTE DE EDUCAR A NIÑOS DIFÍCILES.

ACERCA DEL AUTOR

Soy docente universitaria, licenciada en pedagogía, con maestría en educación y docencia. Actualmente curso el Doctorado en educación, como todo maestro siempre me encuentro estudiando, tengo diversos diplomados de diversa índole, incluso en Arte, me encanta aprender. Cuento con más de 20 años de experiencia en la práctica docente en los diferentes niveles educativos y en atención a problemas de aprendizaje en consultoría particular.

Me decidí por la pedagogía tras la bendición de recibir en mi vida a mi hija mayor, quien desde que nació nos mostró que el mundo es de muchos otros colores que yo no conocía. Mis circunstancias desde antes de mi nacimiento me definieron con una condición que me imposibilitaban la convivencia social, la integración a grupos y el aprendizaje escolar de manera común, entonces mi afección por la buena comida me llevo al campo de la nutrición. La vida se encarga de darnos sorpresas y encaminarnos en rumbos inesperados.

En mi condición tener a una bebé que estuviera en el "lado contrario", pues presentó muy pronto sus habilidades cognitivas por encima de los neurotípicos, me abrió la puerta para encontrarme con la pedagogía.

La pedagogía no solo me ayudó a entender a mi pequeña hija, sino que me posibilitó, además de resolver mis propios conflictos en un mundo poco o nada incluyente, el apoyo a otras personas en condiciones similares.

Ahora tengo la oportunidad de trabajar con educadores y profesionales en formación en psicología, pedagogía y otras carreras de diversa índole. Algunas tienen que ver con áreas como lenguaje, comunicación, memoria y demás, sin embargo, todas convergen en un punto en común: el aprendizaje.

Mi mensaje siempre es el mismo: el amor nos salva, a mí me salvó, salvó a mi hija y sé que aprender a amar es la posibilidad para mi entorno, mi sociedad y la misma humanidad para alcanzar nuestro potencial y hacer del mundo un lugar mejor, este puede ser nuestro hogar, nuestra comunidad, nuestro salón de clases, ese pequeño círculo social en el que aportamos y que nos construye. No me refiero al amor romántico, ese que surge como llamarada y que desaparece a la primera de cambio, ese que confunden con enamoramiento, sino el que se sostiene del aprendizaje constante, de la disciplina y la convicción de nuevas posibilidades.

Comparto aquí con afecto, pues representan mis vivencias personales y profesionales, que sirvan para ser enriquecidas o cuestionadas, que sean el vínculo para hallar la respuesta en el momento adecuado, que posibiliten el tránsito a otra mirada, a cambiar de observador o simplemente para coincidir con mi lector.

NOTA AL LECTOR

Imagina que tienes una hija pequeña de 6 años que recién ingresa a la primaria. A ella le encanta trepar árboles, brincar, es muy ágil con las piruetas en gimnasia; además, le gusta investigar, sigue observando y aprendiendo con asombro; les teme a las lombrices, pero las procura cuando su mami lava el pasillo del patio, las lombrices salen y se retuercen, con el riesgo de secarse al sol ella toma la regadera y las lava para que sigan su camino.

La pequeña solía añorar asistir a la escuela, ahora las horas ahí se convierten en pruebas insostenibles de permanecer quieto, callado, recibiendo información y repitiendo, ella tan menudita como es recibe de sus compañeros burlas y ciertos abusos que parecen inadvertidos para la maestra, excepto cuando hay que llamarle la atención y enviar notas reprobatorias a casa. Cuando se le pregunta a la maestra las recomendaciones para la pequeña contesta que no sabe que pasa, pero algo está mal con la niña.

La niña es atendida por sus padres preocupados, entonces acude a terapia y recibe valoración psicopedagógica. El resultado es que es una niña sana, algunas recomendaciones para los padres y maestros: estimular su aprendizaje con movimiento... ¿No era acaso esa su naturaleza?

Generalmente, los padres que asisten a consulta psicopedagógica suponen que algo está mal con sus hijos, ya sea porque el niño se comporta "mal", es decir, sus conductas no son lo que esperan en el momento específico, ya sea por apreciación de ellos o de los maestros. En otras circunstancias padres y maestros enfrentan diferencia de opiniones, donde por lo general el tema es que el niño tiene problemas.

No es común ver a padres o maestros revisar sus métodos de educación, ese es el tema de este texto. Cuando hay problemas en las manifestaciones de los niños poco son los educadores que revisan sus conductas o piden ayuda para modificar lo que están haciendo.

Esta es una invitación a mirar en retrospección y planificar en proyectiva sobre las conductas que queremos ver en nuestros niños, que los adultos cambien de observador, tomen acción y el control de su vida para ayudar al niño a encontrar sus fortalezas, a desarrollar su pasión en esta vida conforme avance en las etapas del desarrollo y logre su independencia.

No es un recetario de qué debe hacer cada educador, porque el principio que sustenta esta experiencia es el reconocer la individualidad de los menores, sus características personales y su temperamento.

La importancia de la disciplina como mediadora del amor, sugiere un cambio de visión y toma de conciencia para luego trascender en los espacios educativos donde el menor se desenvuelve. Se trata de generar redes de apoyo alrededor de nuestros niños, porque ellos son los hijos de todos.

Si algo nos ha permitido la neurociencia es entender que, en estructura el cerebro es similar en todos los humanos, pero cada uno conserva su individualidad, cada uno es irrepetible, es único. Aunque en el texto a revisar se presentan algunos datos y resultados de la investigación o recogida de información, en materia de educación siempre lo importante es considerar la individualidad, ya sea que se trate de un caso de un estudiante con una condición particular o no, el punto de partida siempre será: conocer al niño, su condición, con una discapacidad o sin ella, conocer cualquier tipo de situación especial en torno al menor.

Así que este es un llamado a considerar las diferencias como una forma de riqueza social, a la sensibilidad y respeto por los niños que se muestran distintos al resto. Cuando en una familia hay varios hijos —se dice de ellos— son como los dedos de la mano, todos distintos. A mis grupos de clase me gusta imaginarlos a cada uno como una pieza musical compuesta con notas variadas, con instrumentos que al interpretarla adecuadamente le dotan de esa armonía que apela a nuestra emocionalidad. Así nuestros alumnos, al ser distintos nos aportan, nos motivan a buscar, mejorar y reevaluar nuestra practica educativa.

Tanto para el músico intérprete como para el educador, adquirir habilidades implica tiempo de dedicación en el conocimiento y práctica en la ejecución de su obra, el mismo cerebro se transforma en ese proceso, por ello es importante considerar la disposición para lograr la meta.

Como una enamorada de la educación puedo distinguir entre aprender y transformar. En este caso cuando lees un libro, y este hace ruido en tu interior dadas tus necesidades, tomas de él lo más trascendente de lo que necesitas, el 80% del mismo se pierde, se olvida, no hay un cambio en ti, no hay transformación.

Y es que la trasformación cambia tu visión del mundo y con ello tu actitud y tus decisiones, pasas de ser víctima a ser el protagonista, el autor de tu propia vida.

Por eso este proyecto ofrece una trasformación en varios sentidos, sin embargo, si decides leerlo sin realizar los ejercicios solo podrás disfrutar de la lectura como de cualquier otro libro, perdiéndote la oportunidad de desarrollarte y con ello trasformar el mundo ¡tú mundo!

Esta obra muestra, además de un poco de mis años como madre y maestra, la literatura que lo fundamenta por ello su respaldo es tanto de carácter científico como práctico. Como una profesional de la educación mi recomendación siempre es cuestionar:

¿Cuál es la investigación que sustenta estas ideas?

¿Qué paradigmas científicos ilumina este punto de vista?

¿Hay evidencias de que esto se aplique a la vida, en casa o el aula?

En este sentido la propuesta estriba en mi invitación por conocer esta ciencia cerebral que nos brinda posibilidades acordes a la problemática social cada vez más incierta para nuestros hijos.

Además, debemos reconocer que la neurociencia ha hecho aportaciones a la educación desde aspectos clínicos como el autismo, déficit de atención, hiperactividad, trastornos del lenguaje y del aprendizaje, por lo que esperamos que se sigan construyendo estos aportes y veamos pronto nuevos avances a fin de ayudarnos en la tarea educativa de desarrollar potencialidades, a veces tan alejados de nuestra visión.

Por todo ello esto es mi proyecto con amor en bien de los que más amamos.

AGRADECIMIENTO

Escuché la primera vez sobre neurociencia cuando salí de mi examen de título de la licenciatura de Pedagogía, carrera profesional que decidí hacer para entender y educar adecuadamente a mi hermosa hijita, quien desde que nació se hizo notar por su inteligencia y su temperamento. Aquel día de mi titulación una de mis sinodales se acercó a mí para felicitarme y mientras me daba un abrazo me susurró al oído: Ve hacia la neurociencia.

Ha sido un camino largo en mi búsqueda por aprender y encontrarme con la neuroeducación, tanto he sido víctima de la estafa, como también bendecida con el encuentro de profesionales de talla internacional que han contribuido a mi formación, todo ello a partir de abrazar la neurociencia.

Gracias a mis maestros en la licenciatura que siempre creyeron en mí: Al maestro Germán Ignacio Salgado Martínez, quien sigue siendo mi inspiración, a la maestra Martha Reid Rodríguez quien me susurró al oído la propuesta.

Gracias al Consejo Mexicano de Neurociencia por el cobijo y la orientación oportuna, la formalidad y exigencia en la formación me permite dar respuesta a mis inquietudes, ampliar mis horizontes de profesionalización y apoyo a quienes lo han necesitado.

A mi amiga Araceli González por su siempre apoyo moral y acompañamiento en este transitar llamado vida.

A Laura Botto, en Argentina, quién me ha acompañado, escuchado y servido como un espejo para trabajar mis emociones en este trayecto, en esta decisión de ofrecer lo que la experiencia y el amor por la vida me han dado.

A mis amigos artistas, que me muestran confianza en consultas, sus comentarios positivos y su fe en este proyecto: Lucero Carlota, Humberto.

Y gracias especialmente a mis hijos. A mi hija mayor, Sary, que debido a su diferencia ha sido el más grande impulso para seguir aprendiendo en este tema de atención a los menores. Esta es una disculpa pública por lo que no hice, lo que hice de manera incorrecta, y también el reconocimiento de que siempre me he esforzado por aprender para entenderla y aceptarla como es, lo que me ha ayudado a ampliar mi visión y apoyar a otros.

A mis hijos Mit y Betito que con su entusiasmo y habilidades me nutren, me apoyan, me animan, por alcanzar mis proyectos. Su amor, paciencia y compañía alimenta mi entusiasmo por compartir para ayudar, especialmente a aquellos que algunas veces no saben qué rumbo tomar en esto de educar.

Gracias.

A Sary, mi hija nacida en mi desierto del conocimiento neuronal, me llevó a descubrir el valle del amor y dicha para después recibir a
Mitzy, Betito
y Aby

ÍNDICE

INTRODUCCIÓN

Bajo ninguna circunstancia los niños deberían sufrir violencia o ser testigo de ella ¡De ninguna manera! Sin embargo, deben ser cobijados en la disciplina y el amor para alcanzar su potencial humano.

Educar se vuelve, en muchas ocasiones, en la tendencia a llevar la exigencia al trato violento; o en nombre del amor la falta de cuidado y atención, lo que se conoce como modelo parental permisivo, en ambos casos se traduce en conductas disruptivas.

Los problemas de conductas se definen como formas inadecuadas que asumen los niños como respuesta al trato que han recibido, hoy sabemos que desde la gestación el bebé ya está recibiendo información, entre la información genética y el entorno, nuestro medio socio-cultural van determinando nuestro carácter y nuestras acciones cotidianas.

En este sentido tal vez el desafío más importante sea renombrar nuestros conceptos, renovar nuestras conductas y aprender formas sanas para relacionarnos con los menores.

En la consulta pedagógica he observado ciertas constantes, variables de origen genético, la relación entre padres, relación padres-hijos y otros miembros de la familia que inciden en la conducta del menor. El entorno en el que se desarrolla el niño deriva en problemas para los padres porque los niños responden de forma no esperada o conveniente para los educadores, pues más tarde esas acciones se llevan a la escuela ampliándose el problema y volviéndose un dolor de cabeza para todos alrededor del niño.

En mi caso, fui bendecida con una niña muy diferente, tan opuesta a lo que yo era y conocía, me convirtió en una lectora asidua, en pedagoga. Desde entonces todo cuanto se refiere al aprendizaje, el cerebro, y desarrollo humano me interesa.

Tras escuchar a Reina I. Aburto, consejera de la sociedad de socorro, organización a la que pertenezco y sirvo con todo cariño, en la Conferencia General Semestral 189, donde ella señaló la importancia de abordar temas de salud emocional, sobre todo si son tan delicados como el suicidio. Yo había visto, en mi infancia y adolescencia, a mi madre intentar quitarse la vida en varias ocasiones, pues ella había sido víctima del abuso y maltrato tantas veces que la llevó a una condición de salud peligrosa, ese día entendí la importancia de poner en palabras nuestras experiencias sanadoras, después de tantos años de buscar respuesta, y mirar como mi hija nunca se dio por vencida hasta descubrir su padecimiento, trastorno límite de la personalidad, comprendí que podía hacer un poco más para difundir nuestra experiencia y el camino a la estabilidad emocional.

Por ello decidí difundir las ideas y conocimientos que pueden servir a otros, para hacerles saber que no están solos en esta tarea de responsabilidad infinita, como es el cuidar de un mundo de posibilidades en una pequeña criatura que llega a nuestra vida para enseñarnos a amar y aceptar que podemos cambiar, transformarnos en función de ser mejor y aportar un poquito al mundo.

Cabe resaltar que, como pedagoga, simpatizo con la idea de que no es conveniente, ni adecuado aceptar las ideas de alguien solo porque las piense o se sienta "inteligente". Con la difusión cada vez mayor de la neurociencia se ha caído en la tendencia de banalizar lo que puede ofrecer: aumentar ventas, captar incautos o seguidores faltos de criterio, entonces, aparecen terminologías como neurocultura, neuromarqueting, neuroeconomía, etc. Poner el prefijo "neuro" para llamar la atención.

Cuando una ciencia avanza tenemos que estar muy atentos para detectar modas, propaganda o aprovechados solo para obtener beneficios privados. En este caso mi intención es difundir estos conocimientos con la advertencia de que la neurociencia es una ciencia que está en constante descubrimiento y que puede renovarse con el paso del tiempo, sin embargo, sí es oportuno reconocer que las aportaciones que nos ofrece nos dan nuevas explicaciones que nos permiten comprender el tema que nos interesa: Educar, contar con herramientas actuales para padres y maestros.

La neuroeducación nos abre la posibilidad de fundamentar el diseño de estrategias, no convencionales, para atender el desarrollo de la personalidad. Además, nos permite confirmar muchas de las practicas pedagógicas, rescatándolas del baúl de los olvidos. Por ello acudo a las fuentes de información reconociendo en cada una de mis propuestas su sustento.

Cuando mi hija me dice que mi amor la salvó (del suicidio) pienso en lo que significan sus palabras y considero que deben replicarse, así como la emoción y nuestra relación. Ella es un adulto que me aporta, me marca la pauta, y yo le sigo aportando, sigo siendo su mamá.

Este texto se presenta dividido en cinco partes, cada una encierra la explicación del título de esta obra. Cada parte contiene capítulos que comprenden porciones de mi vida, explicación neurocientífica, sugerencias y actividades. Puede leerse como se prefiera, de principio a fin o solo realizar las actividades, o simplemente buscar las sugerencias o la información neuro o bien, como sugiero, capítulo tras capítulo pues está hecho por una mamá que buscaba soluciones inmediatas, pero también por una profesional que puede sistematizar su práctica.

La parte 1 Conócete a ti mismo: A manera introductoria tiene el propósito de iniciarte en el viaje neuronal y rescatar la riqueza de tu propia historia, que empieces a contar tu historia, a reconocer quién eres, lo importante que eres y descubrir tus posibilidades, por lo cual abordo mi propia vulnerabilidad, tal como me percibo, porque cuando uno asume su debilidad ésta se fortalece. Pretendo justificar lo oportuno de la pedagogía y la neurociencia en la formación y convivencia con los niños. La conveniencia de que padres, maestros y estudiantes conozcan el funcionamiento cerebral.

La parte 2 **El arte** no es un modo de expresión, sino de impresión: Alude a las primeras palabras de esta obra, rescata la importancia del **Arte** en todo proceso educativo, tanto a lo largo de la historia de la humanidad como en el desarrollo de todo individuo, la pedagogía como actividad artística al educar, así como actividad para incentivar el desarrollo neuronal.

La parte 3 Sacar fuera o dar forma: elude a la palabra **Educar**, qué es educación y cómo se espera que sea la acción de educar. Origen del desafío desde la misma etimología y su evolución, la importancia del surgimiento de la neuroeducación a partir de la neurociencia, nos ofrece un recorrido histórico del desarrollo de esta ciencia, para concretar en el fundamente la propuesta neuro-pedagógica

La parte 4 **Niño difícil** de educar, rescata la importancia del temperamento, su aceptación y la importancia de trabajar el carácter en cada etapa del desarrollo. Compuesto por dos capítulos, abordan la diferencia entre temperamento y carácter, la importancia de reconocernos y reconocer el de nuestros niños. El abordaje de manera general de las propuestas teóricas en cuanto a las etapas del desarrollo del niño.

La parte 5 **Herramientas** para construir humanidad: Por fin abordamos la formación escolar y su relación con la educación de casa considerando las aportaciones **neuropedagógicas**, la importancia de respetar el trabajo docente y cuidado de los educadores, o quizá debería escribir: el cuidado de los cuidadores, la importancia de la salud emocional de los adultos que atienden a menores para fomentar la inteligencia emocional como esencia de la educación del siglo XXI.

Con todo el cariño de una madre por sus hijos, su profesión y la vida, decidida a seguir aprendiendo, comparto mi conocimiento, convicciones y experiencias en esta obra.

PARTE I
"CONÓCETE A TI MISMO"

{...} la corteza cerebral semeja un jardín poblado de innumerables árboles, las células piramidales, que gracias a un cultivo inteligente pueden multiplicar sus ramas, hundir más lejos sus raíces y producir flores y frutos cada día más exquisitos.

SANTIAGO RAMÓN Y CAJAL

CAPÍTULO 1:
ESCRIBIENDO NUESTRA HISTORIA.

"El defecto por sí solo no decide el destino de la personalidad, sino las consecuencias sociales y su realización sociopsicológica. Desde la perspectiva del futuro es la pedagogía un manantial inmenso de posibilidades en la formación del hombre y su futuro".

Lev S. Vygotsky

A la edad de 18 años había concluido el programa de Mi Progreso Personal, el cual marcó mi vida desde entonces y hasta la fecha sigue siendo mi metodología de vida, la manera como he decidido recorrer mi trayecto en este viaje terrenal. Este programa lo he trabajado desde los 12 años y me ha ayudado a subsanar muchos aspectos de mi vida.

Me gradué con los honores correspondientes y la certeza de que tenía mi vida a futuro bien planificada, pensaba estudiar nutrición en la unidad universitaria de reciente creación de la preparatoria en la que me había graduado, la cual contaba con el aval de la Universidad del Estado de México, y formaría una familia a la que podría alimentar adecuadamente por los conocimientos que habría adquirido en mi carrera profesional; pero la propia vida se encargaría de enseñarme que había otros planes para mí.

Soy la tercera de seis hijos y desde pequeña me costó entender con claridad lo que sucedía a mi alrededor. La mayor parte de los recuerdos de mi infancia están relacionados con los hospitales porque allí pasé muchos de esos años, siempre estaba enferma. A veces, cuando vuelvo mi mirada hacia esos años me recuerdo muchas veces llorando sola en las madrugadas en un cuarto de hospital, veo a una niña de 5 o 6 conectada a un suero o algún aparato pidiendo a su mamá porque la necesita, una niña que se halla internada en una sala fría de alguna clínica compartiendo el espacio con niños quemados o atormentados por el dolor, otros niños y adultos desconocidos que tenían en común las vestimentas blancas, los rostros serios y tristes, las tragedias que les habían ocurrido en su vida. Así que recuerdo mejor a las enfermeras y a mis compañeras de cuarto que a mis maestros de la primaria, y a los de preescolar no podía ni siquiera mencionarlos porque no lo cursé. No podría tampoco decir cómo aprendí a leer, pues no recuerdo haber cursado un grado completo, siempre terminaba en el hospital o enferma y recibiendo los cuidados necesarios en casa; sin embargo, siempre procuraba apegarme a las indicaciones de mis padres y maestros. Creo que fui una niña obediente en todo.

Papá me había dicho que no podía tener novio hasta que cumpliera los 18 años y así lo hice, yo obedecí. A cualquiera que se acercara a mí con la pretensión de tener una relación de noviazgo conmigo yo le respondía que si me dada una buena razón para ser novios aceptaría; pero nadie pudo convencerme porque para mí era más importarme cumplir con el mandato que había hecho mi papá. Cuando él advirtió que yo tenía cierta dificultad para relacionarme y no tenía amigos, escogió a una persona para que me invitara a salir, mi padre ofreció su aprobación y el resto de la historia la escribimos nosotros.

Durante esos años mis cuatro hermanos y yo no crecimos junto con mi hermana mayor, con quien solo compartíamos los periodos vacacionales, pues nuestros padres la habían dejado bajo la tutela y el cuidado de nuestra abuela materna, una mujer muy dura y de carácter fuerte. Era más fácil y factible que nosotros las visitáramos a ellas a que nuestra hermana fuese a la casa a vernos, y por diversas situaciones que resultaban difíciles de afrontar para nuestros padres, ellos nunca la confrontaron. Los días en los que nuestra hermana nos visitaba eran muy singulares, entre los hermanos ella era la mejor atendida y comía mejor que nosotros, incluso en nuestros cumpleaños mis papás la llevaban a visitar lugares a los cuales nunca nos llevaron a los demás hijos, supongo que esto lo hacían en un intento de compensar su separación.

Nosotros vivíamos en el estado de México, cerca de la capital del país y con bastantes limitaciones; mientras que mi abuela y mi hermana vivían a cientos de kilómetros en un pueblecito escondido del estado de Oaxaca donde mi abuelita Lupe, una trabajadora incansable, proveía todo cuanto le era posible a su negocio para hacerlo prosperar y a su familia para cuidar de ella, incluso, terminaba alimentando a las personas que le pedían fiado y quienes nunca saldaron esas interminables cuentas. Mi abuelita hablaba con palabras altisonantes como oriunda veracruzana, con un tono de voz amenazador, tuvo una historia muy dura y nunca conoció a su mamá, por lo que desde pequeña aprendió a defenderse sola y a salir adelante por sus propios medios trabajando arduamente, lo cual forjó en ella un carácter férreo. Fue así como al ver que mi madre vivía una situación de carencia decidió cuidar de mi hermana mayor. Ella creció en un ambiente libre de carencias económicas y de la algarabía de sus hermanos, con un modelo de madre que fue muy dura con ella y hasta un tanto violenta, aun así, siempre fue muy amigable y una persona segura de que podía lograr todo aquello que se propusiera.

Al cumplir los 18 años ya acariciaba el proyecto de mi vida profesional, y para ese momento mi hermana mayor había decidido estudiar una carrera universitaria que le implicaba trasladarse a la ciudad de Oaxaca. Allí vivía sola, sin embargo, contaba con el apoyo económico de mis padres. Ellos hicieron lo mejor que pudieron para ayudarla a financiar sus estudios y su vida en la ciudad a pesar de que no tenían mucha solvencia económica, hallaron la manera de cooperar para que mi hermana pudiera alcanzar su sueño no solo porque era su hija, sino también por todas las cualidades que tenía, siempre ha sido muy inteligente y daba muestras de su gran capacidad y liderazgo. De modo que las promesas de oportunidades no tardaron en llegar a su vida, no obstante, en medio de un ambiente hostil y lleno de la soledad que se siente sin el cobijo y la cercanía que brinda la familia, el amor golpeó a su corazón y mi hermana decidió abandonar sus estudios para escaparse con quien era el amor de su vida. Esto le dio motivos suficientes a mi papá para retirarnos su apoyo a las demás hijas para que continuáramos nuestros estudios, pues él pensaba: "Se van a ir con el novio, para qué gastar en algo que no van a aprovechar. Ustedes no tienen por qué estudiar".

Mi mamá, por su parte, siempre estaba aprendiendo, estudiaba los contenidos de un curso y una vez lo terminaba iniciaba otro. Todo lo que estudiaba lo ponía en práctica, siempre estaba emprendiendo sobre aquello que aprendía: cortaba el cabello, arreglaba la ropa, bordada, tejía, entre otras cosas. Mamá es una gran mujer y una persona admirable, es mi modelo de mujer a seguir.

Además, de trabajar se ejercitaba, en algunas ocasiones tomaba clases, pero la mayoría de las veces era común verla cada mañana haciendo sus rutinas, procuraba andar en bicicleta y caminar largos trayectos, aún lo hace porque dice que eso le hace bien.

Mamá también cocina delicioso, creo que ese es uno de sus mejores talentos con el cual supo ganarse el corazón de algunas familias y también algunos pesos. De vez en cuando ella solía prepararnos pasteles o postres, no era algo común porque no siempre nos alcanzaba el dinero para eso, más bien, era un gusto adicional, pero siempre que en la casa había un panecillo dulce era porque mamá había horneado algo para nosotros. Mi receta favorita hasta la fecha son las manzanas en camisas que perfumaban la casa con un aroma a canela y manzana, ¡la mejor combinación de olores!, era como si el horno nos invitara a tomar una buena merienda. Esos días eran para nosotros días de fiesta. Podría cerrar los ojos y comenzar a evocar esas sensaciones y solo eso bastaría para sentir un abrazo cálido, ese que sentía con aquellos aromas tan deliciosos. ¡Aquello era nuestro pedacito de cielo! Otras veces mamá también nos preparaba palomitas de maíz, frutas en almíbar o galletas, lo cual propiciaba un ambiente idóneo para jugar a la tiendita, y tanto en este como en cualquier otro juego que compartíamos con ella siempre nos divertíamos.

Ella nos platicaba mucho sobre su infancia y nos hacía sentir importantes, nos hacía saber qué quería para nosotras y qué no. Es una mujer emprendedora y no le gusta la incertidumbre. Nunca podría reprocharle el hecho de que no permaneciera todo el tiempo conmigo en el hospital las veces que estuve interna allí, puesto que cuando yo enfermaba dedicaba parte de su tiempo a mi cuidado a pesar de que para ella era difícil porque tenía tres hijos menores a quienes cuidar y, a la vez, trabajaba para alimentarnos.

Así era mamá, una mujer que parecía incansable. Su prioridad era sacar a sus hijos adelante por eso realizó distintas tareas y se desempeñó en varios oficios para ganar algo de dinero y poder alimentarnos, en aquellos años lavaba, planchaba y cocinaba para otros. De modo que no solo me enseñó con su ejemplo, de ella también aprendí a hacer las cosas con cierta exigencia porque en mi etapa de adolescente comenzó a apoyarse mucho más en mí, pues cuando yo estaba bien de salud la ayudaba para que pudiese entregar a tiempo los encargos.

De igual forma, tanto a mí como a mis hermanas, mamá nos enseñó desde pequeñas a aprender lo más que pudiéramos, incluso de las labores propias de un oficio porque ello nos daría más bases y fundamentos para alcanzar una profesión. Ella, que siempre se ha caracterizado por el deseo de saber cada vez más, nos motivó a aprender y a desear profesionalizarnos.

Con estos antecedentes y por las carencias económicas a las que nos sometieron las circunstancias mis hermanos y yo empezamos a trabajar desde la adolescencia. Así contribuíamos a solventar los gastos de primera necesidad que había en el hogar, y también ayudábamos con nuestros ingresos económicos por becas.

Antes de comenzar a trabajar, mientras cursaba la primaria, supe que algo no estaba del todo bien dentro de mí, era una persona enfermiza e insegura. Claramente, durante esta etapa escolar tuve problemas de aprendizaje debido a mi asistencia intermitente a la escuela, pues lograba entender muy poco lo que sucedía en el salón de clases y los maestros me parecían figuras ajenas, extrañas e incluso inexistentes, porque solo aparecían de un momento a otro para decirme que debía aprender sin importar las circunstancias. Al volver a la escuela y no comprender los temas de los que se hablaban no podía responder acertadamente, y mis constantes equivocaciones fueron para los demás un motivo para hacerme *bullying*. De parte de mis compañeros recibí desde risas hasta golpes, incluso en una ocasión una compañerita me abofeteó cuando entró al salón después del descanso. Nunca conocí el porqué de aquel golpe, no supe cuál fue la motivación que tuvo esa niña para actuar de esa forma conmigo, tampoco sé si en ese momento lloré de dolor o porque me sentí humillada; lo que sí sé es que por todas esas situaciones de abuso por parte de mis compañeros pronto aprendí a permanecer callada, aunque creyera que tenía la respuesta correcta a las preguntas que le hacían los maestros al grupo.

En las excursiones nadie quería sentarse conmigo, yo representaba un peligro para todos porque me mareaba con mucha facilidad. Así fui excluida de todos los grupos de niños y se me dificultó encontrar con certeza un lugar en el cual debía permanecer. No lograba sentirme cómoda con lo que sucedía a mi alrededor, no sabía socializar y me sentía ajena a todos los lugares. Para mí era muy difícil ser niña en un lugar que me parecía extraño, el cual sentía ajeno a mí.

Fue en quinto grado de primaria cuando por fin pude terminar el ciclo escolar con el mismo grupo y sin ausentarme, de principio a fin. Sin embargo, por mi estado de salud y los problemas de mis padres repetí en varias ocasiones quinto grado, lo cursé en tres instituciones diferentes cuanto tenía entre los 10 y 11 años.

Inicié el grado escolar que fue la clave en mi desarrollo y mi aprendizaje en aquel pueblito donde vivía mi hermana mayor con mi abuelita, allí hice unos meses en una escuela multigrado donde tuve dos buenos amigos, al menos así los he considerado siempre, pues me defendían de los demás compañeros y no permitían que estos se burlaran de mí o me lastimaran físicamente. Mis amigos se habían encargado de cuidar de mí. No obstante, ellos me molestaban a mí, tiraban de mis trenzas para llamar mi atención, escribían cosas que yo no entendía y se reían de mí; entonces decidí actuar de la misma forma con ellos porque eso me hacía sentir que en nuestra relación de amigos las cosas se equilibraban. Esos niños hicieron que pasara de ser el motivo de risa de alguien más a reírme junto con alguien, éramos tres niños divirtiéndonos de nosotros mismos y descubriendo el mundo. Mis días en esa escuela fueron los mejores para mí, aún los llevo en mi corazón con profundo cariño, quizá fue lo mejor que me sucedió siendo niña.

Lamentablemente, esos días duraron muy poco porque papá decidió que a una de mis hermanas y a mí nos llevaría a vivir con mis tías que estaban en la ciudad de Córdoba en el estado de Veracruz, pero mi mamá no se mudaría con nosotros. Aunque yo estaría allí con mis hermanos menores me comencé a sentir sola de nuevo, y el clima no me ayudaba a sentirme mejor: las mañanas eran soleadas, tranquilas y esperanzadoras; pero el contraste que se creaba con las tardes de abundante lluvia era muy grande, los días eran tan fríos y tristes como se sentía en mi interior.

Mi tía Chona con quien viví durante esa época es la mejor que he tenido, una persona muy singular, de contextura gruesa y bajita, usaba batas holgadas porque hacía demasiado calor, calzaba sandalias y siempre se veía tan fresca como las mañanas. Es una de esas personas que inspira confianza, la recuerdo sonriente, tranquila, amorosa, siempre andaba sin prisas, nunca la vi molesta o estresada y tampoco recuerdo una ocasión en la que la escuchara subir el tono de su voz. Tal vez mi memoria solo reservó los momentos bonitos y las personas que me hicieron sentir bien en aquella época y sus días difíciles, de eso no tengo certeza alguna, pero lo cierto es que yo veía a mi tía como un ser celestial que me acompañaba en esos momentos donde me encontraba lejos de mamá. A mi tía Chona nada parecía preocuparle o molestarla, era como si la vida transcurriera porque ella así lo disponía, era como un amanecer de Córdoba de Veracruz.

Ella se ocupaba de que nos sintiéramos cómodas y felices, nos enviaba a jugar al parque que estaba al lado de su casa porque decía que éramos niñas y necesitábamos jugar, estar al aire libre y compartir con otros niños que tuvieran nuestra edad, pues sus hijas eran adolescentes y tenían otras actividades, diferentes a las nuestras y acordes a sus intereses y a su edad. En ese espacio yo me sentía feliz de compartir esos momentos con mi hermanita menor, y encontraba un poco de alivio ante a la ausencia de mamá. Mi tía Chonita hizo de esos pocos días algo especial, pues estos marcaron la pauta para que yo definiera mi forma de ser y aún sigo intentando imitarla.

Ese momento feliz duró muy poco porque después de unos días mi papá nos llevó a mi hermana y a mí con otra tía, la persona más dura que he conocido, era extremadamente limpia, exageradamente ordenada y sumamente trabajadora, tenía una figura estilizada, siempre mantenía una postura recta y usaba unos lentes que parecían dotarla de una vista poderosa. Un día me llevó al médico porque tuve una crisis de salud, tras lo cual decidió asignarme un plato, una cuchara, un vaso y un rincón en la casa para mantener a salvo al resto de la familia de mi resfriado; todas las personas de la casa debían evitar cualquier posible contacto con alguno de mis utensilios para así minimizar el riesgo de que yo les trasmitiera una posible infección. Pero fuera de este episodio en que se vio afectada mi salud, nos exigía mantener todo perfectamente limpio y ordenado, era tan severa que uno de mis hermanos terminó padeciendo sonambulismo.

Cuando no cumplíamos sus reglas nos castigaba llevándonos en la noche a una habitación aparte de la casa donde decían que, al anochecer, salían ratas que mordían todo lo que se encontrara en el lugar. El solo hecho de pensar que alguno de nosotros debía pasar la noche ahí me quitaba el sueño, tanto así que en mi estancia en esa casa pasé muchas noches llorando mientras le rogaba a Dios que mis hermanos y yo pudiésemos encontrar una solución. Usualmente mis oraciones siempre eran contestadas, porque cuando mi tía nos llevaba a alguno de nosotros a esa parte de la casa, una de mis primas salía de su habitación e iba al recate del que había sido llevado a ese lugar.

A pesar de que yo tenía pocos años y sufría de enfermedades respiratorias en la casa contribuía con el lavado de la ropa, y a mi tía le gustaba mucho el resultado final, supongo que en el lavadero desbordaba todas mis frustraciones y por eso tallaba la ropa con tanta energía. Dado que ello le agradaba, esa fue mi asignación en el hogar durante el tiempo que vivimos con ella. Por otro lado, a mi hermana que era un año menor que yo le asignaron acompañar a mi tía a hacer las compras de la mercancía para su negocio, porque era ágil haciendo cuentas y eso le encantaba. Además de estas tareas que nos asignaban en particular debíamos limpiar la casa y ayudar a preparar la comida, así que no había tiempo de jugar a menos que mi prima, la menor de las hijas de mi tía, nos sacara de la casa para jugar en la calle. Supongo que ella procuraba hacerlo, pero ya era mayor y tenía sus propias actividades.

Mientras vivíamos con ellas iniciamos la escuela de nuevo, el mismo grado. Nunca había estado en un grupo tan numeroso. El techo de la escuela era muy alto y los salones de esta eran largos y fríos, la construcción tenía una arquitectura colonial. En su matrícula había tantos niños que me confundía, incluso, creo que esto también le sucedía a la maestra porque no recuerdo haber tenido un acercamiento con ella.

Mi prima, la hija menor, era quién nos llevaba a la escuela y nos recogía porque ella también estudiaba, al mismo tiempo aprovechaba el recorrido para enseñarnos a viajar en autobús y algunas veces nos compraba un helado. Era una prima divertida, siempre estaba contenta, cantaba mientras caminaba y nos trataba con cariño.

Por las noches, antes de dormir, recuerdo que en repetidas ocasiones mi tía me llamaba a su habitación junto con sus hijas mayores y allí comenzaban a decirme algunas cosas sobre mamá que me lastimaban, decían que ella nos había abandonado ahí porque no nos quería y que nunca iría a buscarnos. Nos sugerían constantemente que le estorbábamos a mamá y que debíamos hacernos aceptar que no éramos importantes para nadie, eso era muy doloroso.

Hasta que por fin un día mamá y papá fueron por nosotros. En ese momento tuve la oportunidad de reclamarle a mamá por su abandono y no la desperdicié, ella, por su parte, me explicó hasta donde yo debía saber y podía comprender, también me pidió perdón. En mi corazón solo sentía ganas de abrazarla y pedirle que nunca nos volviera a abandonar. Más tarde supe lo que en realidad había sucedido, mi papá le había quitado a sus hijos para causarle daño y lo había logrado, había lastimado a mamá y también a nosotros; sin embargo, su amor nos salvó de esa difícil temporada.

Volvimos a nuestro hogar, a nuestro pueblo de origen y regresamos a la escuela. Nuestros padres decidieron que repetiríamos grado y fue a partir de entonces que comencé a entender lo que sucedía en la escuela y los temas que veía, me convertí en una buena estudiante y los libros se convirtieron en el mejor de los refugios que podía encontrar en el mundo. Así transcurrieron esos años. Nunca logré recuperarme completamente mientras cursaba la educación básica porque con frecuencia sufría de resfriados que venían acompañados de otros malestares como fiebres bastante elevadas, y cualquier infección o virus que se hallara en mi entorno representaba una amenaza para mi salud, se convertía en un padecimiento mío. A veces la nariz me sangraba con la menor provocación, si caminaba bajo el sol, si me desvelaba o simplemente si me la apretaban era una causa suficiente para provocarme un sangrado, era algo bastante incómodo. El origen de mi constante mal estado de salud era la mala alimentación que llevaba, pues solía comer muy poco, por lo que siempre fui una niña bastante ligera, menuda y ágil; pero esas cualidades no se notaban por esos días ante la belleza de mis hermanas, ni ante su inteligencia, carisma y sociabilidad, ellas tenían la gracia que a mí siempre me faltó.

El tiempo pasó, yo me hice mayor y con todos los desafíos y dificultades que había vivido aprendí que ante las situaciones frente a las cuales uno puede hacer poco para cambiarlas, lo mejor que podemos hacer es sonreír porque uno también se siente mejor cuando sonríe, ya sea de nervios, miedo o dolor, todo es mejor con una sonrisa. Esto lo entendí durante mi refinamiento con el programa de Mi Progreso Personal, el cual consistía en establecernos metas con base en ciertos valores como los que listo a continuación:

- Percepción espiritual.
- Servicio y compasión.
- Artes domésticas y relaciones familiares.
- Salud, recreación y el mundo de la naturaleza.
- Artes culturales y educación.
- Refinamiento personal y social.

Este proyecto contaba con un menudo libro que contenía una metodología para ayudar a planear programas de progreso personal que se ajustaban a las necesidades de quienes los llevaban a cabo, a fin de que estas personas pudieran ver realizados sus deseos y sueños. Entre las muchas enseñanzas que deja el programa se encuentran: aprender a vivir normas de dignidad personal, llevar un diario personal, establecer metas y alcanzarlas fijando una fecha de inicio y término para cada una de ellas, así como también con los logros por alcanzar y las emociones por experimentar. El programa te llevaba a considerar la adolescencia como un tiempo de preparación, una epata de aprendizaje y descubrimiento; y se apoyaba en la generación de nuevas experiencias paralelas a la educación secular. Su clave era que los jóvenes buscaran, aprendieran, progresaran, establecieran buenos hábitos, se esforzaran por alcanzar la perfección, supieran cómo vencer los obstáculos; en esencia, su objetivo era que cada persona que llevaba a cabo el programa personal descubriera cómo era para que así pudiera desarrollar sus talentos, aumentar su autoestima y disfrutar sanamente de la vida.

Fue así como apenas alcancé la mayoría de edad me sentí lista para formar una familia, tendría muchos hijos y adornaría mi casa con flores y libros, y, sobre todo, siempre tendría una buena comida para alimentar bien a mi familia, ese era mi ideal. Desde que coloqué la primera piedra en la unidad universitaria donde cursaría la carrera de Nutrición una vez terminara la preparatoria y con el ideal que acompañaba, no tardé en formar esa familia que quería. Yo creía saber lo necesario y un poco más, así que esperaba con una emoción indescriptible a mi primer bebé, cada vez era más grande la esperanza y desbordante la ilusión por que ese nuevo ser llegara.

Y ese día llegó. El día más inolvidable llegó un domingo por la mañana mientras estábamos caminando fuera de la clínica para acelerar un poco el proceso del parto, y justo a la hora que la Dra. González lo indicó, quien es otra de mis tías queridas, llegó a este mundo mi hermosa pequeña. Desde ese momento todo, absolutamente todo, en mi mundo cambió. No recuerdo cuánto dolió ni por cuánto tiempo estuve en la sala de parto o cuál fue la duración del dolor, solo recuerdo que estando recién nacida mi bebé no permitía que le cortaran el cordón umbilical, se tomaba de las tijeras con el puñito cerrado y cada que intentaban desprenderla se quejaba y volvía a sostenerse. Inmediatamente pedí que la hicieran llorar, pero no hubo nalgadas, vacunas o inyección alguna que lograra que la bebé soltara el cordón, solo lanzó un ligero ¡ay!, y eso fue todo. Empecé a hablarle y cuando la pusieron en mi pecho solo manifestó el reflejo de querer alimentarse, pero no fue posible, me habían dicho que aún era pronto para darle de comer porque la bebé había tragado líquido amniótico y debían trasladarla para hacerle un lavado y un chequeo general. Esas fueron las horas de espera más espantosas que he vivido.

Sabía que algo dentro de mí no estaba bien y eso me hacía pensar que no tenía todo lo que se requería para ser una buena madre. Ahora tenía a una bebé entre mis brazos que no era como otros bebés según lo que me habían dicho los médicos, quienes me dieron indicaciones muy precisas para su cuidado, además de recomendarme no tener más hijos debido a mi estado de salud.

Mi mamá se encargó del cuidado de la bebé y el mío una vez llegamos a la casa, y en el primer baño de la niña me dijo que me sacaría canas verdes, puesto que desvestirla para darle un baño era un verdadero drama, pero apenas la sumergíamos en el agua cambiaba completamente. Las primeras sonrisas de mi bebé fueron en el agua, así como sus mejores momentos, y al sacarla del agua nuevamente estaba allí el drama. Por detalles como este y otros similares que ocurrían todos los días y de un momento a otro, las personas que la cuidaban siempre me decían lo mismo, incluso su abuela paterna a la que casi no veíamos nos decía que teníamos una bebé difícil. Esa idea fue cobrando cada vez más fuerza entre más nos involucrábamos en diferentes círculos de relaciones sociales, aunque con mi poca experiencia maternando yo consideraba que lo verdaderamente difícil era la crianza y no mi hermosa e inteligente bebé.

Elizabeth Morales es una mujer a la que admiro mucho y la considero mi mentora en esta experiencia de ser madre, cuando me visitaba abrazaba a la pequeña con apenas 15 días de nacida y la ponía frente a la ventana para explicarle con detalle el panorama: las nubes; el color del cielo; el árbol y sus hojas, su color, su fruto, lo que probaría cuando creciera; le mostraba el perro que esperaba en la puerta y lo describía. La bebé solo escuchaba y parecía entender todo lo que Elizabeth le contaba, incluso en esos momentos nunca lloraba, no pedía comida ni manifestaba tener algún cólico o alguna molestia; toda su atención se centraba en lo que veía, no había dramas ni llantos, todo era calma, y solo tenía días de nacida. Al verla me preguntaba ¿qué es lo que debo aprender con esta experiencia?, ¿por qué Dios me dio una hija tan especial e inteligente? Nunca lo entendí hasta hace poco.

Más pronto de lo que esperaba llegó el momento de ir a la escuela, pues antes de que mi hija cumpliera los tres años empezó a leer por su propia cuenta. Solía preguntarnos cómo se llamaba cada letra que encontraba en la lectura, en lugar de preguntarnos que dice ahí; luego, después de un corto tiempo, conociendo el nombre de cada letra nos dijo lo que decía en cada palabra que nos leía. Esta experiencia me enseñó cómo no se debe enseñar a leer: nosotros, en lugar de decirle los sonidos de las letras, le habíamos indicado a nuestra hija el nombre de cada una y ella los había guardado en su memoria hasta que pudo armar las palabras con los nombres de cada grafía, claramente no tenía sentido lo que leía y por eso nos preguntaba. Luego tuvimos que indicarle los fonemas de cada una de las grafías y el resto lo hizo ella sola en su pequeña cabecita, desaprendió y aprendió tan rápido que nos asombraba continuamente con sus descubrimientos.

Nuestra hija sabía cuál era la hora exacta para mirar nuestro programa de cocina, yo leía el reloj y me anticipaba un poco señalando que pronto sería la hora de Chepina, luego, justo a la hora, ella me invitaba a dejar todo y nos sentábamos a aprender nuevas recetas que más tarde practicábamos o modificábamos. Además de aprender a leer con tan poca edad, recibió sus primeras lecciones de piano, en él sus deditos parecían fluir con la melodía, aprendía muy rápido. Sin embargo, su temperamento dificultaba la convivencia con los otros miembros de la comunidad que la esperaba: no le gustaba saludar o hacer aquello que los demás le indicaban, se divertía con los demás niños a su manera, pero en una sociedad donde las mujeres son educadas para ser madres o cumplir con los "roles femeninos" no está bien visto que una niña marque la pauta en las actividades o que quiera hacer cosas por las cuales será estigmatizada porque cultural y socialmente solo están admitidas para los niños.

De igual forma como sucedió con las letras pasó con los números y a los tres años de camino al kínder solía pedirme que le dijera algunos números. Yo le decía varias unidades, luego, ella me decía el producto de la suma de todos esos números, así que comencé a decirle pocas cifras para poder corroborar el resultado. También, para facilitarme el trayecto, empecé a hacer que repasara y memorizara otro tipo de información como poemas, lemas, escrituras, etc.

A pesar de todo lo que había aprendido, la primera experiencia de mi hija en la escuela fue poco agradable desde su percepción. Ese día ella estaba muy contenta cuando se despidió de nosotros, mientras que sus padres, orgullosos de la seguridad que mostraba, nos quedamos con los ojos llenos de lágrimas al darnos la vuelta por esas escasas horas durante las cuales teníamos que separarnos. Dado que los demás niños de su salón lloraron los primeros días, la pequeña se asustó y las maestras decidieron enviarla a casa durante esas primeras semanas mientras los nuevos compañeros se adaptaban; no obstante, la pequeña se había quedado con una penosa impresión acerca de la escuela, lo consideraba un lugar de tortura para los niños, por lo cual no quería volver.

Poco a poco, una vez se instaló en su grupo, la niña fue mostrando todas sus cualidades y en la escuela los maestros nos sugirieron pedir ayuda profesional. Tocamos muchas puertas y en algunas me llegaron a decir, en tono de regaño, que aquello que sucedía con la niña era mi culpa por estimularla, como si la estimulación fuese dañina para alguien o como si planificara su conducta con el propósito de molestar a los maestros, aunque en realidad yo no sabía a qué se referían exactamente. Tras una valoración especializada y reglamentada se determinó que mi niña tenía un coeficiente intelectual muy superior a lo esperado, con base en lo cual varios profesionales de diferentes disciplinas me sugirieron algunas alternativas como adelantarla de grado o buscar una escuela que le brindara una educación especial, hasta que la autoridad educativa correspondiente nos recomendó simplemente dejar que compartiera el ambiente escolar con niños de su misma edad, pues eso le permitiría tener un mejor desarrollo socioemocional. Esto último era lo más importante para mí.

Sin embargo, nuestra decisión no fue bien aceptada por los adultos que la tenían a su cargo, quienes se quejaban por su falta de obediencia, inquietud, la rebeldía que demostraba al cuestionarlo todo, su conducta desafiante, su inatención y su altanería. Pero para mí ella era perfecta, porque cuando me preguntaba algo me obligaba a buscar más y a entender para poder explicarle, me encantaba que siempre quisiera aprender y que eso me motivara a buscar. Con sus cuestionamientos aprendí muchas cosas y reconocí otras tantas que jamás se me habría ocurrido cuestionar.

En una ocasión, mientras cursaba primero de primaria, la maestra me llamó a tan solo unas pocas semanas de haber comenzado las clases para comentarme que mi hija no copiaba del pizarrón como debía, sino que escribía de la forma como ella podía y que adornaba las páginas del cuaderno de manera que lucía poco presentable. Al llegar a la casa le expliqué a mi hija que debía seguir las pautas escolares de esta institución de carácter particular para que ella recibiera, según nosotros, la atención que considerábamos merecía, y ella citó esta frase de *El Principito*: "Los adultos siempre necesitan explicaciones" (de Saint-Exupéry, 1993), luego me dijo: "mami, yo entiendo mi letra y adorno mi cuaderno como a mí me gusta, pero me pasa como al piloto de *El Principito*, no entienden lo que yo hago y quieren que sea como todos".

Yo me sentía fascinada con mi pequeña, con su capacidad para interpretar todo lo que leía y cómo lo utilizaba para resolver los conflictos que se presentaban en su entorno, el modo como apreciaba su individualidad y la manera como iba construyendo su autoconcepto; pero no dejaba de preocuparme la actitud que asumían los maestros frente a su conducta, así que intenté explicarle que debía seguir los lineamientos establecidos para la clase, a fin de evitar que fuera perjudicada de alguna manera. A partir de entonces comenzó a cuestionarme constantemente por qué debía hacer de determinada manera las cosas, o por qué debía hacer algo que a ella le quedaba claro y no veía la razón de repetirlo en tareas aburridas y carentes de sentido, por lo que solía hacer investigaciones o proyectos donde ponía en evidencia sus habilidades. Esto siempre le generó conflictos con la autoridad para mi sorpresa, aunque a mí me parecía excepcional lo que hacía y lo que descubría, incluso me aportaba mucho conocimiento con todo su saber, y en más de una ocasión me dio ideas y sugerencias para hacer mis propias tareas. Con el tiempo su capacidad creativa fue creciendo y a pesar de que la escuela siempre le pareció aburrida y sin sentido, su estímulo eran los talleres y los deportes que allí realizaba, y particularmente la música.

Los fines de semana me parecían demasiado cortos y las tardes de tarea me parecían absurdas porque nos robaban todo el tiempo que podíamos emplear en aquellas actividades que tanto disfrutaba al ver sus sonrisas. Algunas de ellas consistían en inventar recetas de cocina, hacer galletas sin horno, jugar bajo la lluvia y saltar los charcos. Sus argumentos siempre me parecían razonables, así que no podía ser neutral y dejar que la vida pasara sin tomar acción, fue así como mi vida académica transitó desde aquellos primeros días que llegó a una vida de formación que poco a poco derivó en Pedagogía.

Había creado un lazo especial con mi hija mayor que se fortaleció con la llegada de sus hermanos. Yo podía sentir su amor, su capacidad y grandeza, su forma tan maravillosa de ver la vida y resolver los desafíos que se le iba presentando; pero no tenía la certeza de que ello fuese suficiente porque sabía que yo no estaba del todo preparada. Contaba con una gran cantidad de información sobre la ruta en educación que mi hija me había marcado, sin embargo, no sabía negociar con ella, establecer límites, marcar las pautas de conducta y muchas veces me sentí desesperada porque no sabía cómo ayudarle a manejar su temperamento y su grandeza; sé que me equivoqué muchas veces intentando hacerlo. Tuve muchos conflictos con su papá, mi esposo, porque él tampoco sabía cómo ayudarla, porque veíamos las cosas de una manera distinta y porque como padres uno siempre tiende a repetir patrones, los cuales te consumen si no sabes cómo salir de allí. En ese tiempo no existía el internet, por lo que la información era muy limitada, incluso podemos decir que hoy también lo es porque, aunque exista mucha información, es tanta y muchas veces es tan poco confiable que en realidad no se cuenta con la necesaria y pertinente; lo cual empeora por la falta de acompañamiento que requerimos los padres que tenemos hijos diferentes, a quienes amamos, pero no sabemos realmente amar.

Adopté un modelo de vida en el que me encontraba en una búsqueda constante para aprender y avanzar, toqué muchas puertas, pero no hallé respuesta alguna, así que decidí convertirme en pedagoga, formarme como profesional de la educación en un sistema abierto en el que estudiaba por las noches mientras mis hijos dormían. Mi gusto por la pedagogía comenzó cuando mi hija mayor llegó a mi vida, pues, sin saberlo, esta se había convertido en un estilo de vida para mí; más tarde, determiné tener dos hijos más. Esta fue una decisión personal que me hizo muy feliz, aunque mi esposo no estuvo del todo de acuerdo porque los médicos nos habían dicho que un segundo embarazo pondría en riesgo mi vida, pero sucedió todo lo contrario, desde entonces he trabajado por ser mejor cada día.

Mientras mis hijas tomaban las clases de la educación básica yo estudiaba, hacía tareas, prácticas, producía proyectos y trabajaba, además, podía compartir más tiempo con mis hijos y estar presente en sus vidas; durante el verano aprovechaba para asistir a clases. Hoy continúo especializándome, he realizado una maestría, algunos diplomados y me encuentro haciendo un estudio doctoral; he cursado varios estudios y transitado por diferentes niveles académicos, tanto en la modalidad del sistema presencial como a distancia, en educación abierta y en escuela particular y pública, siempre aprendiendo y aportando. Esto me ha dado el carácter moral y académico para formar a formadores de la educación, decisión que tomé porque ahora comprendo la gran responsabilidad y valía que tienen los maestros y las maestras, y porque hoy formando parte de dicho gremio me he encontrado con situaciones similares a las que vivió mi hija con sus maestros.

La vida me ha dado la oportunidad de estar frente a otro tipo de profesionales y a todos ellos los considero no solo alumnos, sino almas a las que tengo la oportunidad de tocar a partir de la Ciencia de la Enseñanza, Arte y Técnica. Estos estudiantes son personas que estarán en constante formación y preparación en la medida en que sus propias inquietudes y sus necesidades lo requieran, y a partir de su emocionalidad y su compromiso ético con la sociedad.

Asimismo, ser madre y docente es una gran oportunidad que me ha dado la vida, porque he podido ser testigo de la influencia que ejercen los maestros en la vida de los menores, y a la vez ser promotora del cambio en diferentes funciones y contar con una preparación académica que me permite llevar con honor el título de maestra.

Tratando de comprender a mi pequeña hija dediqué mi vida a prepararme para poder hacerlo de la mejor manera. Al mismo tiempo, este aprendizaje me llevó a descubrir porqué yo no encajaba en el mundo y a aceptar mi diferencia, pues me encuentro en la clasificación del espectro autista como síndrome de Asperger (SA), lo cual no me define, sino que me clarifica.

Mi hija sufre Trastorno Límite de Personalidad (TLP). Siempre manifestó un coeficiente intelectual superior al que corresponde a su edad, es intrépida y a su corta edad ha logrado muchas más cosas que yo con todos mis años, no conozco a nadie que sea tan independiente como ella y, sin embargo, vive con algo que la hace diferente: su nacimiento fue diferente y las circunstancias de este derivaron en el desarrollo de este tipo de trastorno. Por fortuna ella siempre nos tiene presente como su familia, sus padres y hermanos, podemos contar con ella y ella con nosotros, creo en la psicología porque ha salvado a mi hija del suicidio en varias ocasiones y sé que ningún proceso de trasformación es sencillo, a veces es más duro y difícil de lo que suponemos o podemos expresar. No hay dolor más grande que ver sufrir a un hijo y saber que atraviesa situaciones donde su vida peligra, ese es mi dolor más grande y yo sigo trabajando en ello, en ayudarla a llevar su proceso, sigo escuchándola, aprendiendo de ella y descubriendo mucho más sobre mí. Mi hija se ha convertido en mi maestra de vida, y ser madre es lo mejor que me ha sucedido.

En estas primeras líneas he sintetizado lo más importante de mi historia, aunque es más extensa de lo que parece. Esta historia necesita muchas más palabras para poder mostrar el tema que considero es el eje central de este libro, y lo que todo padre y maestro debe atender de una manera extremadamente cuidadosa en nuestros niños y niñas. Pues en mi última formación, la cual recibí en el Consejo Mexicano de Neurociencia, tuve la oportunidad de conocer de cerca a los expertos de esta ciencia en América Latina y las experiencias impactantes que demuestran la influencia que recibimos genéticamente y del medio en el que nos desarrollamos.

Siempre supe que el amor es la clave del aprendizaje, pero ahora, con el conocimiento científico, no solo entiendo la importancia de este tiene, sino que también comprendo y siento la responsabilidad que tengo de difundir esta información, lo cual me ha motivado a escribir este libro.

NEUROCIENCIA

¿Sabías que...

se dice que somos ganadores por el hecho de ser el producto del espermatozoide más fuerte o de aquel que llegó más rápido para fecundar el óvulo?

Esta idea se utiliza como frase motivacional, eslogan y hasta como una de esas bromas que no verbalizamos, me refiero a esta frase que seguramente has dicho o escuchado: "No puedo creer que tú hayas sido el espermatozoide más rápido". Pues bien, en este capítulo vamos a desmentir ese mito, porque ello nos dará la oportunidad de entender y resolver algunos desafíos de carácter biológico.

En realidad, esta idea, dicen algunos, es un mito sexista porque desvirtúa el papel femenino en la fecundación, lo cual explican de la siguiente manera: primero se creía que la mujer poseía dentro de sí a los seres humanos preformados, lo que permitía la perpetuación de la especie. Pero lo cierto es que esta idea tiene un tinte político y se utilizaba para justificar el ejercicio del poder por herencia. Podemos ejemplificar esta idea con la matrioska (Inkiow, 1987) que es una de las historias favoritas de mis hijos, y también la he compartido con otros niños en diferentes espacios:

En la vieja Rusia vivía un fabricante de muñecas.
Las hacía de madera, las pintaba de colores y les ponía grandes ojos y caras sonrientes.
Un poco pícaras. Un poco gruesas. Un poco alegres.

El fabricante acudía a la iglesia todos los domingos.
Luego iba al bosque para buscar madera.
La quería vieja y fuerte. Madera de las raíces de árboles centenarios.
A veces, buscaba durante horas sin encontrar nada.

Un día frío de invierno el maestro encontró un trozo de madera estupendo.
Pesado, seco y muy viejo.
"¡Oh! —pensó—. De aquí tallaré mi mejor muñeca".
Abrazó la madera como si fuera un bebé y la colocó sobre el trineo.
Luego, se deslizó por la gruesa nieve hasta su casa.

De aquella madera el maestro talló una muñeca realmente hermosa.
Era tan bella que no quiso venderla.
La puso en la mesilla de noche, junto a la cama, y por las mañanas le preguntaba:

—Bueno, querida muñeca Matrioska, ¿cómo te va?

Le había puesto Matrioska porque se parecía a madrecita.

Los niños del pueblo pronto conocieron a la muñeca.

Con las narices pegadas a la ventana, admiraban a la hermosa muñeca.

Aquello hacía reír al maestro delante de su mesa de trabajo.

Se fijaba en sus curiosos rostros y pintaba las caras de las muñecas.

Al final, las muñecas eran iguales que los niños del pueblo.

Y los niños del pueblo, iguales que las muñecas.

Así pasó mucho tiempo. Todas las mañanas el maestro preguntaba:

—Bueno, querida muñeca Matrioska, ¿cómo te va?

Y la muñeca sonría en silencio.

Pero una mañana la muñeca contestó:

—No muy bien —dijo en voz baja—. ¡Me gustaría tener un bebé!

El maestro se quedó con la boca abierta.

Contempló a la muñeca, pero esta no dijo nada más.

"Ayer bebí demasiado vodka" —pensó.

Y corrió a la cocina a hacerse un café.

En todo el día no se atrevió a decir nada más.

De vez en cuando, echaba una mirada a la muñeca y se preguntaba:

—¿De verdad puede hablar?

Pero tenía miedo de preguntarle de nuevo.

Al día siguiente, el maestro lo había olvidado todo.

Cuando se levantó, le preguntó otra vez:

—Bueno, querida muñeca Matrioska, ¿cómo te va?

—Mal —contestó la muñeca—. Estoy muy sola. Ya te lo dije ayer: quiero tener un bebé.

El maestro se sentó muy derecho, en su cama.

Aspiró hondo. No quedaba ninguna duda. La muñeca de madera podía hablar.

Para estar aún más seguro, se pellizco dos veces la nariz.

No estaba soñando. Estaba muy despierto. Hizo de tripas corazón y preguntó:

—*¿Qué has dicho?*

—*Quiero tener un bebé —la muñeca repitió su deseo y suspiro profundamente—. ¡Estoy tan sola...!*

¿Qué debía hacer el maestro?
Nunca había tallado un bebé para una muñeca.

—*Bueno —dijo, tras pensarlo brevemente—. Lo intentaré.*

—*¡Gracias! —dijo la muñeca.*

—*De nada —contestó el maestro.*

—*Me gustaría una niña.*

—*Tendrás una niña.*

El maestro fue al almacén. Allí encontró un trozo de madera.
Era de la misma madera de la que había tallado a Matrioska.
Lo llevó a su taller y comenzó a trabajar.
Por la tarde la pequeña muñeca estaba acabada. Era igual que Matrioska.
Como si fueran madre e hija.

El maestro le enseñó la muñeca a Matrioska y le preguntó:

—*Qué, ¿te gusta tu bebé? Tú te llamas Matrioska; a tu hija le pondré Trioska. Le he quitado de tu nombre la primera sílaba, porque tu hija es más pequeña que tú.*

—*¡Oh! —Se alegró Matrioska—. La encuentro preciosa. —Y le dio un beso.*

—*¿Estás ya contenta?*

—*Sí, maestro. Pero mi hija tiene que estar en mi barriga.*

—*¿Cómo?*

—*Mi hija tiene que estar en mi barriga.*

—*Pe...pe...pero no... No puede ser —tartamudeó el maestro.*

—*¿Por qué no? Es mi hija.*

—*Bien —dijo el maestro— pero te dolerá.*

—No importa —contestó la muñeca—. Siempre duele un poco ser mamá de verdad.

El maestro no sabía qué hacer.
Finalmente cogió su sierra y cortó a Matrioska en dos pedazos.
La vació totalmente. Luego, metió a Trioska y volvió a enroscar a Matrioska.
—¿Cómo te sientes ahora? —preguntó el maestro.
—¡Oh, soy muy feliz! —dijo Matrioska—. Tengo una hija en la barriga. —Y se rio con gusto.

A la mañana siguiente el maestro volvió a preguntar:
—Bueno, querida muñeca Matrioska, ¿cómo te va?
—¡Ay! —contestó Matrioska—. Yo soy muy feliz. Pero mi niña se ha movido durante toda la noche. Quizá necesite algo.
—Vamos a ver —dijo el maestro. —Desenroscó a Matrioska, y cogió a su hija Trioska. La miró por todos lados y dijo—: ¡Mmmm! Todo está en orden. Tiene manos, pies, ojos, orejas. Tiene una nariz y una boca. Tiene de todo. Y muy bien hecho. No sé qué puede faltarle.
—Me falta un bebé —dijo de repente la pequeña muñeca con voz fina.

Al maestro solo le faltaba aquello.
—¿Qué dices?
—Me falta un bebé. Un bebé pequeñito.
—¡No!
—¡Sí!
El maestro no podía creerlo.
—No puede ser —dijo, y se pellizcó tres veces la nariz solo para comprobar que no dormía.

La historia continúa y el final es inesperado, este cuento me llevó a coleccionar muchas matrioskas. Sin embargo, la razón por la cual cito esta narración es para reflexionar en torno a la idea de considerar a las mujeres como un repositorio de nuevos seres humanos que asegura el linaje de la siguiente generación, tal y como lo hacía el personaje de Matrioska, así, según esta idea, las muñecas matrioskas son iguales a las mujeres.

Con la invención del microscopio y el descubrimiento del espermatozoide cambió la visión que se tenía de las mujeres como portadoras de los nuevos seres humanos, aunque esta tomó un giro paternalista porque se comenzó a considerar que los hombres eran quienes portaban a los nuevos seres humanos en los espermatozoides, mientras que las mujeres pasaron a ser vistas como un recipiente donde se guardaba la nueva vida en formación. Si bien esta concepción ya no es vigente, sentó un precepto machista que encontró arraigo en la sociedad con la difusión del mito del espermatozoide fuerte y veloz, incluso hoy en día aún se piensa que las mujeres tienen un papel pasivo en la fecundación.

No obstante, hay que aclarar que ni el óvulo espera pacientemente la llegada del veloz y fuerte espermatozoide, ni el resto del sistema es pasivo, es decir, ambas células reproductoras y ambos procesos biológicos –tanto el masculino como el femenino– son importantes en la reproducción. En términos de la Biología Reproductiva, no reconocer el papel que tiene el aparato reproductor femenino como transportador de los espermatozoides, a través de los movimientos de bombeo y ondulación del útero, significa restarle importancia y enfatizar la visión machista. El paso de las células reproductoras del hombre por el útero se asemeja a una carrera de obstáculos por la cual estas son llevadas hasta el óvulo.

Por otra parte, el número de los espermatozoides es esencial en el proceso de fertilización, pues a mayor cantidad mayor probabilidad de que se produzca la fecundación, y ello permite explicar por qué un conteo bajo de estas células es causa de la infertilidad masculina. ¿De qué forma el número de espermatozoides aumenta la probabilidad de que ocurra la fecundación?, entre más gametos masculinos lleguen al gameto femenino se incrementa la posibilidad de que la degradación de la capa exterior del espermatozoide debilite las capas que recubren el óvulo, esto quiere decir que el espermatozoide más rápido o el primero en llegar no es el que logra entrar al óvulo. Las células reproductoras masculinas realizan un trabajo colaborativo para que solo sea una la que fertilice, las demás le anticipan el camino para que este pueda hacer el trabajo de la fertilización.

Otras tendencias señalan que el papel del óvulo nunca ha sido pasivo porque este elige el espermatozoide, evento que de alguna manera está relacionado con la carga genética, incluso a nivel molecular. Al respecto, el Dr. Nadeau (2020) ha realizado importantes contribuciones para aclarar detalladamente lo que ocurre en esta situación. Sin embargo, la gran lección con la cual debemos quedarnos a partir de lo mencionado es la importancia que tiene el trabajo colaborativo entre los mismos espermatozoides y entre estas células y el óvulo, o si se quiere ver en términos no biológicos entre la madre y el padre (y el resto de la familia).

Tras lo que podemos ver en el proceso de fecundación se halla un despliegue maravilloso de procesos que hacen posible el nacimiento de una nueva vida, con lo cual se abren infinitas posibilidades. En este capítulo intentaremos acercarnos a aquellos eventos donde se realizan los primeros procesos que determinan desde las emociones que tendrá ese nuevo ser humano, hasta su conducta y las posibilidades que tiene o no para transformarse, así como también el diseño de su cerebro y, en general, todo su Sistema Nervioso Central (SNC).

En *Handbook of Clinical Child Neuropsychology* Kolb y Fantie (1997) hablaron sobre la importancia de la relación cerebro-comportamiento a partir de tres lentes muy interesantes:

- Si observamos el desarrollo estructural del sistema nervioso y lo relacionamos con conductas específicas notaremos que siguen procesos ordenados.

- Nos podemos acercar al estudio de las conductas si inferimos sobre la maduración neuronal.

• Haciendo una relación de las alteraciones cerebrales con los trastonos del desarrollo.

De ahí la relevancia de considerar el desarrollo embrionario para entender, en un primer momento, nuestro papel paternal en la construcción de una nueva vida.

Es común suponer que nos define la información genética que hemos heredado tanto del espermatozoide como del óvulo que nos dieron origen, incluso en un momento se discutió sobre la relación: genes vs. el ambiente, la naturaleza contra la crianza, la maduración frente al aprendizaje; o, dicho de otro modo el debate "nature vs. nurture". Pues bien, hoy sabemos que nadie sigue su **preprogramación genética** sin interactuar con su entorno y el medioambiente, por ello es importante reconocer que el genoma es una estructura activa.

Desde el momento en que ocurre la fecundación sucede una serie de transformaciones métodicas y fascinantes con tal precisión como se ha descrito en la literatura especializada de embriología del SNC. Veamos en qué consisten: hacia la tercera semana de gestación queda preestablecido el SNC que le da forma al encéfalo y a la médula espinal. En el encéfalo se formarán el cerebro, el cerebelo, el bulbo raquídeo y otras partes más pequeñas; y la médula espinal que es una parte del sistema aparentemente más sencilla, es la que permitirá la comunicación del cerebro con el resto del cuerpo. Pero el cerebro no termina de madurar en el vientre materno, para que este órgano madure completamente en el útero se requeriría más tiempo en el proceso de gestación y, por consiguiente, ello aumentaría la estatura y el peso del bebé, lo cual haría imposible el parto y que la mujer salga de él con vida. Todo en el proceso de desarrollo embrionario parece tener un cálculo preciso.

Una vez nace el nuevo ser humano, su cerebro pesará alrededor de 400 gramos, pero esta unidad se triplicará durante sus primeros tres años de vida y no terminará su maduración hasta que llegué a la adolescencia. El cerebro es un órgano que se encarga de diversas funciones como el lenguaje, la memoria y el aprendizaje, la imaginacion, el pensamiento, la consciencia, las emociones, la atención, controlar el proceso de vigilia y sueño; además, modula las funciones vicerales, endocrinas y somáticas. Pero antes de hablar de la importancia de estas funciones cerebrales es importante explicar lo que sucede durante la gestación, puesto que ello repercurtirá de una forma u otra en la vida del bebé.

Si el óvulo selecciona al espermatozoide por su patrimonio genético, esto aseguraría el material hereditario en la célula, sin embargo, existe una parte del material genético que no se expresa. Nuestro genoma está constituido por el ADN (ácido desoxirribonucleico), el término proviene de la raíz griega *gen* que significa *origen* y se define como el conjunto de material genético que es hereditario; su información da lugar a moléculas funcionales en proteínas y los RNA (ácido ribonucleico). Estos productos hacen posible toda actividad celular como las que dan las características morfológicas del individuo y determinadas claves del comportamiento del organimo de este, desde su etapa embrionaria, durante su crecimiento en las funciones metabólicas y fisiológicas, y hasta que alcanza su maduración física, intelectual y reproductiva.

Entre todos los los eventos que ocurren a nivel celular cabe resaltar tres que gozan de especial importancia, pues hacen que de una sola célula surjan billones de células que conforman nuestros tejidos y órganos. Estos eventos son la replicación, la transcripción y la traducción, los cuales explicaré a continuación.

- La **replicación** ocurre cuando en la división celular se duplica el genoma y la célula hija contiene el mismo juego de cromosomas e información genética.
- La **transcripción** consiste en copiar una porción del ADN. El segmento copiado es conocido como mólecula ARN y es el primer paso para la traducción del ADN. Esto proceso sucede porque el ADN no

puede salir del núcleo de la célula, pero como el ARN sí posee esta propiedad se mueve para llevar la información que será traducida y convertida en proteína.

- La **traducción** consiste en la conversión del ARN en proteína y es un proceso que consta de varias etapas. También se le conoce como *traslación* porque este es el significado de la palabra *traducción*. Cuando el gen original se ha logrado transcribir se dice que ha sido expresado, a lo cual se conoce como fenotipo.

Aunque esta es una explicación suscinta y sencilla de los eventos que ocurren a nivel celular, se requiere revisar la información especializada de la Biología Celular o la Ingeniería Genética para comprender el origen de nuestras conductas más allá de nuestra apariencia física que se explica en la información genética.

Ahora bien, cada gen encuentra diversas formas de expresarse y en ese camino complejo y largo dque realizan para ello, el cual va desde la información que contiene el ADN hasta la conducta, pueden intervenir diversos factores internos y externos. Por ello se dice que los genes no nos determinan, sino que únicamente sientan las bases de las probabilidades de que actuemos de una forma u otra; en otras palabras, los genes codifican proteínas, pero no conductas.

Un campo relativamente nuevo en la ciencia es la epigenésis, la cual revela de manera asombrosa todas las posibilidades que existen para una nueva vida, o incluso para una no tan nueva, pues destaca la importancia de la experiencia en el desarrollo del fenotipo. Por esa razón, es importantante tener presente la relevancia de la Epigenética y de estos eventos que son los que hacen posible la generación de la conducta. Tanto la replicacón como la transcripción y la traducción nos permiten explicar nuestras conductas y formas de ser; pero nuestra herencia genética no es la única que da cuenta de nuesta historia y la posibilidad que tenemos para escribirla de una manera diferente, en ello también influyen nuestras experiencias.

Desde la Epigenética podemos explicar, por ejemplo, cómo la dieta o el estrés afectan la transcripción de la información contenida en el gen, no solo en el desarrollo embrionario, sino durante todo el ciclo vital. Incluso se han realizado diversos estudios sobre programación epigenética desde el desarrollo fetal bajo circunstancias de cambios ambientales, y en aquellos casos donde se observaron elevados niveles de depresión y ansiedad en las mujeres en estado de embarazo durante el último trimestre también se evidenció cierta influencia en el proceso de transcripción, específicamente, del cortisol (la hormona del estrés) que a la vez interviene en el metabolismo y en el sistema inmunitario. Este tipo de incidencia también se ha detectado en bebés que han nacido por cesárea, y en personas que han pensado en el suicidio o tienen historias de maltratos sufridos en la infancia, pues durante desarrollo prenatal el ser humano es especialmente sensible a las experiencias de la madre.

Según Stiles y Jernigan (2010) el proceso de desarrollo cerebral se produce en un contexto sumamente organizado y estructurado a nivel genético, pero en un entorno que cambia de manera constante. Tanto la expresión de los genes como la recepción de la información ambiental son necesarios para el desarrollo adecuado del cerebro, y la perturbación de cualquiera de los dos pude alterar dicho desarrollo, lo cual ocurre en ocasiones de forma dramática.

Así pues, aunque nuestro cerebro está diseñado para seguir un programa perfectamente metódico para desarrollarse, estos procesos son flexibles y, en consecuencia, pueden verse afectados por diversas experiencias externas, particularmente, provenientes de la madre y durante el desarrollo embrionario. Pero durante sus primeros días de vida también inciden en los procesos moleculares como la expresión genética, y en los procesos celulares que van desde la maduración de las neuronas hasta la mielinización y el refinamiento de las sinapsis tras el nacimiento.

Entonces, según la filogenética, durante el desarrollo cerebral las estructuras más antiguas comienzan a madurar desde las primeras semanas de gestación; luego maduran las estructuras sensoriales, motoras, de aprendizaje y emocionales; y, por último, las áreas de asociación pariental y frontal, para lo cual el organismo sigue patrones perfectamente organizados que nos permiten sobrevivir y adaptarnos al entorno. Es así como este desarrollo está íntimamente ligado con el desarrollo cognitivo, emocial y conductual de los seres humanos. Actualmente, la ciencia reconoce que el organismo se autoorganiza a partir del material genético durante las primeras semanas de gestación donde el cuerpo no requiere aprendizaje alguno para que se desarrolle cada parte de él, es decir, que la arquitectura del cerebro comienza a funcionar sin aprendizaje y esta es igual para todos los seres humanos. Sin embargo, este órgano también posee una individualidad determinada por la información externa, dado que desde el último trimestre del embarazo el cerebro empieza a adaptarse a la información que recibe del exterior.

El cerebro se caracteriza por su plasticidad de dos formas distintas, una se da en las etapas tempranas del neurodesarrollo, en la vida fetal, y la otra permite explicar la evolución de cada individuo y el aprendizaje. La primera tiene que ver con el desarrollo del cerebro fetal y es denominada *maduración*, es el programa genético que establece las etapas, la duración y los ritmos de la aparición de las redes neuronales y sus conexiones. Y la segunda concepción de neuroplasticidad se relaciona con la activación de las redes neuronales a partir de la experiencia, con lo cual se produce la sinapsis (comunicación entre neuronas). Por ello es importante resaltar que "los genes no controlan el destino humano, pero sí contribuyen a la personalidad, el temperamento y las cualidades que hacen único a cada individuo, así como a los atributos que hacen única a la especie humana" (Marcus, 2003, p. 152).

Veamos un ejemplo para acercarnos ahora a la comprensión de la arquitectura cerebral: la forma que tiene el cerebro puede asemejarse a la de una nuez, la cual tiene dos partes o mitades y cada una de ellas representa los dos hemisferios cerebrales, el izquierdo y el derecho; su cáscara simula la corteza cerebral donde se efectúan las funciones cognitivas como la memoria, la percepción, la atención, el lenguaje y la inteligencia. Estos hemisferios están unidos por un haz de fibras nerviosas que componen el cuerpo calloso y cada uno recibe información del cuerpo del lado opuesto. Asimismo, los hemisferios tienen una función especializada, pero se comunican entre ellos e interactúan entre sí para realizar sus funciones, es decir, su funcionamiento no se realiza de manera independiente; por lo tanto, no se puede educar teniendo en cuenta solo un hemisferio. Esto nos lleva a derribar ciertos mitos del aprendizaje que abordaremos más adelante.

CASO DEL TRASTORNO POR DÉFICIT DE ATENCIÓN E HIPERACTIVIDAD (TDAH)

Revisemos el caso del Trastorno por Déficit de Atención e Hiperactividad (TDAH) que cada vez es más común en la población a nivel mundial. El estudio sobre este caso nos permite entender cómo la Neurociencia nos despeja la incertidumbre respecto a los problemas conductuales, específicamente la disciplina que los atiende es la Neuropsicología y esta, a su vez, ayuda a determinar su efecto en las aulas escolares.

Seguramente has escuchado el término TDAH, tal vez lo has observado, o incluso convives con un niño o una niña que presenta algunas de las características que enumero a continuación:

- Inatención:
  - En la escuela no pone atención, parece que "está en las nubes" y ensimismado.
  - No sigue las instrucciones.
  - No termina las tareas.
- Hiperactividad:
  - Juega y corre en momentos no oportunos.
  - Golpetea con las manos y los pies, no puede permanecer sentado, se retuerce en su asiento.
  - Habla en exceso.
- Impulsividad:
  - Responde inesperadamente.
  - No espera su turno para participar de una actividad o tomar la palabra.
  - Se le dificulta esperar su turno.
  - Interrumpe a otras personas cuando están hablando o se entromete en una conversación.
- Dificultades sociales:
  - Pelea con sus compañeros y los molesta con frecuencia.
  - Por cualquier motivo puede parecer que busca propiciar una riña.
  - No es aceptado por el grupo.
  - Carece de reglas de "juego limpio"
  - Se excusa culpando a los demás o negando sus faltas.
  - Le resulta complicado el trabajo colaborativo.
- Problemas de conducta:
  - Emite sonidos que resultan molestos porque los hace en momentos inapropiados.
  - Exige que sus demandas sean atendidas inmediatamente.
  - Se comporta irrespetuoso y parece arrogante.

El caso concreto acerca del cual hablaremos en este capítulo es el de Patricia y su hijo Diego. Patricia se convirtió en una experta sobre la importancia que tiene la alimentación en los niños con este tipo de conductas porque su hijo Diego, desde que ingresó a la educación básica, manifestaba los comportamientos enlistados. Inicialmente Diego fue catalogado como un niño con mal carácter, y se inculpó a sus padres de haberle dado una crianza poco efectiva y a sus maestros por falta de comprensión hacia este. El niño asistió a terapias con el psicólogo, y a consultas con el neurólogo y el endocrinólogo, tuvo que ver a este último especialista porque desarrolló un tipo de diabetes; a partir de estas visitas Patricia tomó la determinación de hacer cambios radicales en su vida cuando su hijo cursaba quinto grado de primaria, esto es, cuando Diego tenía 10 años. Debido la afección en la salud que el niño presentaba por la diabetes, su madre comenzó por mejorar la alimentación, lo cual repercutió en su vida en general; pero este tema lo abordaremos más adelante.

Para comprender el TDAH, en primer lugar, debemos reconocer su origen, pues la evidencia muestra que siempre que el trastorno se manifiesta también hay una afección en el cerebro, específicamente en la **corteza prefrontal** que está situada detrás de la frente. Las estructuras cerebrales que se hallan bajo el cráneo en esa zona se les conoce como parte prefrontal, en la cual se realizan funciones cognitivas importantes y superiores como son: la atención, la memoria, el lenguaje, las habilidades visoespaciales y las funciones ejecutivas. Por eso, el TDAH se expresa con afectaciones en la atención y las funciones ejecutivas, dos habilidades que son de suma relevancia para que podamos desenvolvernos en la vida cotidiana, particularmente en la vida escolar.

La atención es una cualidad de la percepción, una especie de filtro de los estímulos ambientales pues, por ejemplo, permite que nos centremos nuestra energía en la explicación que nos da un maestro, en lugar de atender a la mosca o lo que está sucediendo fuera del salón. Y las funciones ejecutivas son un conjunto de habilidades que nos ayudan a lograr un objetivo futuro, por ejemplo: recordar los pasos de una tarea (memoria de trabajo), controlar las respuestas impulsivas (control inhibitorio), adaptarnos con facilidad a los cambios cotidianos (flexibilidad cognitiva), organizar la realización de las tareas pendientes por pasos (planificar), calcular el tiempo en que podemos realizar una tarea y otra (estimación temporal), tomar decisiones, actuar desde el razonamiento lógico y aplicar multitareas.

Actividad

Para comprender aún más la estructura cerebal te invito a realizar el siguiente ejercicio: coloca una de tus manos sobre tu frente con los dedos señalando hacia la parte superior, esa es la parte frontal del cerebro; y en seguida se encuentran los lóbulos parietales. Ahora coloca tus manos a ambos lados de tu cabeza como si estuvieses tapando tus orejas, allí se encuentran los lóbulos temporales; y detrás de estos, sobre la nuca, se ubican los occipitales.

Cada lóbulo se distingue porque cumple una funcion en particular, sin embargo, interactúan entre sí para realizar dichas funciones. Dado que en este capítulo ya hemos abordado algunas de las funciones de los lóbulos frontales, podemos decir que, en términos generales, estos constituyen el centro de comando de las funciones cognitivas superiores. En cuanto a las demás regiones cerebrales: los lóbulos parietales procesan la información relacionada con la temperatura, el gusto, el tacto y el movimiento; los temporales procesan los recuerdos y los integran con las sensaciones del gusto, el oído, la vista y el tacto, además de involucrarse en el habla; y los occipitales son los encargados de la visión.

Ahora te invito a continuar con los siguientes pasos de la atividad propuesta:

- Busca en internet varias imágenes del cerebro que tengan los nombres de cada región.
- Dibuja el cerebro y señala sus lóbulos.
- Colorea el lóbulo frontal.

ARQUITECTURA CEREBRAL

Nuestro cerebro, como hemos mencionado, está dividido en dos hemisferios, el izquierdo y el derecho, los cuales están unidos por un cuerpo calloso y en apariencia son iguales, pero pueden percibirse ligeras diferencias entre los dos. Ciertamente, estas no son las únicas estructuras cerebrales, también existen otras que nos permiten realizar nuestras actividades cotidianas, sentir y expresarnos, incluso pueden presentarse casos en los que el ser humano no aprovecha muchas de estas estructuras para su desarrollo. Al revisar el caso de Diego nos da la impresión de que el cerebro puede asemejarse a una edificación que consta de varios pisos, donde el nivel superior es la neocorteza o corteza cerebral. Veamos la definición de cada uno de ellos:

- En el nivel superior está el **neocórtex** que le da la apariencia rugosa a nuestro cerebro, en el caso específico de Diego señalaremos la parte frontal.
- En el siguiente piso se encuentra el **cíngulo anterior**, que en el caso de Diego es la zona de la estructura afectada, esta favorece la iniciación y el mantenimiento de respuestas adecuadas, y la resoluciónd de los conflictos.
- En un escalón inferior se halla el **cuerpo calloso** que comunica los dos hemisferios cerebrales para propiciar el aprendizaje y el procesamiento de la información de una manera eficiente.
- Y en el nivel más bajo están los **ganglios basales** que nos ayudan a controlar los impulsos y la atención.

Así pues, vemos que el cerebro humano posee una gran complejidad y variedad de estucturas, las cuales se han mencionado en la enumeración anterior y todas ellas son afectadas por el TDAH. En el caso de Diego, su trastorno se debe a que los circuitos que comunican las diferentes zonas cerebrales están interferidos, estos se componen de neuronas que dialogan entre sí a través de los neurotrasmisores y la interferencia responde a que determinadas sustancias químicas, en su mayoría la dopamina y la noradrenalina, son liberadas de manera disminuida.

Las neuronas son células que formar parte del SNC y, antes del asombroso trabajo que realizó el médico español Santiago Ramón y Cajal, se creía que formaban redes de un solo cuerpo. Pero los estudios de este médico nos permitieron comprenderlas como unidades individuales que se comunican entre sí, y que a pesar de que están separadas las unas con las otras pueden unirse y comunicarse mediante lo que el denominó *sinapsis*. Hoy también sabemos que la forma de las células nerviosas varía, y existen diferentes tipos que cumplen con funciones específicas, especialmente tres: i) recibir información, ii) integrar esta información para determinar si debe o no ser transmitida, iii) y comunicar dicha información a otras células.

El trabajo de Cajal fue tan importante que lo hizo merecedor de un premio nobel, y actualmente su doctrina de la neurona es considerada la base de la Neurociencia moderna. El estudio del mundo de las neuronas descubierto por este médico es realmente fascinate y, en este caso, nos ha posibilitado el estudio de los trastornos del neurodesarrollo como lo es el TDAH. Ante la pregunta ¿cómo se origina el TDAH?, la Neurociencia responde que este trastorno tiene su origen en la herencia y la vivencia; estos dos son los factores que hacen posible la manifiestación de los trastornos del neurodesarrollo en general; contrario a lo que se cree, esto es, que son los padres los responsables o el sistema educativo el que lo propicia.

En ese sentido, no hay ningún tipo de exclusividad para su origen, puesto que en él interviene una serie de factores tanto genéticos como medioambientales. El factor de mayor influencia es de carácter genético, y presenta un 60 % - 90 % de probabilidad de ser heredado. Sin embargo, también hay factores medioambientales que pueden influir en la manifestación del TDAH, los que pueden presentarse en la etapa prenatal son la deficiencia nutricional, las infecciones maternas y las adicciones a sustancias tóxicas; el que se manifiesta en los perinatales es la falta de oxígeno durante el parto; y en los posnatales se presentan como Traumatismos Encefalocraneanos (TCE), infecciones de las meninges y exposiciones a sustancias tóxicas como el plomo. También influyen diversos factores psicosociales que, aunque no son críticos para la presencia de TDAH debido a que no causan el trastorno, pueden ser determinantes para el tratamiento oportuno; entre estos están: la falta de recursos económicos, los problemas familiares, el sistema escolar, entre otros, que impiden el diagnóstico tremprano y su tratamientos.

Con toda esta información podemos comprender que el trastorno no se produce porque el niño quiere portarse mal y tener conductas agresivas con sus pares, y tampoco se debe al estilo de crianza que le brindaron sus padres. Lo anterior no muestra la necesidad de propiciar reflexiones en torno a la metodología de enseñanza que estamos aplicando en la educación escolar, y nos demanda tanto a los padres como a los maestros una mayor preparación para comprender y ayudar a los niños y a las niñas con este tipo de trastornos en su desarrollo.

Sugerencias

¡Vamos a crear redes neuronales!

La primera sugerencia debe surgir de aquella frase que se encuenta en la fachada del Templo de Apolo en Delfos, acuñada en el siglo II a. C., la cual hace referencia a la comprensión que todo ser humano debe tener sobre su porpia conducta, sus pensamientos y su moral:

"Conócete a ti mismo"

Con el objetivo de relacionarnos mejor con nuestro entorno, nuestros hijos o nuestros estudiantes te propongo seguir los pasos numerados a continuación:

1. Practica la meditación por las mañanas: realiza un poco de yoga con ropa cómoda e hidrátate durante la práctica, ya sea acompañado del sol naciente en el jardín o dentro de la casa, elige tu lugar favorito. Yo hago yoga todas las mañanas y mi rutina incia sentada en mi tapete en la posición de flor de loto, apoyo mis manos sobre mis piernas o rodillas, cierro mis ojos y a veces uso música relajante; luego empiezo a observar mis pensamientos sin juzgarme, los dejo fluir y los miro como si se tratase de una película que pasa frente a mis ojos, muchas veces estos pensamientos están asociados con mis preocupaciones, otras veces son mis deseos o mis sueños revestidos de emociones, en cualquier caso los acepto y me acepto.

2. Busca el silencio: a veces el silencio es lo que necesitamos para empezar a conocernos porque la cultura occidental, que fundamenta sus valores sobre la productividad, nos enseña a escuchar el ruido y no el silencio; entoces nunca encontramos el tiempo para meditar y ordenar nuestras prioridades. Quedarnos quietos es necesario para observar nuestra mente y nuestras emociones.

3. Escribe un diario de progreso: en lo particular, yo escribo por las noches un diario aprovechando mis clases de inglés, donde nos han pedido escribir nuestras vivencias, allí suelo anotar los ideales que tuve en mente durante el día y todo aquello que hice y considero un pequeño o gran logro. Tú también puedes hacerlo.

4. Silencia tu diálogo interno: en ocasiones tu propio cerebro es el que te boicotea con los pensamientos negativos, y a ello no contribuye la cultura competitiva en la que estamos inmersos ni el uso de las redes sociales. Por eso es importante no juzgar nuestro pensamiento y dejarlo ir. Regálate un pensamiento como el de Ramón Santiago y

Cajal: "Todo hombre puede ser, si se lo propone, escultor de su propio cerebro".

5. Escribe sobre tu vida: conoce tu origen, así te darás cuenta por dónde empezar a sanar una vez lo has comprendido, recuerda que las circuntancias de tu vida van cambiando y que llegado a este punto puedes hacer gradualmente los ajustes que necesitas para lograr lo que te propones: conocerte.

6. Invierte en ti, en tu salud mental y emocional: ponte en contacto con tus emociones, acéptalas y manéjalas. Siempre que lo necesites y lo consideren bueno para ti puedes buscar asesoría y asistir a terapia psicólogica, esta no es un recurso para enfrentar situaciones patológicas, más bien es un acompañamiento en el camino hacia el conocimiento sobre sí mismo, la terapia nos ayuda a aceptar nuestras emociones y a dejar de negarlas para poder moderarlas y encausar esos sentimientos de plenitud que no solo nos proporcionarán bienestar a nosotros, sino también a nuestros niños.

El autoconocimieto no se ha alcanzado en su máxima expresión, pero ello no significa que debamos renunciar a la tarea de conocernos a nosotros mismos, especialmente, esta le corresponde a todo educador. Algunos compañeros se han adelantado por problemas cardíacos, de presión y exceso de estrés derivado de la falta de manejo de la tensión que nos causa el trabajo, afectaciones que derivan de la falta de autoconocimiento. En este punto es importante que reflexionesmos acerca de nuestras conductas, pensamientos y creencias, para saber si están fundamentadas en nuestro contexto social, si las hemos aprendido y si queremos modificarlas. Es tiempo de mirar desde otra perspectiva nuestros procesos mentales.

Hoy contamos con una gran cantidad de avances científicos y tecnológicos que lejos de contribuir a la mejora de nuestra salud mental, cada vez más nos alejan de esta, pues es evidente que entre las enfermedades del siglo se cuentan las mentales como la depresión y sus manifestaciones (la ansiedad, la angustia, el estrés crónico, entre otras).

Asimismo, hoy la humanidad atraviesa por un momento realmente difícil debido a la situación de pandemia que se ha extentendido a nivel global, durante este tiempo he atendido varios casos y he realizado acompañamiento pedagógico donde he podido advertir que estos problemas tienen que ver con una base emocional en aumento.

Por eso resalto esta primera sugerencia: empezar a mirar hacia dentro para reconocer nuestra individualidad, emociones y pensamientos, incluyendo nuestro proceso de aprendizaje, lo que hacemos para mantener nuestra salud cerebral y aquello que nos permite establecer buenas relaciones con los demás. Me encantará leer sobre tu vida.

La pajita

Gabriela Mistral

Esta que era una niña de cera;
pero no era una niña de cera,
era una gavilla parada en la era.
Pero no era una gavilla
sino la flor tiesa de la maravilla.
Tampoco era la flor, sino que era
un rayito de sol pegado a la vidriera.
No era un rayito de sol siquiera:
una pajita dentro de mis ojitos era.
¡Lléguense a mirar cómo he perdido entera,
en este lagrimón, mi fiesta verdadera!

CAPÍTULO 2:
ANTES DE TI

"A través de otros llegamos a ser nosotros mismos".

Lev S. Vygotsky

En mi formación espiritual he aprendido la importancia que tiene la historia familiar en cada persona y con ello no me refiero únicamente a los registros genealógicos que, por supuesto, son muy importantes, sino a traer a nuestro recuerdo la historia de aquellas vidas que nos antecedieron; debemos convertirnos en investigadores y también en descubridores. En mi caso, además de tener registros en papel, uso algunas plataformas como FamilySearch que me permiten guardar fotos, mis recuerdos con los miembros de mi familia u otras personas con las que conviví, historias que escuché de sus labios y otras que algunos familiares más lejanos nos han narrado en torno a sus circunstancias vividas, las de nuestros abuelos, las de sus padres y otros familiares. La historia familiar es tan importante porque nos permite entender quiénes fueron esas personas, por lo que pasaron, sentirlos cerca, entenderlos y mantener su recuerdo vivo; más aún, nos ayuda a entender quiénes somos, por qué estamos en el lugar en el que nos encontramos en el momento de la vida en el cual no hacemos estas preguntas, y hasta me atrevo a pensar que nos da pautas de lo que podemos lograr o acerca de cómo podemos romper esquemas y sanar nuestra vida emocional.

Para hablar sobre mi historia debo comenzar mencionando a mi mamá, una mujer asombrosa. Siempre la recuerdo en mi infancia haciendo ejercicio temprano por la mañana, aprendiendo algo que nos favorecería a todos en casa, y haciéndonos los uniformes escolares o los vestuarios de los eventos escolares, incluso los de la ceremonia de la graduación o del baile de la rosa (baile de XV años). Ella misma se encargaba de cortarnos el cabello, y también nos preparaba deliciosos platillos y postres que aprendía a hacer en los cursos que tomaba. No sé cómo hacía para distribuir su tiempo entre sus clases, su trabajo, la casa y sus hijos; pero agradezco que siempre tuviese tiempo para jugar y platicar con nosotros, además de cuidarme por mis enfermedades, momentos en los que solo quería estar con ella.

Mi mamá también era una persona triste y, aunque en nuestra niñez no pudimos verlo, sufrió muchos maltratos y carencias, primero en su infancia tardía, luego en su adolescencia y después en su vida adulta al casarse muy joven. Cuando mamá cumplió los 19 años ya me tenía a mí, su tercera hija, y después de tenerme no tardaron en llegar los otros cuatro hijos. Tanto mi nacimiento como el de mis hermanos se dio en una situación bastante difícil para ella.

Mamá creció con sus primos y bajo el cuidado de su abuelito, a quien lo recuerdan cariñosamente por el trato que recibieron de él. Ella nos contó que su abuelo solía cantarles canciones especiales para bañarse, comer e ir a dormirse, una de ellas comenzaba así: "La niña tiene calor y no se quiere bañar..." También les contaba historias para enseñarles algún principio de la vida, era un hombre muy trabajador e industrioso que había llegado al pueblo donde mis padres se criaron aparentemente sin nada, y al poco tiempo logró establecer su propio negocio y hacerlo prosperar, contaba con algunos empleados y gozaba de cierta estabilidad económica. Sin embargo, el abuelo de mamá también les aplicaba castigos muy severos cuando se portaban mal, por ejemplo, podía colgarlos de los pies si se salían sin permiso o hacían alguna travesura.

El abuelo cuidaba a sus nietos mientras sus hijos trabajaban, dos de ellos en el magisterio, y falleció cuando mamá apenas empezaba la etapa de la adolescencia. Fue así como se fue vivir con su mamá, una mujer que mi mamá desconocía por completo. Mi abuelita materna fue la primera de sus hermanos en nacer y quedó huérfana de madre en ese momento del nacimiento, nunca tuvo el calor de un abrazo o un te quiero maternal. Aun así, ayudó a cuidar a sus hermanitos y terminó criando a su hermanita menor, nuestra tía Paulita, al morir su madre. Ella solía llevarnos a ver a su hermanita a quien quería mucho, el cariño podía sentirse en cada una de sus pláticas de hermanas, yo la conocí por esos viajes, pero después de que falleció mi abuelita Lupe pasó mucho tiempo para que nos volviéramos a ver. Hace poco tiempo, con el deseo de conocer mi historia familiar, las buscamos y encontré a una maravillosa parte de mi familia que nos ha cobijado en su corazón y en su casa como nadie nunca lo ha hecho, son unas personas muy amables.

De mi abuelita no recuerdo que nos diera un abrazo o dirigiera una palabra amorosa hacia mi madre o a mí, pero era muy cuidadosa en todo lo referente a nosotras dos, nos vestía, nos calzaba y siempre procuraba que comiéramos bien mientras la visitábamos, yo que en ese entonces era tan flaquilla sentía que se me inflaba la panza de tanto comer. Siempre me sentí bien en su casa. También recuerdo que solía bañarse muy temprano con agua fría, luego se arreglaba con tal exquisitez y cuidando todos los detalles. Mientras se arreglaba hablaba en voz alta sobre la importancia de ser limpios; de bañarse temprano y arreglarse; ponerse perfume y jamás usar alguna prende de vestir a la que le hiciera falta un botón, estuviese arrugada o tuviese algún hilo suelto, incluso si veía que un hilo se salía de tu ropa lo halaba sin importar que la prenda se rompiera, una vez hizo eso conmigo y enseguida me dio un vestido nuevo. Todo esto lo aprendí de ella, además, la poca solvencia económica que teníamos en la casa nos enseñó que debíamos cuidar todo lo que teníamos, pues era poco.

Por lo anterior, podrán advertir que mi abuelita también era muy exigente, su lenguaje era bastante florido y era una digna representante de Veracruz, eso sí que no nos gustaba, pero era fácil entender su forma de ser porque tuvo que reiniciar el negocio de su papá después de que él falleciera, una separación que fue violenta y a la cual se sumó una crianza difícil y un matrimonio fallido, aunque rehízo su vida. No recuerdo una sola vez que haya derramado una sola lágrima por su historia de vida, siempre estaba alegre y cantando, nos llevaba a los bailes del pueblo y para ello nos compraba un vestido para estrenar.

Una de mis hermanas se crio con la abuela y sé no fue fácil para ella por el lenguaje que manejaba y porque, además, cuando se enojaba llevaba la situación al extremo de castigar con golpes usando objetos que dejaban una marca en la piel, luego se arrepentía e intentaba ser condescendiente. Aun así, resultaba curioso que cuando la abuelita alzaba la voz todos queríamos escondernos, excepto mi hermana, ella podía confrontarla sin temor aun sabiendo a lo que se exponía, era fuerte y decidida.

Mamá sí le tenía cierto temor a la abuela y siempre extrañó a su abuelito, sus cuidados, su protección y su cariño. Intentó quitarse la vida en varias ocasiones, incluso la última vez le ayudé a papá a llevarla a la clínica y cuando lograron estabilizarla ya era medianoche, dado que solo una persona podía quedarse con ella, yo me devolví a la casa sola y caminando. Para esa época tenía alrededor de 12 años y hoy reconozco que ese fue un riesgo bastante grande, sentí que se me salía el corazón cuando un hombre a tres cuadras de mi casa empezó a seguirme. Llegué a casa asustada, preocupada y con el corazón más acelerado que nunca.

Cuando Sary nació conté con el apoyo de mamá que estuvo a mi lado en todo momento, como tantas otras veces mientras me encontraba en una cama de hospital; y también estuvo mi esposo que me ayudó a empujar mi panza e hizo fuerza conmigo. Apenas vi a mi bebé en los brazos de la doctora, mi tía Olga, quise tenerla en mi pecho, pero sabía que primero debía llorar y todavía no lo había hecho, mi tía me explicó que ya estaba respirando y con la vacuna lloraría. Sary solo exclamó un ¡ayyyy!, y no se dejaba cortar el cordón umbilical, se aferraba con ambas manitas de las tijeras y cuando le quitaban una se aferraba de la otra. En ese momento empecé a hablar con ella porque sabía que el nacimiento ya era un evento bastante fuerte. ¿Puedes imaginar que estás en un lugar acogedor y después eres expulsado con tal fuerza? Mis esfuerzos durante el parto me provocaron un derrame en los ojos y los de su papá empujando mi panza.

Al limpiarla pude tenerla en mi pecho, esa fue la emoción más maravillosa que podré sentir en la vida. La sentía tan mía y pequeñita, y a la vez no pasaba desapercibido para mí que tenía ante mis ojos otra vida, tan aparte de la mía. Sus movimientos eran tan específicos y asombrosos. Es el mejor recuerdo de mi vida, es como dicen, es en ese primer contacto con tu hijo donde nace el verdadero amor.

Le di a pequeña la bienvenida a mi mundo y desde entonces muchas otras cosas sucedieron en torno a su nacimiento, fueron muchas emociones. Apenas nació mi mamá se inclinó para verla y exclamó:

—¡Es niña!, ¡es una niña!

En ese momento mi esposo se reclinó sobre mi pecho y lloró, estaba impresionado ante el acontecimiento. Recuerdo que dijo:

—¡Nuestra primera hija!

Yo me hice pedagoga porque Sary rebasaba mi capacidad y mi mamá solía decirme en los primeros días que la bebé me sacaría canas verdes porque a Sary le encantaba bañarse, pero apenas le quitábamos la ropa toda la situación se tornaba dramática. Ella sabía comunicar lo que quería porque al sumergirla en la tina dejaba de llorar y balbuceaba, lo cual nos parecía que eran sus manifestaciones de alegría; y cuando la sacábamos del agua venía otro drama. Siempre supo comunicarse, le encantaba que le cantáramos para dormir y la arrulláramos en nuestros brazos. En sus horas de vigilia le gustaba cuando le platicábamos y le mostrábamos el mundo, así que pronto comenzó a preguntarnos, sobre todo, incluso nos preguntaba por las letras a los tres años y ya sabía leer para cuando cumplió esa edad.

Opté por la Pedagogía porque la Nutrición no me ayudaba a entender la velocidad de su pensamiento, y fue así como me fui especializando poco a poco mientas mi hija crecía. De esa forma pude aprender muchas cosas a tiempo, otras, sin embargo, llegaron un poco tarde, pero me abrieron las puertas para comprender mi condición, mi historia y mi papel como madre y profesional de educación.

Actividad

Ahora te toca a ti contar ¿cuál es tu historia como educador? Tanto si eres madre como un profesional de la educación tienes una historia, contarla nos ayuda a comprendernos y a confrontar los desafíos que se nos presentan desde otra perpectiva.

Te invito a escribir tu historia como padre, madre o maestro. Pregúntate a ti mismo ¿qué te llevó al lugar dónde estás?

Escribe una anécdota sobre tu infancia:

¿A qué te gustaba jugar?

_____

¿Qué te gustaba comer?

_____

¿Cuál es tu mejor recuerdo?

_____

Ahora enfócate en tu vida actual

¿Qué información quiero que mis hijos o estudiantes sepan sobre mi?

¿Cuáles son mis pasatiempos, mis intereses y tradiciones?

NEUROCIENCIA

¿Sabías que...

las personas que sobrevivieron al Holocausto sufrieron eventos de tal magnitud que hoy se considera que padecen algunos traumas causados por el estrés al que fueron sometidas?, ¿sabes que pudieron heredarles este daño emocional a sus descendientes, incluso más allá de la siguiente generación? Estos hechos como otros tantos que hoy nos causan dolor, horror y admiración pueden comprenderse al leer la siguiente descripción:

Las mujeres judías protagonizaron actos verdaderamente heroicos durante el Holocausto. Enfrentaron peligros y trastornos inimaginables, como sus tradiciones puestas cabeza abajo y sus cónyuges enviados a los campos de exterminio; ellas mismas se vieron impedidas de desempeñar su labor de cuidadoras y empujadas a incorporarse a la fuerza de trabajo, donde fueron víctimas de la humillación y de los abusos. A pesar de los peligros y de la atrocidad, se sumaron valientemente a la resistencia, introdujeron en los guetos alimentos de contrabando e hicieron sacrificios desgarradores para mantener vivos a sus hijos. Su valentía y su compasión son motivo de estímulo hasta el día de hoy. Ban Ki-Moon, Secretario General de las Naciones Unidas 27 de enero de 201.

Este evento histórico y sus consecuencias en materia de salud fueron estudiados por un equipo de investigadores del Hospital Mount Sinaí que está ubicado en Nueva York (Estados Unidos), quienes llegaron a la conclusión de que, debido al trauma sufrido por el Holocausto, las víctimas llegaban a trasmitírselo a sus hijos, e incluso a subsecuentes generaciones. En cuando a los hijos de las víctimas directas, estos eran más propensos a sufrir desórdenes vinculados con el estrés. Rachel

Yehuda, la profesora de Psiquiatría y Neurociencia, quien lideró dicha investigación como directora de la División de Estudios de Estrés Traumático en la Escuela de Medicina Mount Sinaí, expresó en una entrevista en On Being (2015) lo siguiente:

> Lo que fue muy, muy interesante fue que hubo algunas experiencias que no registraron tanto, pero todas las experiencias traumáticas que involucraron algún tipo de componente interpersonal fueron muy difíciles; era más probable que fuera difícil. La descendencia del Holocausto también mostró muchas cualidades relacionadas con la resiliencia, pero en términos de esta idea de ser más vulnerable a la depresión o la ansiedad, eso era real. (párr. 41)

> También descubrimos, y esto realmente nos sorprendió, que la descendencia del Holocausto tenía las mismas anormalidades neuroendocrinas u hormonales que estábamos viendo en los sobrevivientes del Holocausto y las personas con trastorno de estrés postraumático. Y más tarde, lo refinamos aún más, de modo que nos dimos cuenta de que el riesgo específico de ciertas cosas, como el Trastorno de Estrés Postraumático [TEPT], se asociaba con tener una madre que tenía un Trastorno de Estrés Postraumático. (párr. 42)

La Dra. Yehuda es considerada una pionera en comprender los efectos del estrés y el trauma más allá de la persona que lo sufre, esto es, evidenciando cómo se transmite a la siguiente generación. Para llegar a ideas concluyentes al respecto, la doctora también ha estudiado otro evento de la historia que fue catastrófico: los ataques del 11 de septiembre a las Torres Gemelas y su impacto en las mujeres embarazadas que presenciaron el suceso en el mismo lugar de los hechos. Se puede decir que los resultados son concluyentes porque son semejantes a los anteriores, pues Yehuda reportó que este suceso fue vivido como un Holocausto propio; además, señaló que estudian el impacto del trauma porque todo lo que está vinculado con el evento tiene relación con lo que generalmente le sucede a la persona. En palabras de Yehuda:

Tenemos que darnos cuenta de que las personas que están traumatizadas, tal vez de manera muy privada, están devastadas por las cosas que les sucedieron, simplemente no son tan públicas. Puede que no sean tan prolongados, puede que no sean tan geniales, pero que alguien esté embarazada y en el World Trade Center mientras esos edificios se derrumban, ese es su propio Holocausto personal. Y creo que podemos entender a las personas mucho mejor si nos tomamos el tiempo para comprender el impacto que estos eventos tienen en ellos personalmente. (párr. 43)

Lo que buscamos, cuando estudiamos el impacto de un trauma, es cuán grande es el evento en comparación con lo que generalmente sucede para una persona. Y es esta idea de este cambio abrumador lo que creo que restablece y recalibra múltiples sistemas biológicos de una manera duradera. Así que tenemos que poder visualizar eso, para comprender por qué el cuerpo hace cambios tan importantes y drásticos, porque, por supuesto, lo que nos han enseñado en la escuela es que tienes una respuesta al estrés, y después de unos minutos, todo vuelve a la normalidad. Lo llamamos homeostasis: el cuerpo se recupera como una banda de goma. Y eso sucede con respecto a los sistemas extremadamente circunscritos, pero no con respecto a toda la persona. (párr. 44)

Otro caso que da cuenta de la trascendencia y transmisión generacional de este tipo de eventos es la guerra civil ocurrida en los Estados Unidos, estudio en el cual se centra la atención en los prisioneros que vivieron en hacinamiento. Estos apenas tenían disponible un espacio equivalente a una tumba, un deficiente saneamiento y sufrían desnutrición porque solo se alimentaban con pequeñas raciones de maíz. Muchos de ellos murieron por diarrea y escorbuto, sin embargo, los que lograron superar esa situación retomaron su vida con problemas de salud y con una menor esperanza de vida, la investigadora Dora Costa, economista de la Universidad de California (Los Ángeles, Estados Unidos) los describió como *esqueletos andantes*. Los descendientes de estos prisioneros sufrieron efectos mayores en la mortalidad relacionados con las condiciones en las cuales vivieron sus padres. El informe de los investigadores dirigidos por Costa señala que "los traumas sufridos por los padres pueden acortar la esperanza de vida de sus hijos" (Henriques, 2019).

De igual forma, se han desarrollado otras investigaciones en las cuales se ha estudiado cómo se han visto afectados los hijos que fueron concebidos durante la Segunda Guerra Mundial y en lo que se conoce como la hambruna holandesa de 1944. Estos han sido concluyentes al mostrar que muchos de los descendientes de quienes vivieron estos eventos sufrieron enfermedades cardiovasculares y obesidad, otros tenían mayor probabilidad de padecerlas a causa de los efectos sufridos por los padres.

También se ha demostrado que las agresiones racistas provocan cambios en los hijos de las víctimas, específicamente en los genes que influyen en la esquizofrenia, el desorden bipolar y el asma, según lo informó Henriques (2019). De acuerdo con los estudios que han realizado los especialistas, esta herencia no es de tipo genético, pero es de suma importancia porque afecta la salud mental de la descendencia.

GENÉTICA Y EPIGENÉTICA

"Piensa en la Genética como la computadora y la Epigenética como el software, la aplicación, el programa".

Krista Tippett (On Being, 2015)

Una vez nace un bebé, por lo general, al verlo las personas mayores intentan descubrir a quién se parece, pero solo con el paso del tiempo nos vamos dando cuenta de si estábamos en lo cierto o no. Así, hablamos de la herencia de los padres y en tono de broma hacemos referencia a las características trasmitidas que podemos observar en los bebés en relación con las que vemos en sus padres o que pueden tener en un futuro, algunos dicen: "El papá le heredó el color de los ojos, esperemos no le herede su miopía".

Ahora bien, los genes no son lo único que le heredamos a nuestros hijos. Al hablar de genes nos referimos a las características visibles como el tipo de cabello, el color de la piel, la estatura y rasgos que nos caracterizan en general; pero también al tipo de sangre, la tendencia a contraer ciertas enfermedades, el talento y las capacidades mentales. Sabemos que los genes no los podemos cambiar, al menos eso entendimos con la Genética, la rama de la biología que estudia estos caracteres hereditarios que se trasmiten de generación en generación.

No obstante, en la actualidad, los avances en la ciencia y la interdisciplinariedad nos han permitido saber que los traumas también se heredan. Desde la publicación de la primera versión del genoma humano (2001) se asumió que todos los problemas del género humano habían sido resueltos y que, incluso, habría cura para todas las enfermedades y hasta se patentaban los genes, pero eso tan solo fue el inicio de una excitante ciencia moderna: la Epigenética. Descubrirla me dejó maravillada y me dio claridad sobre mi propia condición y mi herencia.

Intentemos acercarnos a la definición del término que le dio nombre a esta nueva ciencia revisando su significado al separarla en tres emisiones de voz. La palabra *epigenética* deriva del griego: el prefijo *epi* que puede traducirse como *encima*; el término *genos* que significa *engendrar*; y el sufijo *tico* que se traduce como *relativo a*. Entonces la Epigenética es la ciencia que está "por encima de la genética".

Esta nos explica que a través de determinados cambios químicos se "encienden" y "apagan" los genes, y que esos cambios que ocurren a nivel genético son heredables y susceptibles de ser nuevamente modificados por el medioambiente; es decir, que tanto el clima como lo que comemos y el trato que recibimos, o incluso nuestros pensamientos pueden influir en la manifestación de los genes. Esta explicación bastó para terminar con la discusión sobre si somos lo que los genes determinan o nos construimos a partir de las propias experiencias y aquello que el entorno nos proporciona, en otras palabras, llegamos a la conclusión de que somos unidades bio-psico-socio-culturales. El primer autor que me conectó con esta idea fue Vygotsky, mientras cursaba la Normal Superior, con su teoría sociocultural, y ha sido el motivo por el que más tarde me ha atrapado la Neurociencia.

Según lo señaló Mardomingo (2015), doctora en Medicina, especialista en Pediatría y Psiquiatría, y en Psiquiatría Infantil:

Se trata de llegar a saber de qué modo la experiencia individual induce cambios en la expresión de los genes y pone en marcha las enfermedades y de qué modo estos cambios moleculares perturban la memoria, la cognición, las emociones y la conducta y dan lugar a trastornos psiquiátricos. La investigación de las últimas décadas pone de manifiesto que, cuanto más se sabe acerca de los genes, mayor importancia adquiere el ambiente. El progresivo descubrimiento de los mecanismos epigenéticos plantea de nuevo uno de los temas trascendentales de la pediatría y la psiquiatría infantil de todos los tiempos, el de la naturaleza y la crianza, la "natura" y la "nurtura", y lo hace desde una perspectiva nueva y apasionante. Son las preguntas de siempre, pero desde distintas perspectivas y con nuevas respuestas. (p. 524)

Así pues, el genotipo hace referencia a la información genética que nos da identidad, mientras que el fenotipo es la expresión clínica del gen sobre la cual se puede llegar a actuar para activar o paralizar la expresión del gen. La Epigenética se encarga del estudio de los procesos que modifican la expresión de los genes, los cuales nunca alteran su secuencia, pues no hay un cambio real en el ADN; lo que realmente sucede es que unas pequeñas etiquetas químicas se forman o cambian cuando hemos pasado por un trauma, de modo que pueden agregarse o eliminarse y seguir transmitiéndose a las siguientes generaciones. Estas etiquetas activan o desactivan los genes posibilitando la adaptación a los cambios a los cuales nos somete el entorno.

Conrad Hal Waddington (1905-1975) fue quien acuñó el término para abordar las interacciones que ocurren entre los genes y los factores ambientales, como los químicos, los tóxicos y hasta las propias emociones de la persona. La influencia epigenética se ha observado en la manifestación de varios tipos de cáncer; en enfermedades cardiovasculares, neurológicas, reproductivas e inmunes; e incluso se evidencia en el sufrimiento de los descendientes. Este último es de mi interés por las repercusiones que tiene en el aprendizaje de nuestros niños. Por lo tanto, podemos decir lo siguiente:

> Se trata de mecanismos en los que se altera la función de los genes, que suelen quedar silenciados, lo que se traduce en el fenotipo, sin que por eso se modifique la secuencia de bases del ADN. Dentro de los factores ambientales que dan lugar a cambios epigenéticos, destacan: los factores prenatales y posnatales, como la desnutrición, el que la madre fume o consuma drogas durante el embarazo, el maltrato o el estrés. (Mardomingo, 2015, p. 525)

Entonces, detengámonos un momento para verificar estos hechos en nuestro entorno: si el educador, los maestros o los padres de familia han sufrido un trauma, este se extenderá más allá de su propia experiencia e influirá en la vida de los demás; en el caso de los hijos, si este evento fue vivido durante su gestación o anterior a esta, es posible que el niño lleve una carga emocional heredada. Aún más, podemos acercarnos más a la realidad que encontramos en el salón de clase o en nuestras viviendas. Antes se creía que las experiencias vividas en la infancia podían o no afectar la vida posterior de los niños, pero hoy sabemos que hasta las experiencias que tiene el bebé dentro del vientre materno impactan de forma dramática y permanente las funciones y estructuras cerebrales del nuevo ser humano en formación.

Por otra parte, cuando un niño crece en un ambiente seguro, bajo el cuidado de unos padres que se ocupan de sus necesidades básicas, su protección y afecto, ello también incide en el cableado neuronal. Todas las experiencias de la vida influyen en el desarrollo de los niños, puesto que tienen el papel de organizadores psicológicos y neurológicos; en ese orden de ideas, las muestras de afectos, la armonía familiar y la estabilidad se constituyen en un fundamento seguro para el desarrollo de la persona.

Cuando sucede lo contrario, como es característico en la sociedades latinoamericanas, donde la violencia tiene índices que cada vez más van en aumento, empezando con el castigo como método para educar, las cifras de entidades oficiales señalan que al menos 6 de cada10 niñas, niños y adolescentes experimentaron entre 1 a 14 años algún método violento de disciplina; y que 1 de cada 2 niños, niñas y adolescentes sufrió agresiones psicológicas, según la Encuesta Nacional de los Niños, Niñas y Mujeres (ENIM) 2015. Además, en el sitio web del Fondo de las Naciones Unidas para la Infancia – Unicef (2020) la organización apuntó lo siguiente:

La violencia contra niños, niñas y adolescentes muchas veces encuentra formas tan simples como un manotazo, una nalgada o un grito, y se justifica como una forma normal de disciplina, pero no lo es; cada una de estas manifestaciones tiene un impacto negativo en el desarrollo y la autoestima. (párr. 1)

En México, 6 de cada 10 niños, niñas y adolescentes han sufrido métodos de disciplina violentos por parte de sus padres, madres, cuidadores o maestros.

Actualmente en México, la violencia permea en los procesos educativos y de convivencia diaria por lo que puede presentarse en distintos entornos: hogares, escuelas, comunidades, lugares que frecuentan o en la calle. Además, existen todavía situaciones en donde niñas y niños se ven afectados por actos de discriminación, peleas o agresiones que ponen en riesgo su integridad física e incluso su vida. (párr. 2)

Adicionalmente, México vive un contexto de violencia originado por altos niveles de desigualdad social, impunidad y presencia extendida del crimen organizado, que afecta a la niñez y la adolescencia. Según cifras del Instituto Nacional de Estadística y Geografía (Inegi), 8644 niños, niñas y adolescentes fueron asesinados en el país entre 2010 y 2016; y 6257 estaban registrados como desaparecidos hasta noviembre de 2017. (párr. 3)

La violencia en la primera infancia (hasta los 5 años) suele ser a manos de padres o cuidadores como método de disciplina; esto puede afectar el desarrollo del cerebro y del sistema inmunológico, causando problemas de salud que, en casos extremos, pueden provocar muerte prematura. (párr. 4)

La violencia en la edad escolar (de los 6 a los 11 años) suele manifestarse dentro de la escuela por parte de maestros, en forma de castigo corporal o humillaciones y entre compañeros, en forma de acoso o *bullying.* Las niñas suelen ser víctimas de acoso psicológico al ser excluidas de círculos sociales o verse involucradas en rumores dañinos mientras que los niños son más propensos a sufrir violencia física y amenazas. Las consecuencias de la violencia en el entorno escolar pueden ser un bajo rendimiento y abandono escolar. (párr. 5)

La violencia en la adolescencia (de los 12 a los 17 años), se manifiesta en diversos entornos sociales, por ejemplo, la escuela y la vía pública se han identificado como los ámbitos donde suceden 8 de cada 10 agresiones contra niñas, niños y adolescentes. Además, aunque todos ellos están en peligro de sufrir violencia sexual a cualquier edad, las adolescentes se vuelven particularmente vulnerables. (párr. 6)

El destacado psiquiatra David B. Szydlo Kon señaló en el primer congreso en línea del Consejo Mexicano de Neurociencias que los que se dedican al mundo de la psicología saben que las vivencias desestructurantes como la violencia dejan una huella indeleble de carácter psicológico y biológico en el desarrollo de los niños, las niñas y los adolescentes. Además, el Dr. Szydlo manifestó que se ha demostrado que este tipo de vivencias generan estrés y trauma, las cuales van desde las carencias afectivas y económicas hasta los problemas de desarrollo que desestabilizan las hormonas y los neurotransmisores, reduciendo así la conectividad cerebral. También explicó los efectos que tiene el trauma indicando que cuando un evento agobiante y devastador no es anticipado, como los hechos de violencia, causan inmovilidad en los métodos normales psicobiológicos que poseemos para disminuir el peligro y la ansiedad, y responder ante la amenaza; es decir, dejan a nuestras capacidades psicobiológicas internas fuera de acción.

El trauma se caracteriza por síntomas psicológicos específicos y desestructurantes como la regresión y la psicopatología, y por la desregulación neurofisiológica. El resultado de estos síntomas es una parálisis de las respuestas afectivas, cognitivas y conductuales de la persona, puesto que todas estas son mediadas por procesos biológicos que afectan al cuerpo y a la mente. Los factores externos afectan la expresión de los genes del siguiente modo: una serie de moléculas se unen a la secuencia del ADN y gobiernan su expresión, proceso al cual se le conoce como *epimutaciones*.

Por eso se afirma que los niños y los adolescentes viven su propio holocausto, según las condiciones que se han descrito en este apartado, dado que viven en circunstancias que son poco favorables para su desarrollo, entre las cuales se encuentran contextos y situaciones donde se ejerce violencia contra ellos y son sometidos a estrés y traumas. Incluso, en muchos casos estos heredan el estrés de generaciones anteriores, sobre todo, aquellos que no terminan de comprender que la disciplina que usaron sus padres, como el maltrato, sí ha generado un daño en ellos.

Al comenzar mi práctica pedagógica cubrí un interinato que tenía menos de tres meses de haber sido establecido, estaba ubicado en una zona marginada e inmerso en una comunidad de reciente creación donde muchas de las casas eran improvisadas y sus habitantes no contaban con la provisión de los servicios públicos, y la mayoría de los padres solo veía a sus hijos por las noches por lo que estos pasaban las tardes solos. Quedé al frente de un grupo conformado por más de 50 niños con edades entre los 6 y 7 años, quienes estaban por terminar el primer año de educación primaria. Para esa fecha se esperaba que todos los niños hubiesen aprendido a leer, pero se comprendía por qué muchos no lo habían logrado. Me quedaban menos de tres meses para intentar nivelar al grupo y la maestra responsable del grupo no había dejado material de apoyo para las actividades, ni los expedientes o recomendaciones sobre los niños, y mi acceso a las boletas de calificaciones era nulo hasta la llegada del fin del ciclo escolar. Esa resultó ser una tarea titánica, por lo cual tuve que acudir a los especialistas que me habían formado en busca de recomendaciones y de recabar la mayor cantidad de información de cada uno de los niños.

Un caso particular llamó mi atención, era el de una pequeña que no conocía las grafías y mucho menos tenía idea alguna acerca de los sonidos de las letras o de su escritura, dificultades a las cuales se sumaba el rezago que en general manifestaba frente a sus compañeros. Yo estaba en la mira de mi directora y quería aprender todo cuanto me fuese posible en esa experiencia, y al conocer el caso de esta pequeña deseé poder apoyarla. Así que busqué rápidamente la orientación de uno de mis maestros en el pasado a quien admiraba por su trayectoria profesional y sabía que podría orientarme, más tarde se convirtió en mi mentor de emprendimientos. Al mismo tiempo busqué una red de apoyo para resolver mis inquietudes, las cuales estaban conformadas por maestros que tenían experiencia con grupos estudiantiles numerosos, otros que habían enseñado a leer y a escribir. Cada uno de ellos me dio sus mejores recomendaciones pedagógicas, y entre todas ellas los aspectos que resonaron con mayor fuerza en mi cabeza fueron la paciencia y el amor. También fui a la biblioteca de la Normal y revisé los materiales de apoyo para los maestros, pero lamentablemente era muy poco el tiempo que tenía para trabajar tantos contenidos. A ello tendría que agregar que mi poca experiencia y lo numeroso del grupo hizo de aquella oportunidad una anécdota muy singular en mi vida, la cual estuvo marcada por muchos aprendizajes e importantes reflexiones.

El primer día la maestra se encargó de recoger sus materiales y me dejó a cargo del grupo sin darme ninguna indicación o recomendación, así que puse unos ejercicios sencillos y me di a la tarea de monitorearlos de lugar en lugar. Mi propósito no era restarle autoridad a la maestra ni que los niños se sintieran invadidos, aunque la frialdad de la maestra al despedirse me desconcertó un poco. Mi atención se centró en ver cómo atendería a tantos niños, pero el acercamiento que propicié con ellos rápidamente les permitió sentirse en confianza y ¿qué hace un niño que siente plena confianza? Es sencillo imaginarlo, se relaja un poco el orden. Una vez la maestra salió del salón convoqué a la Primera Plenaria del Grupo de 1º "C", turno matutino, coloqué mis papelógrafos en el pizarrón y les pregunté a los niños si alguno quería dirigir la plenaria. Ninguno se ofreció porque claramente no sabían cómo hacerlo, pero en cuanto les dije que yo los apoyaría y orientaría en todo el proceso tuve muchos voluntarios.

Con el poco tiempo con el que contaba no podía darme el lujo de que la disciplina se me escapara de las manos, de modo que si quería aprovechar el tiempo con mis niños debía buscar todos los recursos para compartir responsabilidades, delegar y estar muy alerta. Los niños determinaron nuestras reglas de clase y las consecuencias que acarreaba no cumplirlas, lo cual permitió poner orden y el cuidado mutuo entre los estudiantes, pues los niños suelen "acusar" al compañero que no sigue las reglas y siempre quieren aplicar las consecuencias; asimismo, y más importante aún, ello permitió que cada uno autorregulara su conducta, dado que esta estrategia es ideal para que los niños la vivan en el presente, pero los ayude en su futuro, y esto es lo que necesitamos: educarlos para el futuro.

De esa forma, los niños asumieron un rol participativo, y durante la actividad propuesta pude notar rápidamente quiénes participaban y quiénes no lo hacían o lo hacían poco, lo cual me dio cierta ventaja en el trabajo cotidiano. Establecer acuerdos con los niños resultó conveniente para nuestra dinámica diaria porque, al final, los niños siempre quieren jugar, así que tuve que negociar esa parte y eso fue de gran ayuda. Me instalé pronto porque no tenía mucho tiempo para hacerlo y tenía que revisar muchas cosas; sin embargo, mi mayor preocupación era la pequeña que no reconocía las grafías. Una mañana fresca observé que titiritaba de frío, me acerqué para aprovechar la oportunidad de conocerla mejor porque era un poco tímida y no participaba mucho en clase, así que si deseaba ayudarla sabía que necesitaba ese tiempo desesperadamente. Comencé a conversar con ella y descubrí que llevaba el uniforme mojado porque era su responsabilidad lavarlo después de la escuela, me explicó que cuando su mamá había llegado la noche anterior a casa y vio que no lo había lavado la obligó a hacerlo, y como ese día no se había secado, la envío a la escuela con el uniforme mojado.

En general, los niños asistían con frecuencia sin desayunar y a veces no llevaban alimentos para la hora del descanso. Yo no podía aumentar el estrés bajo el que vivían, por lo que me enfoqué en que sintieran amor por las letras, especialmente la pequeña Anita. Los ayudé a crear textos colectivos donde todos participaban colaborando con frases de un cuento que ellos mismos iban narrando según lo que se les ocurriera en el momento, lo cual me permitió conocer parte de su historia. Pude notar que no eran niños de campo, pero tampoco conocían la ciudad, simplemente habían nacido en una zona marginada y con limitaciones extremas, donde el amor es bien recibido y siempre es multiplicado en sus pequeñas personas.

Cuando pienso en aquellas madres creo que cargaban con una historia con epimutaciones y es posible que se los hubiesen heredado a sus hijos, pero de ser equívoca mi inferencia, lo cierto es que los niños vivían en condiciones bastante complicadas. Muchos padres olvidan que no solo el nacimiento es importante, sino que también lo son los primeros años de vida y las experiencias de afecto y cuidado que ello tengan hacia el bebé. Puesto que al nacer el cerebro no está completamente formado y las neuronas no están del todo conectadas, para que ello se complete en el periodo de gestación se requerirían más de 40 semanas y el bebé crecería demasiado, lo cual complicaría aún más el proceso de alumbramiento. Por otra, parte la conectividad de las neuronas está íntimamente ligada a la experiencia y al impacto que genera el entorno en el ser humano, por lo tanto, no puede completarse en la gestación.

La primera poda neuronal ocurre aproximadamente a los tres años, edad en la que los niños ya tienen más neuronas de las que posee un adulto. Este proceso obedece al hecho de que, si bien para el cerebro siempre es conveniente contar con más neuronas de las que necesita, prefiere la conectividad, de modo que el cerebro solo se quedará con las comunicaciones neuronales que de alguna manera se afianzaron. Lo que hace posible la conectividad entre estas células es el ambiente y la experiencia, en especial, las afectivas, pues son un poderoso generador de la conectividad; aunque ello también influye la cobertura de las necesidades básicas.

En los contextos que son inadecuados para el desarrollo de los niños disminuye el número de conexiones entre las células neuronales, es decir: el medioambiente inadecuado disminuye el número de conexiones; mientras que los ambientes adecuados estimulan y mejoran la conectividad, la eficiencia y la rapidez de las funciones cerebrales.

Cuanto mejor sea la conectividad entre las neuronas, obtendremos mejores herramientas psicológicas.

No obstante, hay que mencionar que la carencia de estimulación o la sobreestimulación tienen efectos negativos en los procesos neurobiológicos y neuropsicológicos.

Ahora bien, la Epigenética también nos da la posibilidad de salir de este bucle hereditario, tal y como se ha señalado en diversas investigaciones que se han realizado al respecto. Aquí es donde vemos lo positivo de esta nueva ciencia, porque si el ADN no nos define y el medio juega un papel tan preponderante, diríamos que bajo estas circunstancias ya no hay solución para aquellos que se encuentran en una condición difícil; pero esto no es así. Ante tal evento Rachel Yehuda expresó en la entrevista en On Being (2015) lo siguiente:

> Estamos empezando a entender que solo porque naces con un cierto conjunto de genes, no estás en una prisión biológica como resultado de esos genes: se pueden hacer cambios en la forma en que funcionan esos genes, que pueden ayudar. La idea es muy simple, y la escucha de personas todo el tiempo. La gente dice, cuando les ocurre algo catastrófico: "No soy la misma persona. He sido cambiado. No soy la misma persona que era". Y la Epigenética nos da el lenguaje y la ciencia para poder comenzar a desempaquetar eso. (párr. 3)

Entonces, ¿cómo podemos revertir el daño que se ha causado en los primeros años de vida ante el estrés y la violencia a la cual ha sido sometido el niño? Podemos revertir el daño propiciando experiencias reparadoras, pero debemos recordar que el daño se genera a nivel neurológico y psicológico, por lo tanto, lograrlo requiere de un proceso complejo en el cual contribuye la Psicoterapia. Esta ciencia tiene la nobleza de generarnos experiencias reparadoras, por eso debemos romper con las ideas falsas que nos han hecho interiorizar y empezar a sanar nuestras historias para formar una nueva comunidad de niños sanos emocional y psicológicamente.

No es casualidad que los estudiantes de Psicología deban asistir a terapia como parte de su formación y profesionalización permanente, ¿no sería razonable que los educadores tuviéramos esa misma oportunidad? Y cuando me refiero a los educadores también aludo a los padres de familia y a los cuidadores de los niños. Yehuda señaló que su ciencia es una forma de poder para florecer más allá de los traumas grandes y pequeños que marcan cada una de nuestras vidas y las de nuestras familias y comunidades.

Sugerencias

Confronta tu historia, habla con ella y sánala. Pero antes de hacerlo debes responder las siguientes preguntas: ¿conoces tu historia?, ¿has intentado hacer historia familiar? Si aún no la conoces y quieres hacer historia familias puedes utilizar muchas de las plataformas que están disponibles para ello, o puedes usar un cuaderno y empezar a ordenar tu árbol genéalogico. Má aún, en un esfuerzo más trascendente busca tu historia familiar, entiende tu vida, perdona si tienes que perdonar o exalta las cualidades de quienes te antecedieron. Es un ejercicio espiritual de sanación profunda y de trascendencia neuronal.

• Te recomiendo visitar algunos sitios en internet como Geneanet, MyHeritage, Findmypast, Ancestry y FamilySearch.

Yo he trabajado ayudando a otros a encontrar a sus antepasados, he visto lo que significa encontrar historias, sanar heridas, he visto el milagro del perdón. La persona que estudia medicina aprende a medir su temperatura, a hacerse revisiones e incluso a administrarse medicamentos y a identificar claramente a qué especialista debe acudir para atender sus problemas de salud. De igual forma, quienes estudian psicología deben asistir a terapia a fin de entender sus propios procesos y sanar sus heridas emocionales.

- Considero que el educador, ya sea por profesión, como maestro o formador, o padre de familia, necesita revisar su historia de vida. Concuerdo con el maestro Gerardo Aguado, especialista en intervención en niños con Trastorno Específico del Lenguaje (TEL), que tal vez no fuimos deseados y acorde con el contexto económico de la mayoría de las familias mexicanas, no hay nada de malo en ello; pero debemos empezar a sanar esas heridas heredadas. Esto puede generarnos más bien que mal, sobre todo, nos ayudará a romper el ciclo de pobreza económica e idiosincrática que a muchos nos distancia de nuestras posibilidades, de disfrutar lo que somos y lo que tenemos.

- Empieza por revisar tu historia familiar respondiendo estas preguntas: ¿quién eres?, ¿por qué estás aquí?, y ¿hacia dónde vas?

Entender tu historia, así como la historia filogenética de la existencia humana, nos permite comprender que los niños que llegan a nuestra vida son los menos culpables de lo que nos ha sucedido en el pasado, sin embargo, ellos terminan siendo las víctimas de esas historias no sanadas.

- Ser padre y madre es un desafío descomunal, pero te llena de amor, felicidad y sabiduría; te permite entenderte y entender, amar y ser amado.

Esta tarea merece que permanezcamos en una constante preparación.

- Ser maestro es una opción que implica una preparación constante, se requiere vocación, compromiso y voluntad. Atiéndete y pide ayuda siempre que la necesites, recuerda que la formación que recibes en la licenciatura es apenas una aproximación a la complejidad del desarrollo neuronal o del proyecto biológico más importante y maravilloso de la existencia.

"Descubrimos algo de nosotros mismos cuando aprendemos sobre nuestros antepasados".

Thomas S. Monson

Apegado a mí

Gabriela Mistral

Velloncito de mi carne,
que en mi entraña yo tejí,
velloncito friolento,
¡duérmete apegado a mí!
La perdiz duerme en el trébol
escuchándole latir:
no te turben mis alientos,
¡duérmete apegado a mí!
Hierbecita temblorosa
asombrada de vivir,
no te sueltes de mi pecho:
¡duérmete apegado a mí!
Yo que todo lo he perdido
ahora tiemblo de dormir.
No resbales de mi brazo:
¡duérmete apegado a mí!

CAPÍTULO 3:
EL TRAYECTO

"Lo que vemos cambia lo que sabemos. Lo que conocemos cambia lo que vemos".

Jean Piaget

Abordar nuestra historia desde nuestros antecedentes y nuestros ancestros nos permite sanar aquellas heridas que hemos heredado. Es muy importante que intenmos sanarlas en cada etapa de nuestra vida, puesto que atravesamos por diferentes duelos y pérdidas que vamos dejando pasar como "cosas de la vida", sin embargo, todos los dolores y el estrés que nos causan se van anidando dentro de nosotros y temrianan por afectar nuestra química neuronal. Por ejemplo, hablemos del nacimiento ¿cuántas formas de nacer existen?, desde mi experiencia puedo decir que, aunque viví tres partos aparentemente realizados con los mismos procedimientos, cada uno tuvo su peculiaridad. Especialmente con Sary no tenía la más mínima idea de lo que iba a acontecer, fue un hecho sin precedentes para mí y una experiencia única.

Cuando nació Mit, mi segunda bebé, sabía lo que me sucedería, por lo que quise preparar hasta la forma cómo debía respirar en el momento del parto, pero ella nació un mes antes de lo previsto y las circunstancias también tuvieron su drama particular. Durante mi segundo parto tuvieron que elegir qué vida salvar, si la de mi pequeña o la mía. Con mi hijo menor tuve una experiencia totalmente diferente porque todo fluyó en aparente calma, aunque en realidad extremé los cuidados por los antecedentes que había tenido y, dado que un ginecólogos nos dio la posibilidad de evitar la cesárea controlando mi peso a través de la alimentación y el ejercicio, para así evitar que el embarazo llegara a término sin ninguna seguridad sobre el desenlace.

Luego del parto de mis tres hijos, tuve la oportunidad de ponerlos en mi pecho y hablarles una vez nacieron, lo cual me permitió darme cuenta de la influencia que tenía mi voz sobre sus primeras conductas. Cada uno tuvo su propia historia para nacer, a Sary fue a quien más le costó trabajo hacer camino. En mis tres embarazos, desde que recibí la noticia de mi estado hasta el día en que nacieron los bebés, nunca tuve mareo o vómito; el único síntoma que tenía eran los antojos incluso de cosas que no había comido antes, en cada oportunidad se me antojaba comer algo distinto, aunque nada extraordinario, como dulces de coco, mango con picante, frutas y de vez en cuando coctel de camarón, eran cosas que no son tan exóticas, pero a las cuales no acostumbro.

Por otro lado, dado que en la adolescencia adquirí el hábito de escribir mis vivencias en un díario, la maternidad se presentó como la oportunidad perfecta para trabajar en mis cambios emocionales, llevaba mis experiencias y mi planeación prospectiva sobre la maternidad (un plan de lo que sucedería en el futuro) en un pequeño cuaderno de colores pastel con dulce aroma. Esto me ayudó a vivir de manera consciente mis cambios físicos y emocionales, y fortaleció mucho más ese vínculo especial que existe entre una madre y el bebé que crece de manera asombrosa dentro de nosotras. Al anotar lo que interpretaba de mi realidad hoy puedo rememorar esas vivencias con más claridad.

En términos generales, mi primer embarzo fue típico, seguí el esquema que lleva a todos a crecer como individuos con carácterísticas particulares como el peso, la estatura, la capacidad intelectual o la competencia social que nos distingue. Desde que tengo uso de razón supe que tendría dos pequeñas bebés, ellas heredarían mi cabello negro y brillante con rulos, mi color de piel moreno y mi dentadura; tal vez, este deseo me encaminó en la búsqueda inconciente o no de una pareja que aportara los genes de un atleta y destacara por su personalidad, inteligencia y benebolencia.

La genética, en particular la transcripción, haría su parte. Aún no contaba con el conocimiento de la Epigenética, que se encarga de alterar la probabilidad de que un gen sea transcrito, donde el ambiente puede hasta silenciar por completo un gen a partir de la dieta o las tóxinas del estrés. Y esto no solo puede ocurrir en el desarrollo embrionario, sino también después de la infancia porque abarca todo el ciclo vital.

NEUROCIENCIA

¿Sabías que...

La Organización Mundial de la Salud (OMS) calcula que uno de cada 160 niños tiene un trastono del espectro autista (TEA) y que las personas con TEA sufren estigmatización, discriminación y violaciones a sus derechos humanos?

Desde la tercera semana de gestación se empieza a formar el **tubo neural** del cual surge el cerebro y la médula espinal. Entre la cuarta y la octava semana de gestación, el tubo neural se transforma a partir de esas primeras células que dan origen a tres vesículas cerebrales, las cuales derivan en el bulbo raquídeo, la protuberancia y el cerebelo; el mesencéfalo; el diencéfalo y el telencéfalo. Desde la novena semana el cerebro deja de tener una apariencia lisa a tener arrugas, y se comienza a apreciar la separación entre ambos hemisferios cerebrales. Durante estos eventos ocurren tres fases, estas son:

1. Neurogénesis y migración: en las primeras ocho semanas para neurogénesis y la migración hasta la etapa fetal. En esta maravillosa etapa se producen las neuronas y muchas comienzan a desplazarse dado que pueden recorrer largas distancias, las primeras en llegar

serán las capas más profundas que formarán la corteza cerebral, y las últimas las capas son las superficiales.

2. Diferenciación y maduración de las conexiones: a partir de la novena semana las neuronas comienzan a diversificarse y cambian de forma según la función que cumplirán y el lugar en el cual la cumplirán, pues las neuronas son diferentes. Se ha demostrado que en esta etapa se inicia el desarrollo del fascículo longitudinal inferior y el **cuerpo calloso** (que están relacionados con el proceso visual, la memoria y la comunicación entre los hemisferios). Desde el tercer mes se desarrollan otras estructuras como las que conectan los lóbulos frontales, las estructuras frontotemporales y las frontoparietales como el cíngulo y el fascículo uncinado que junto con el cuello calloso maduran lentamente incluso hasta la etapa de la adolescencia.

3. Mielinización, poda sináptica y muerte neuronal: cuando las neuronas empiezan a conectarse dan origen al árbol dendrítico, antes del nacimiento y hasta después de este, ello comienza a suceder cuando las neuronas ya están en su lugar y crecen los axones que buscan establecer conexiones, esto es lo que les permite sobrevivir. Al nacer poseemos más neuronas y sinapsis de las que vamos a necesitar, por lo que algunas de ellas son desactivadas o eliminadas. A los dos años se da la primera poda, la siguiente se da en la adolescencia y la tercera en la senectud. A mayor densidad sináptica, peores habilidades cognitivas se tendrán. La poda permite el perfeccionamiento de circuitos, elimina células que ya cumplieron su función de origen, corrige errores de migración y refina la selección de las conexiones funcionales; además, sigue una secuencia temporal para cada estructura y la última la zona prefrontal. En la infancia y la adolescencia se incrementa la mielinización, lo cual hace que aumente la sustancia blanca, mientras que la sustancia gris decrece.

Actividades

Elabora una línea del tiempo con el tema del desarrollo del cerebro a partir de la cuarta semana:

Cuarta semana

_____

Octava semana

_____

Novena semana

_____

Tercer mes

_____

Previo al nacimiento y después del nacimiento

_____

Infancia y adolescencia

_____

Con base en la descripción somera podemos deducir varios factores que inciden en el desarrollo del cerebro como, por ejemplo: este órgano no termina de desarrollarse cuando nacemos, es un proceso que continúa hasta que llegamos a la etapa de la adolescencia y un poco más allá; el proceso perfectamente sistematizado no garantiza fallas en el desarrollo neuronal, pues la transcripción de las células originales puede ser afectada por factores externos, aquello que la mamá haya vivido y el modo como ello afecta o no el desarrollo neuronal lo explica la Epigenética; y el desarrollo del cerebro es dinámico, por tanto, las afectaciones también se pueden producir en la expresión de los genes.

Cabe aclarar que el cerebro no es completamente flexible, interpretación que puede surgir por el concepto de neuroplasticidad. Hay dos acepciones al respecto, veamos: la primera hace alusión al desarrollo del cerebro con relación a mecanismos "expectantes de la experiencia", los cuales tienen que ver con el desarrollo de funciones innatas como las del sistema motor, el lenguaje, la memoria, la percepción, las funciones ejecutivas o la conducción social, que se adquieren sin esfuerzo con tan solo estar expuesto al entorno y están limitadas por estructuras y otras funciones que varían en los periodos críticos. Por otra parte, está la plasticidad que hace referencia a mecanismos "dependientes de la experiencia" y aluden a los aprendizajes de nuevas habilidades como, por ejemplo, tocar un instrumento, leer, escribir, adquirir conocimientos académicos y demás habilidades que implican un entrenamiento y esfuerzo que puede adquirirse a lo largo de la vida.

Desde la Neurociencia, Francisco Mora, en la obra *Implicar el cerebro reconectado* (Sousa, 2018) señaló lo siguiente:

> [...] Se espera conocer las edades que durante el desarrollo y maduración cerebral se correspondan con los mejores tiempos para introducir enseñanzas con más eficiencia y lograr enraizar de manera sólida aspectos tan importantes como son los valores, las normas y los fundamentos más básicos de la ética. Y más allá, conocer los cambios que sobre el cerebro produce en el ser humano todo aquello que le rodea. Con esto último me estoy refiriendo a ese gran capítulo de la Neurociencia que es la plasticidad cerebral, y que estudia los cambios sinápticos del cerebro que ocurren como resultado principalmente de lo que se aprende y memoriza. De hecho, aprender y memorizar es eso, "cambiar el cableado del cerebro. (p. 10)

FACTORES QUE INCIDEN EN EL NEURODESARROLLO

Mi querida amiga y compañera normalista Sandra tuvo tres maravillosos hijos, el último de ellos llegó por sorpresa, y cuando se enteró de su estado de embarazo se emocionó muchísimo porque la espera de un bebé y su llegada supone mucha alegría para las mujeres que aman la maternidad. En su proceso de gestación todo parecía desarrollarse con normalidad, además, había tenido dos experiencias previas que la hacían sentir segura y pensar que todo marchaba bastante bien, al menos esto era lo que nos compartía.

Cuando llegó el momento del parto creció la expectación, todos queríamos conocer al nuevo integrante de la familia. Casi de inmediato la vida de Sandy cambió porque las visitas al hospital se volvieron rutinarias, su angustia era evidente aun en su ausencia, era claro que algo no había salido bien. El diagnóstico del bebé fue síndrome de Angelman que cambió la vida de mi amiga y la de su familia radicalmente. Mi amiga perdió a su pequeño y enfrentó otros eventos que jamás imaginó.

La vida nos sorprende inesperadamente de formas que no imaginamos.

FACTORES GENÉTICOS

Existen muchos factores que pueden incidir en el desarrollo neuronal en general, estos se clasifican en factores genéticos y factores ambientales. Los primeros hacen alusión a un fuerte componente hereditario y son catalogados en el grupo heterogéneo de síndromes, donde las variantes genéticas pueden originar el mismo síndrome, así como la interacción de los genes con factores ambientales. Una de las características que se evidencian son rasgos dismórficos y discapacidad intelectual, además de presentar afectaciones en algunos órganos o sistemas. Otra característica especial, sobre la cual no se encuentra mucha información en los libros, es la capacidad que tienen de manifestar afecto y hacer sentir el cariño que tienen por quienes los rodean, logrando hacer que la vida a su alrededor no sea tan compleja y se sientan llenos de amor cuando el entorno se los permite, haciendo que puedan recibirlo y dejarse trasformar.

Hasta ahora no existe manera de realizar una detección precoz.

FACTORES AMBIENTALES

Sumado a los factores de fuerte componente genético existen los trastornos del neurodesarrollo derivados, estos son:

- Infección materna en el útero.
- Patología materna en el embarazo (fenilcetonuria, diabetes, tabaquismo, alcoholismo y desnutrición),
- Fuerzas externas en el útero.
- Medicamentos, químicos, irradiación e hipertermia.

Estos son eventos que se asocian con el nacimiento prematuro, malformaciones estructurales en el sistema nervioso y alteraciones funcionales.

Es importante mencionar que existe una posible correlación entre los factores genéticos que son determinados por factores ambientales, sin embargo, quiero centrar la atención en que uno u otro, o ambos, pueden provocar repercusiones funcionales. En ese sentido, encontramos ciertas características como las siguientes: presentar rasgos que aparecen en la población normal, aunque puede mostrar una expresión diferente o variar en intensidad; alto grado de comorbilidad, esto es, que aparezcan otros trastornos o enfermedades en conjunto, o uno seguido de otro. Esto último se evidencia en el Trastorno del Espectro Autista (TEA) o autismo, el TDAH y los trastornos del aprendizaje que incluso están asociados con alteraciones del lenguaje, la lectoescritura o el cálculo.

DAÑO ADQUIRIDO

Un tercer factor son los que consideran los daños cerebrales adquiridos. En este caso encontramos los daños que se producen de manera perinatal (en el momento del parto), o posnatal (después del parto), los cuales pueden ser de carácter vascular, por traumatismo, infecciones, tumores, entre otros. Por eso es tan importante la oxigenación al momento del parto, porque cuando hay hipoxia pueden generarse cuadros leves y graves según la duración del estado, como secuelas se tienen: parálisis cerebral infantil, discapacidad intelectual, alteraciones sensoriales, trastornos del aprendizaje y epilepsia, además, puede causar muchas alteraciones en diferentes niveles tanto cardíacos como renales, metabólicos, etc.

En el nacimiento también puede ocurrir una hemorragia cerebral, por lo general, esta se presenta en niños prematuros y está asociada con la parálisis cerebral o déficits cognitivos comportamentales y sensoriales como los siguientes: de atención, velocidad de procesamiento de la información, dificultades de integración perceptiva y motora, y afección en el lenguaje. Estos también pueden ser originados por cardiopatías congénitas, anemia fetal, alteraciones de la coagulación o una cirugía.

Después del nacimiento pueden presentarse cuadros infecciosos como la meningitis, la encefalitis o el contagio por VIH, afecciones que están asociadas a secuelas con retraso psicomotor, así como los TCE que se sufren en el parto y los tumores. Estos últimos influyen negativamente produciendo una presión intracraneal.

FACTORES SOCIALES

Además de los factores señalados, también se encuentran los de riesgo social que tienen efectos devastadores en el neurodesarrollo, aunque no es posible determinar su grado de influencia si son separados de los anteriores. Aun así, debemos reconocer la importancia que tiene la salud de la madre y la nutrición en los primeros meses; así como el nivel socioeconómico materno; la salubridad en la vivienda; la red de apoyo de la familia y los amigos; el estrés parental; y en general los cuidados que recibe el bebé como la estimulación dada, los malos tratos recibidos, las situaciones de abuso a las que son expuestos o el abandono, dentro de lo cual se incluye la negligencia, el abuso tanto físico como emocional y sexual.

Una madre que tiene niveles elevados de estrés o depresión, que ha sufrido o sufre maltrato o que es adolescente, cuenta con menores posibilidades de ofrecerle al bebé el cuidado necesario para promover su desarrollo neuronal. Estos cuidados son, por ejemplo, la estimulación lingüística, la alimentación enriquecida con micronutrientes (como el yodo, el hierro o el cinc) y con macronutrientes (como hidratos de carbono, proteínas y grasas), e incluso la complejidad de amamantar a su bebé. De allí que lo esencial que resulta el papel de responsabilidad que tiene el padre en la crianza de ese nuevo ser, aspecto en el cual también incide la preparación académica de ambos padres, pues se ha evidenciado que este puede ser un factor de riesgo para la siguiente generación con la propagación de los embarazos a edades tempranas, el desempleo, una pobre salud física y mental, entre otros, lo que perpetúa el ciclo de la pobreza.

Lo mejor que una mamá puede hacer para cuidarse y cuidar a su bebé es comer bien, evitar las drogas y el estrés. Y lo mejor que un papá puede hacer es apoyar a la mamá, ajustar su vida para adoptar una vida sana y construir juntos el proyecto de familia.

Sugerencias

Los factores que afectan el neurodesarrollo son de tipo biogenético y ambiental, por lo que el cuidado de la madre frente al estrés, evitar el consumo de drogas, adoptar buenos hábitos alimenticios para tener una buena nutrición y salud, son elementos que se pueden controlar. Esto también sucede con los riesgos posnatales en cuanto a la contaminación ambiental, la nutrición y la estimulación ambiental. Por ende, sugiero llevar un diario de seguimiento del desarrollo de nuestros hijos, el cual, más tarde se completará con el expediente escolar. El registro de las observaciones en cuanto al desarrollo puede llevarse en un cuaderno y no precisa de un formato en particular; los datos como las fechas, ciertos aspectos que llamen nuestra atención y las reacciones nuevas o desconocidas pueden ser la nota de cada día.

Muchas veces los niños llegan a la escuela y los padres desconocen muchos aspectos de sus hijos, aunque aparentemente son quienes más los conocen. Pero lo cierto es que el día a día genera cambios que a veces son casi imperceptibles, y con las actividades demandantes de la atención de los padres es complicado tener al día una relación de suma importancia. En ese sentido, el registro hace posible el crecimiento de esta relación dual. Cuando estos padres llegan a la escuela, a los maestros les da la impresión de que dejan a sus hijos para guardarlos y mantenerlos ocupados, pero no necesariamente es así la realidad, pues los padres también trabajan para darles a sus hijos aquello que ellos no tuvieron y descuidan lo más importante.

En el centro educativo donde laboré varios años propuse la creación del Departamento de Psicopedagogía, una de las funciones que logramos abordar fue el trabajo en lo que llamamos "El expediente escolar", por medio del cual los maestros podían comunicarse; así, cuando estos notaban que algún estudiante tenía una dificultad o presentaba algo fuera de lo cotidiano hacían sus anotaciones en el expediente. De esa forma muchos maestros se enteraban de las circunstancias que atravesaban sus estudiantes, y podían informarles a los padres de familia lo que sucedía con sus hijos debido a que ellos tenían acceso a estos datos y debían firmarlos con cierta regularidad, antes de hacer las evaluaciones parciales o finales. Con el expediente encontramos una manera de apoyar a los estudiantes, a los padres y a los docentes, creamos una red de apoyo en torno a quién más lo necesitan: nuestros estudiantes.

Es así como observamos que la estimulación ambiental es un factor importante que afecta el desarrollo y la capacidad de aprendizaje de nuestros niños. Entonces, también puede ser un factor que ha dificultado dichos procesos, aparentemente sanos y genéticamente programados para el desarrollo de las habilidades, desde sentarnos hasta caminar, hablar, etc. Pero lo que sucede a nuestro alrededor puede ser lo que esté entorpeciendo el ritmo de maduración de algunas áreas cerebrales.

En suma, podemos concluir que una mamá que recibe buenas atenciones de parte de su pareja, su familia y la sociedad, puede atender a su bebé. Cuando un bebé está bien atendido se le proporciona una alimentación adecuada, atención y afecto, tiene mayor libertad de movimiento bajo el cuidado de la madre, y se considera la práctica de conductas y la exploración para fomentar un desarrollo motor adecuado. Kant (1983) nos anticipaba que eso supone la educación: "Entendiendo por educación los cuidados (sustento, manutención), la disciplina y la instrucción, juntamente con la educación" (p. 29). Por tanto, afirmamos que el entorno es decisivo en el desarrollo del niño porque la experiencia permite el aprendizaje, tanto el desarrollo del lenguaje como la capacidad intelectual y la adaptación social. La madre, al ser el primer contacto, afecta al niño de manera positiva o negativa según la forma como se relaciona y comunica con el menor, lo cual posibilita o no que este llegue a ser un individuo bien adaptado.

Tanto la influencia genética como la ambiental determinan el desarrollo del ser humano que, especialmente, en la etapa de la niñez es muy sensible al entorno. Así pues, si el niño se desarrolla en un ambiente cálido y estimulante, ello lo animará a aprender por sí mismo; pero si el medio es hostil, ello repercutirá negativamente en sus procesos de aprendizaje y en su desarrollo en general, determinará su carácter e incluso puede derivar en traumas psicológicos. En los capítulos que hemos visto plasmo algunas sencillas sugerencias donde resalto la importancia de propiciar una reflexión en torno a la forma cómo pensamos en el cerebro para que así vivamos mejor. No podemos amar aquello que no conocemos, y cuando lo conocemos no podemos darle amor si no nos hemos amado primero, pues nadie puede dar algo que no tiene.

Amor no es dejar de comer sin cuidado, desvelarme sin sentido, exponer la salud por capricho o diversión. No, entre más nos comprendemos, más queremos saber de nosotros mismos y esto nos llevará a valoraremos más y mejor, a buscar la plenitud de manera consciente.

Nuestro cerebro en tan asombroso y su estudio es tan apasionante. Es un universo por descubrir, pero es tan complejo que requiere un conocimiento profundo y este ha sido el móvil de muchos avances de la ciencia con los que hoy contamos. Visualiza tu cerebro, es tan activo que todos nuestros procesos mentales, incluso los que realizamos inconscientemente como respirar hasta la generación de teorías o sistemas filosóficos, los asume y nos permite socializar; además, posibilita la creatividad, emocionarnos y sentirnos vivos.

Seguramente, aún faltan muchos avances y nuestras ideas y teorías sobre el cerebro cambien, pero el conocimiento que logremos sobre nosotros mismos solo vendrá de un esfuerzo individual y personal. Tus niños te harán muchas preguntas, ya sean tus hijos, tus alumnos o alguno(s) que tengas a tu cargo, y debes buscar la manera de responderles y ayudarlos a comprender. Esto será efectivo en la medida que tú te plantees preguntas sobre tu propio pensamiento, tus conductas y tus emociones o sobre tu cerebro, específicamente sobre el modo como aprendes o aprenden nuestros niños. ¿No debe ser la especialidad de los padres y los maestros saber cómo funciona el cerebro?

Ahora ¿te has dado cuenta cómo abunda el discurso sobre lo que está mal en la educación? Hay tantos detractores y la mayoría ni siquiera ha estado frente a un grupo; mucho menos ha atendido a un grupo de primer grado de preescolar, de primaria o de secundaria conformado por 30, 40 o 50 estudiantes; no saben cuáles son los aprendizajes esperados ni los contenidos; no tienen idea de los desafíos que enfrentamos a diario porque los niños traen sus propios problemas a cuestas. Sin caer en ese discurso poco crítico y frío podemos reflexionar acerca de los siguientes puntos:

- Se espera que como padres y maestros promovamos el aprendizaje, que activemos el órgano principal del aprendizaje: el cerebro del niño.

- Cada ciclo escolar los padres dejan a sus hijos en la escuela para que nos hagamos cargo de sus aprendizajes, este es un modelo obsoleto. Es tiempo de dejarnos de culpar los unos a los otros para que el niño logre un desarrollo óptimo. Los padres y los maestros deben apoyarse en esta tarea titánica.

- Ambos, padres y maestros debemos ser los que mejor conozcamos cómo funciona el cerebro, y desde ahí generar nuestras estrategias educativas. Si conocemos mejor nuestro cerebro, entonces, comprenderemos la importancia del trabajo colaborativo y cómo afectamos a nuestros niños al ver las quejas y la falta de comunicación que existe entre los adultos que son responsables de su educación.

Imagina que quieres saber algo sobre un tema o ampliar tus conocimientos acerca de este, por ejemplo, los tipos de celulares, para aprender ¿te vas a dirigir a una persona que consideres experta, o a otra que use el celular y le saque el mayor provecho? Ahora imagina que quieres saber sobre el cerebro ¿le preguntarías a tus maestros o a tus padres? Deben ser los maestros y los padres los más interesados en el uso del cerebro ¿no lo crees? Para empezar a enfocarte en el tema del cerebro y el aprendizaje lo primero que debes hacer es seguir estos pasos:

- Enfócate en conocer tu cerebro y luego, por supuesto, el de tus niños.
- Formula preguntas específicas como las siguientes: ¿cómo aprendo?, ¿por qué me intereso más en aquello que llama mi atención?, ¿cómo afecta a mi cerebro lo que como?, ¿cómo me hace sentir tal información? ¡Cuestiona y cuestiónate!
- Plantea posibles soluciones y lee al respecto. Tenemos acceso al conocimiento con tan solo dar un clic, pero ten mucho cuidado, hay muchos charlatanes que intentarán venderte "gato por liebre" con el propósito de enriquecer su bolsillo a costa de tu curiosidad. Hay una

tendencia creciente a ponerle el prefijo *neuro* a todo como publicidad, pero también con dar clic puedes corroborar las credenciales y asegúrate de que la información sea proporcionada por instituciones reconocidas y certificadas.

• Busca comprobar tus hipótesis: comprueba lo que lees, compara lo que dicen los artículos que leas sobre el cerebro con tu propia experiencia. Obsérvate, observa a tu cerebro y nútrelo con cultura, arte y buenas ideas.

• Pregunta y experimenta: ejercítate una y otra vez hasta entender cómo funciona tu cerebro y cómo aprendes. Busca y encontrarás.

• Comparte tu conocimiento: muéstrale a los demás tus descubrimientos, eso ayuda a tu cerebro y al de los demás. Es tiempo de mejorar nuestra sociedad y ello se logra con educación.

William Ernest Henley frente a su condición física, no favorable y poco común, escribió sobre la superación este poema que hoy quiero compartir contigo:

Invicto

De la noche que me cubre,
con densa obscuridad de polo a polo,
a los dioses doy las gracias
por mi alma inconquistable.

Por crueles circunstancias abrumado,
no me he alejado ni he dudado.

Bajo el martirio de esas aflicciones
dañado he sido, mas no vencido...

No importa si es estrecha la entrada,
ni que haya castigos al final del camino;
yo soy el solo capitán de mi alma,
soy arquitecto de mi propio destino.

PARTE II

"El arte no es un modo de expresión, sino de impresión."

Vygotsky en "Psychology of art"

De esa forma, todas nuestras vivencias fantásticas y no reales, en esencia ocurren sobre una base emocional completamente real. Así, nosotros vemos que el sentimiento y la fantasía representan no dos procesos separados uno de otro, sino, en esencia uno y un mismo proceso, y nosotros correctamente observamos la fantasía, como la expresión central de una reacción emocional (p. 272).

CAPÍTULO 4:
EL ARTE DE EDUCAR

"Una mañana, uno de nosotros se quedó sin el negro, y fue el nacimiento del impresionismo"

Auguste Renoir

Considero obligado, para dar cauce a este programa de transformación, ya que no puede cambiar el entorno y las cualidades de un niño sin el ejercicio previo de los padres, maestros y adultos que lo acompañan en su proceso de crecimiento, abordar las palabras claves que dan sustento a esta obra:

El arte de educar a niños difíciles, iniciando por la palabra Arte.

A fin de acompañarte en tu tránsito en esta transformación permíteme contarte un poco más de mí, de mi vulnerabilidad, esto nos permitirá coincidir en llamar de alguna manera a cada término y procedimiento que abordaremos de maneras semejantes.

Una de las primeras reflexiones que dieron sentido a mis desafíos como estudiante con una condición particular giró en torno a la interrogante ¿cómo mejorar mi aprendizaje?

Para alguien que, por estar con frecuencia en cama por altas temperaturas como producto de infecciones frecuentes no pudo cursar el preescolar y que no recuerda a sus primeros maestros de la primaria porque la mayor parte se la pasó internada en hospitales por diferentes razones, la escuela básica se volvió un lugar sumamente hostil y angustiante, sin embargo, mi mamá conociendo tanto mis limitantes de salud como los problemas de familia por los que habíamos atravesado optó por hacernos repetir grado, en mi caso quinto año de primaria.

Parece que eso me ayudó a aclarar mi pensamiento, activando las capacidades y procesos cognitivos que ahora aborda la neurociencia, desde los aportes de Marino (2017): funciones ejecutivas, la memoria, el lenguaje, las emociones, la atención y las capacidades viso-espaciales, dicho de otra manera, mi sistema de atención y memoria despertó y con ello cambió mi situación académica.

Después, como madre de una niña con aptitudes sobresalientes mi interrogante se transformó en ¿cómo educar?

Una niña que desde sus primeros días parecía tan receptiva, atenta, luego explorando y aprendiendo, manifestando sus desacuerdos. Era yo quien no sabía interpretarla.

Al llegar a la escuela no le parecía justo hacer tareas repetitivas, o hacer ejercicios que no tenían sentido, no veía aplicación en su vida, cuestionaba todo y a todos; las quejas de los maestros versaban sobre lo inquieta — decían— era mi pequeña.

Eso me angustiaba, yo solo quería disfrutarla, verla feliz, siendo ella como era me parecía perfecta. Sin embargo, sus maestros manifestaban con mayor frecuencia, conforme avanzaba en la escolaridad básica, su falta de compromiso en las tareas escolares que debía hacer en casa. Aunque todos los días por la tarde, además de las tareas que hacía por compromiso, se la pasaba buscando en libros, recogiendo información que le parecía importante y de la que hablaba con tanto entusiasmo.

En realidad, mi pequeña hija hacía, como tareas, lo que más adelante descubrí fueron sus primeras investigaciones, sin embargo, no eran contempladas por sus maestros porque no eran parte del programa escolar, por lo que no fueron consideradas de ninguna manera.

Estos dos cuestionamientos dieron cause a mi formación profesional, acercándome a la pedagogía hasta convertirse en mi pasión, las respuestas que he encontrado durante mi trayecto formativo profesional a veces me ayudaron, otras llegaron lamentablemente muy tarde y, cuando creía que no había manera de reparar los daños, la misma pedagogía me conectó con la neurociencia.

Fueron mis maestros sinodales del examen de tesis quiénes me encaminaron en la búsqueda de respuestas en dicho campo, surgieron entonces, el planteamiento de nuevas preguntas y nuevas posibilidades para mi hija que ya había crecido y se enfrentaba a nuevos retos, mucho más complejos tanto en la escuela como en la vida, lo que representó un gran desafió.

Aunque esas respuestas llegaron tarde para esos primeros años de formación de mi pequeña, se convirtieron en una información valiosa para la educación de mis otros hijos. Ahora son de apoyo para mis estudiantes o mis pacientes en sesiones de asesoramiento pedagógico, para padres deseosos de aprender como relacionarse con sus hijos a fin de ayudarlos a corregir algún problema de aprendizaje o para niños con dificultades de aprendizaje y manejo de emociones.

Sumado a mi preparación constante en materia educativa, en busca de aquellas respuestas, me abraza el arte para enriquecer mi bagaje cultural y emocional, incursionando en áreas que había trabajado de manera teórica desde la pedagogía, obteniendo mayor certeza en el logro académico y de atención a niños que en su momento se consideraron difíciles.

Si miramos en mi pasado es sencillo coincidir en que, era considerada como una niña difícil, no alcanzaba el logro académico que se esperaba, mi estado de salud era un problema para mis padres, no entendía lo que sucedía a mi alrededor, muchas veces presenté pruebas a las que contestaba sin nunca tener la certeza de saber lo que se preguntaba, me aprendía todo de manera literal y nunca tuve la confianza para levantar la mano, preguntar o participar en clase.

Recuerdo el primer día de clases los niños lloraban desconsolados al ser dejados por sus madres en el salón de clases, yo no entendía porque lo hacían, me daba más tristeza el verlos llorar que el hecho de dejar a mamá para empezar la escuela en primero de primaria, sentía vergüenza e inseguridad para mostrar mi vulnerabilidad, así que tampoco me atrevía llorar para mostrar lo que sentía.

Además, dentro de mi dificultad, siempre me atrajeron cosas diferentes. Como a los 8 o 9 años en las pocas oportunidades en las que yo podía elegir libremente un programa de televisión solía entretenerme con 'Antología de la zarzuela', debo reconocer que a mis escasos años y sin preparación al respecto seguramente era poco lo que entendía, sin embargo me atraían sus voces, sus vestuarios, sus formas y su musicalidad, me imaginaba en un lugar como los que se me presentaban, intentaba moverme como lo veía y hasta llegué a imaginar que sería una bailarina, en aquel momento mis emociones se disparaban en alegría pacífica.

Ahora entiendo que para apreciar el arte desde lo más básico no se precisa de conocimientos, sino de sentir y todos podemos sentir.

Después en mi tránsito por la licenciatura en Pedagogía, comprendí la importancia del arte en la formación de los individuos, entonces otra pregunta con insistencia y a través del tiempo me hace reflexionar, salta a mi mente como con urgencia obligada de ser contestada: ¿Qué es el Arte?

Y como es de suponerse muchas otras interrogantes surgieron, en particular en materia de educación: ¿el educador es un artista?

Al moverme a hacia la búsqueda de respuestas, ya sea a través de la permanente formación profesional docente o aproximándome al quehacer artístico a través de la experimentación corporal en distintas instituciones, encontré el camino para dilucidar una práctica vista de manera renovada en mi decisión de ser madre y formadora, de ahí que surgiera la inquietud de escribir sobre El Arte de Educar.

Lo que inició como sencillas reflexiones derivaron en experiencias, de ellas aprendizajes, y con ellos buenas relaciones afectivas, amigos entrañables que mi mente evoca llenándome de calidez y estabilidad emocional.

Mis maestros y amigos de la Escuela de Iniciación Artística No. 4 del INBA: la Maestra Victoria Zúñiga, el Maestro Alejando Carpena, Lucero Carlota -a quien identificamos como Lula Rosita-, Rodrígo, Humberto, Cintia, Paulina, Araceli, Patricia, Pamela, Marieli, entre otros, me enseñaron mundos diferentes, que constituyen el arte, como la ópera, la danza, la pintura y el teatro. Nuevos entornos pude construir en mi rededor y transformar mi vida que me pusieron en contacto con mi emoción y me permitieron amistades importantes en mi vida.

Aunque mi logro apenas fue una aproximación al arte, mi historia se transformó, mis posibilidades se ampliaron, siguen creciendo, así como sigo renovando mis respuestas y otras veces mis interrogantes donde el arte sigue presente, pues me ha llevado más tarde al encuentro de la Escuela Arte Uno en mi localidad donde desde sus inicios me permitió nuevas experiencias tanto propias como a mis hijos, misma institución que ha derivado en la Unidad de Artes y Estudios Superiores Arte Uno, con la Licenciatura en Desarrollo del Arte y que está trasformado la vida de niños y adultos en mi contexto social, así es el arte ¡Florece!

Así pues, he visto como el arte puede apreciarse como una pequeña semilla que termina por germinar y más tarde florecer, que se puede multiplicar regalándonos tanto bien.

La palabra 'Arte' me hace pensar en mis propias experiencias desde la apreciación de mis conocimientos, habilidades y valores como un cuadro de Monet, pues al observar sus obras podemos notar, si las miramos de cerca, nos da cierta impresión de que parecen manchas o puntos que dan cuenta de obras desenfocadas y hasta de cierta manera dan una apariencia de un cuadro inacabado. Entonces, se precisa tomar cierta distancia para valorar su representación llena de belleza y colorido, donde la luz y la naturaleza juegan un papel principal.

Mi invitación es hacer ese mismo procedimiento, primero para establecer los conceptos de 'arte' y 'educación' y luego transitar en el quehacer del educador. Tomemos distancia y abramos nuestro entendimiento para dar cabida a otras formas de hacer las cosas, a mirar diferente y ponernos en la disposición de descubrir lo que está frente a nosotros, darnos la oportunidad de cambiar nuestra visión y con ello tener acceso a otras posibles respuestas, las cuales nos permitan transitar en nuestra tarea desde otro lugar, tener la disposición de aprender, pues de esto va esta propuesta ¡Aprender!

Actividad

Llegado a este punto te pido realices el siguiente ejercicio:

Imaginemos que estamos parados frente a un lienzo blanco, el cual representa todo el conocimiento del mundo: las ciencias, la tecnología, las artes, las culturas, etc.

De todo el conocimiento, todos los saberes ¿cuánto conocimiento posees?

¿Cómo lo representarías?

En el siguiente espacio, imaginando que representa una pared blanca llena de conocimientos que el hombre ha alcanzado, intenta representar tus saberes.

Haz tu dibujo, representa lo que sabes.

Mis estudiantes con frecuencia representan su conocimiento pintando apenas un pequeño punto.

Entonces les cuestiono ¿qué sucederá si tu punto, el de tus compañeros y mi punto se aproximan?

Anota tus impresiones:

Te vuelvo a cuestionar ¿qué sucedería si nuestros pequeños conocimientos se asocian?

Anota tus reflexiones:

¿Te abres a la posibilidad de ampliar tus conocimientos?

Si te das cuenta, cuando nos abrimos a otras posibilidades a otras maneras de ver el mundo, cuando activamos nuestra escucha, esforzándonos por comprender lo que el otro tiene para ofrecernos sin juzgar, sin ponerle nuestra interpretación a esos otros conocimientos, ya sea científicos o con base en la propia experiencia y con el deseo sincero de aprender entonces es posible aprender y reaprender, como lo hacen los niños pequeños. Son curiosos, quieren descubrir, están receptivos a los que se les presenta y se lo apropian, lo hacen suyo.

Los pintores de la segunda mitad del siglo XIX nos demostraron que se puede crear arte a partir de la variedad de formas y la captura de paisajes cotidianos, crear mirando lo mismo de distintas maneras, sin ocultar las pinceladas, sin definir con tal precisión las cosas sino que se plasma la impresión visual del instante, sin buscar mezclar los colores, así, las partes aparentemente vistas de cerca como separadas dan lugar a un todo unificado, tema que, por cierto, trataría la psicología de la Gestalt tiempo después. Con ellos aprendimos que es posible crear un orden para todos por igual, cuando todos colaboramos.

Entonces, estar delante a un cuadro de arte impresionista, es mirar el arte tomando distancia, ejemplo de esta descripción son los cuadros de Claude Monet, Pierre-Auguste Renoir, Paul Cézanne, entre otros que tal vez tú puedas mencionar, o bien, puedes buscar en internet y apreciar aquellos cuadros que marcaron una época de transición social, donde en ese momento la ciudad era vista como un lugar de crecimiento económico y el campo un lugar de descanso. Si observas las obras representativas de este movimiento notarás el uso de colores puros, poco mezclados.

Frente a una obra de dichos pintores, a partir de una primera vista intentando apreciar el mensaje nos parecen manchas de colores, actúan como puntos de una policromía más amplia, por lo que estimar un cuadro impresionista precisa alejarse un poco para apreciar la belleza que se captura en dichas representaciones pictóricas, llenas de luces, sombras y figuras.

De la misma forma debemos tomar distancia para apreciar lo que estamos haciendo en materia educativa con nuestros hijos o con nuestros estudiantes, es posible crear un orden cuando todos colaboramos, según nos los demostraron los impresionistas, cuando le imprimimos la misma intensidad como lo supone el hacer arte.

Según puedo apreciar por mi experiencia, existe una constante entre los artistas sobre lo que significa arte: hay muchas definiciones e intentar abordarlas aquí nos llevaría tiempo y energía que necesitamos para transformarnos, así que me ubicaré en el hilo conductor de mi profesión.

Desde la pedagogía se nos plantea la trascendencia del arte en la educación, e intentar definirla ha sido, incluso, una tarea filosófica, por citar algún ejemplo puedo mencionar a Platón para quien ya era importante incluir el arte en la educación, en su escuela (cerca de 388 a. C – 529 d. C) a la que se le conoce como La Academia de Atenas o Academia Platónica, se fusionó la literatura y la música concediéndole un lugar prioritario, en su obra La República (1872, p. 133) leemos en una versión de diálogo al estilo del autor, donde magistralmente Sócrates a través del método dialéctico conduce a la reflexión a sus alumnos sobre como formar a ciertos ciudadanos para que funcione adecuadamente su Estado ideal:

"- ¿Qué educación [será], pues? ¿Verdad que es difícil encontrar una mejor que la que se estableció en el transcurso de los tiempos? Es la gimnasia para el cuerpo y la música para el espíritu.

-Pues existen.

- ¿No empezaremos la enseñanza primero por la música que por la gimnasia?

- ¿Cómo no?

- ¿Colocas los discursos –dije- formando parte de la música o no?

-Sí.

- ¿Y hay dos especies de discursos, unos verdaderos y otros falsos?

-En efecto.

-Deben enseñarse ambos, ¿pero primeramente los falsos?

-No comprendo –dijo- qué dices.

- ¿No sabes -dije yo- que primeramente contamos fábulas a los niños? Eso ciertamente es contar completamente una mentira, aunque en ello se encuentre alguna verdad. Para los niños primeramente nos valemos de las fábulas que de los gimnasios.

-Eso es.

Por eso decía que debe emprenderse primero [la enseñanza de] la música que [la de] la gimnasia. -Justamente dijo."

Incluso podemos remontarnos al inicio de la historia del hombre y observar que el arte ya se evidenciaba en la prehistoria, en el paleolítico, la época más remota que va del origen de la vida hasta el surgimiento de las nuevas técnicas agrícolas.

Recientes investigaciones, según la prestigiada revista Journal of Archaelogical Science, en un estudio realizado por Rivero, investigadora del Instituto Internacional de Investigaciones Prehistóricas de Cantabria, demuestran cómo los artistas aprendían a realizar obras de arte, existían maestros y aprendices, determinado por la observación de piezas al microscopio, resume los resultados como sigue:

• "Se analizaron técnicamente 280 piezas de arte portátil del magdaleniense cantábrico y pirenaico medio.

• Las huellas que reflejan experiencia o inexperiencia se identificaron mediante análisis microscópico.

• El análisis estadístico multivariado discrimina tres grupos de piezas grabadas en función de estos rastros.

• Se asignaron tentativamente grupos de piezas a grabadores con diferentes grados de experiencia.

• El análisis muestra que los grupos están asociados con el tipo de medio y sitio arqueológico." (Rivero, 2016)

Con este estudio se plantean hipótesis sobre la presencia de artistas en el Magdaleniense (14.500 años AP) en Europa occidental y con ello la existencia de sociedades complejas, atribuyéndole a los sistemas de aprendizaje un papel preponderante en la preservación y difusión de la cultura de su tiempo; así mismo se determinó que existían niveles de dominio de técnicas, al menos tres, los cuales demuestran que los artistas cursaban distintas etapas de aprendizaje, lo que permitió establecer que el arte tenía una importancia social como parte de la difusión del imaginario colectivo de los grupos de cazadores-recolectores.

Vemos que los artistas del paleolítico aprendían a realizar arte, mismo con el que decoraban su hábitat, sus santuarios y objetos.

Hasta aquí, en una reflexión sencilla, podemos evidenciar el vínculo entre educación y arte, suceden desde el mismo origen de la humanidad y tiene una importancia de envergadura trascendental en la sociedad, cumplen una función que solo compete a los humanos, nos sensibiliza y nos da identidad como cultura, en palabras de Raúl Perez Torres, en su texto Cría cuervos:

"...Lo primero que define y permite una transformación es la cultura. Y la cultura es la percepción que tenemos del mundo, la forma en la que accedemos al otro, la posibilidad de llenar el espíritu de una sensibilidad bondadosa, es la fuente de nuestro comportamiento y la herramienta para manejar el buen vivir en la sociedad, en la comunidad, el aprendizaje diario de la generosidad y el respeto al otro...

...Por eso hay que llegar al pueblo con humildad, por eso hay que tocar sus resortes guardados para que salte su sensibilidad, por eso hay que llenarlo de poesía y de música y de literatura y de teatro, y de la sabiduría y el ejemplo de los hombres y mujeres que construyeron la patria. Por eso hay que poner en sus manos el arte, la ética y la estética, porque, si para algo sirve la cultura es justamente para eso, para sensibilizarnos, para hacernos más comprensivos e incluyentes."

Con esta breve cita podemos intuir la importancia del arte, y como parte de este ejercicio de reflexión en una primera instancia, reconocer que el arte es una manifestación del hombre, está en todos los sitios como muestra de dicha manifestación, pues todo lo que existe ha sido antes pensado por el hombre, los objetos que ha generado dejan huella del paso histórico de la humanidad, y por ello nos humaniza, nos transforma, nos sensibiliza.

Ahora bien, apreciar algo como arte depende de la percepción de la sociedad, es decir, nace del ojo hacia adentro, propiamente en nuestro cerebro, ahí es donde se gesta cómo entendemos lo que estamos presenciando. A mí me pueden gustar los cuadros de Monet, pero tal vez a otra persona no, se dice que en el arte todo es belleza, es sensación, es emoción.

Y ¿dónde nacen las emociones? Por supuesto, en nuestro cerebro, en el sistema límbico, aunque será tema de otro capítulo, podemos anticipar que es un conjunto de estructuras localizadas alrededor del tálamo, bajo la corteza cerebral, considerado un sistema muy primitivo y primordial cuyo papel principal se encuentra en la formación de la memoria, el aprendizaje, la atención, las emociones y la conducta. Tiene tal importancia en la manifestación de los estados de ánimo que a veces se le ha llamado "el cerebro emocional".

Así el miedo, la felicidad, el asco, el enojo, tristeza, sorpresa y todos los estados emocionales llenos de matices tienen su principal base neurológica en la red de neuronas.

Sin embargo, hay que aclarar que esa emocionalidad se la imprimimos a aquella obra que catalogamos como artística porque depende del nivel cultural que poseemos o por la cultura imperante en nuestro contexto; o bien, por la experiencia personal, por ejemplo, cuando viajamos a algún destino que no hemos visitado, y sí estudiamos anticipadamente sobre las manifestaciones artísticas que encontraremos, apreciamos de forma distinta nuestro descubrimiento, que cuando hacemos dicho viaje y no tenemos idea de lo que hallaremos, esto lo explica al detalle Tatarkiewicz (1976) en su obra Historia de seis ideas.

Entonces, una obra artística nos impacta desde el interior, sucede en nuestro cerebro y no por lo que está en el exterior, de ahí la importancia que nos eduquemos en el arte y de que la educación sea revestida de arte.

Al respecto, desde 1627 Comenio enfatizaba la importancia de la educación en los primeros años, considerando, entre otras materias, la poesía y la música, en lo que llamó la escuela materna (Didáctica Magna, 1998 pp.162-163):

"El árbol hace brotar de su tronco en los primeros años aquellas ramas principales que ha de tener, y así no tiene después sino irlas desarrollando. De igual manera deberán inculcarse al hombre en la escuela primaria los rudimentos de todo aquello en que queremos instruirle para el uso de su vida entera. Si repasamos las materias que deben ser conocidas veremos claramente cómo puede realizarse..."

Entonces Comenio enlista las materias y cómo deben llevarse a la práctica, en esa lista de veinte grupos, dice él, ocupa un lugar el arte:

"POESÍA. Se desarrollará la afición por la poesía si desde esta primera edad se les hacen aprender de memoria muchos versillos, principalmente de índole moral, ya rítmicos, ya métricos, como cada lengua tiene por uso corriente.

MÚSICA. Sus rudimentos consistirán en aprender algunos trazos fáciles de los salmos e himnos sagrados, lo cual tendrá su adecuado lugar en los ejercicios diarios de piedad."

Por cierto, ante esta premisa uno de los primeros versos que mi pequeña hija aprendió sin queja y hasta diría que, con disfrute, demostraron su capacidad memorística cuando tenía poco más de dos años, bastan como muestra de lo oportuno del uso de estos ejercicios, que, por cierto, dicho ejercicio me sirvió para aumentar mi participación en otros foros de formación profesional:

Soneto los tres ladrones

Enrique Álvarez Henao

Época fue de grandes redenciones:
El mundo de dolor estaba henchido
y en Gólgota, en sombras convertido,
se hallaban en sus cruces tres ladrones.

A un lado, en espantosas contorsiones,
se encontraba un ratero empedernido;
en el otro, un ladrón arrepentido,
y en medio el robador de corazones.

De luto se cubrió la vasta esfera;
Gestas, el malo, se retuerce y gime;
Dimas, el bueno, su dolor espera.

Y el otro, el de la luenga cabellera,
que sufre, que perdona y que redime,
se robó al fin la humanidad entera.

Otra característica principal del arte es que nos concede la capacidad de reflexionar. Por ejemplo, si contemplamos las obras de Joan Miró, sin caer en la controversia de qué si es o no arte, aunque parezca inevitable incurrir en la tentación de dudar de su clasificación como tal, solo centrémonos en la simplicidad de su obra y reflexionemos sobre lo que intenta decirnos.

Hagamos el siguiente ejercicio: Aproximémonos a una de sus propuestas, su tríptico titulado: 'La esperanza de un condenado a muerte', veremos los cuadros en fondo blanco, líneas gruesas, firmes, como machas, una de color rojo, en el otro azul y uno más amarillo, y puntos como bala, que le dan ese aspecto de simpleza.

Entonces, inevitablemente podemos caer en la tentación de pensar que cualquiera puede hacer lo que Miró ¡Hasta un niño! Algunos pensarán. Sin embargo, fue solo Miró quien lo hizo y justo lo terminó el día en que fuera ejecutado a muerte la última persona durante el franquismo en España. "Una línea negra como un hilo que alguien corta por la fuerza y sin piedad" -Señaló el mismo Miró al abordar su obra- Y entonces, al comprender el contexto podemos entender su arte ¡Claro que nos hace reflexionar!

Por lo tanto, para que algo sea considerado arte debe ser creado por los hombres, persistir en el tiempo, revestirse de belleza, promover la reflexión y ser catalogado como tal. El arte nace en nuestro cerebro y depende de la apreciación de cada uno. Además, nos emociona, porque todos tenemos la capacidad de emocionarnos, estamos vivos y eso lo certifica.

Y aunque no todos podemos entender el arte en todo su esplendor, sobre todo si no contamos con la preparación oportuna, especialmente cuando es arte abstracto, como por ejemplo al observar las figuras y líneas de las obras de Kandinsky o del mismo Miró, en un primer momento todos podemos emocionarnos frente al arte o simplemente cuestionarnos ¿Qué siento ante esta obra?

Según el Maestro Ramón Gener apreciar el arte puede hacerse en niveles de lectura que van desde

- La Emoción, el sentimiento
- El argumento
- Lo simbólico
- Lo técnico

En ese primer nivel, el emocional, todo el mundo puede tener acceso, porque todos nacemos con la capacidad de emocionamos, niños, adolescentes, adultos ¡todos! Y es que la emoción es atemporal y es universal, por lo tanto, todos podemos tener acceso a ello, pues ante el arte todo es emoción, todo es sensación, no hay nada exacto, las palabras nos limitan, las emociones nos liberan.

Hablando de arte abstracto, tuve la fortuna de asistir a clases de solfeo y piano con el Maestro José Luis González G. Director concertador del INBA en la Ciudad de México, en sus clases con frecuencia examinaba nuestra habilidad de escucha, nuestra memoria musical, nos hablaba de neurociencia desde la música, nos mostraba los acordes principales, nos señalaba los consonantes, nos indicaba cuales sonabas majestuosos, melódicos, luego nos mostraba los disonantes, con los primeros podíamos sentir la armonía hasta identificarlos, en cambio con los disonantes era un poco incómodo, lo común, para un oído no educado podría decir que los primeros son arte y los segundos no.

Sin embargo, hay obras importantes como Turando de Puccini que inician con acordes disonantes, ya nos trasmiten la emocionalidad del drama desde su inicio, mismo que se desarrolla a través de nuestras emociones, esa es la habilidad del artista. Y eso solo es el primer nivel de lectura del arte, el que está al alcance de todos.

EL ARTE EN EDUCACIÓN

Traslademos ahora el arte al terreno educativo, no nos resultaría complejo adaptar el breve análisis que hemos revisado en cuanto a lo que significa e implica la actividad artística, sin embargo, la tarea se amplía porque aquí ya nos referimos a seres humanos, la educación es dirigida a las personas y sobre las personas. Fullat (Filosofía de la educación , 2000) explica al detalle como el arte corresponde al que educa, propiamente, porque le da forma al hombre, con base en el modelo de ser humano que se intenta reproducir:

"Los educadores son artistas. La educación es una obra de arte. No se entiendan tales asertos en el sentido estético, como si sostuviéramos que la tarea educativa es bella. Nos inspiramos aquí en la remota etimología griega, en artuein, que significa arreglar, disponer. Arte, así pasa a ser sinónimo de actividad. El educador es un actor que produce -o se esfuerza en ello- obras acabadas, perfectas. La educación como arte es una práctica que le da forma

al hombre –buena o mala forma ahora no importa–. Poseer arte es disponer de habilidades para hacer una cosa; en nuestras circunstancias, para fabricar hombres.

El arte de instruir y educar comienza comprendiendo a los niños y prosigue luego haciéndose comprender por ellos e interesándoles. Este es un arte que no se enseña. Educando e instruyendo puede uno convertirse en educador y maestro; jamás se obtiene tal arte en los libros. Quien sabe mucho sobre educación es un pedagogo; el que posee el arte de educar es un educador."

El educador, ya sea padre, madre o maestro, es un artista. Como ante los cuadros de los impresionistas, se precisa dar unos pasos atrás para observar su tarea, una que se complica cada día más ante la evolución del posmodernismo y el constante cambio del mundo tanto comercial como ecológico, donde más que nunca necesitamos valores y sensibilidad humana. Esto implica, como nos lo enseñaron los pintores de la segunda mitad del siglo XIX, crear educación a partir de la variedad de formas, desde la educación formal (la escolarizada) a la educación informal (la de casa), captar la comprensión del niño, mirándolo desde distintos ángulos, aceptando su individualidad y potencializando sus capacidades.

Como parte de mi metodología como educadora y en mi relación como madre siempre he considerado el arte como el medio para la creación de los profesionales, seres humanos funcionales. Una de mis invitaciones permanentes a mis estudiantes es que consideren el arte en su enseñanza.

Una clase sin arte, no tiene clase.

Aplicada en mi hogar: una enseñanza sin arte no tiene posibilidad, entonces, la literatura, la música, el teatro, la danza y pintura han sido actividades inherentes al crecimiento personal de mis hijos y el propio. Creo en el arte como disciplina formadora de seres humanos, porque te moldean el carácter y te dan la templanza al interpretar desde tu historia lo que otros se han atrevido a manifestar.

Desafortunadamente el arte no ha sido considerado con la seriedad que amerita en la formación de los profesionales dedicados a la educación, sin embargo, hoy día está al alcance de todos, por lo que si cada uno de los que nos dedicamos a la enseñanza nos interesamos en formarnos en el arte, las posibilidades para nuestros niños aumentarán en materia de educación emocional.

En resumidas cuentas, la tarea educativa precisa de usar el arte para alcanzar los objetivos tanto en la educación formal, la no formal y hasta la informal, por eso la primera invitación es salir y buscar el arte, visitar museos, librerías, galerías, etc. buscar el arte que más nos agrade y aferrarnos a ello para lograr la sensibilidad que nos debe caracterizar como seres humanos para luego trasmitirla y usarla en nuestros procesos educativos, revestir nuestra tarea de sensibilidad al tocar otras almas, la de nuestros niños.

Dicho de otra manera, artística digamos, tocar el ama de un niño implica no olvidarnos de nuestra naturaleza divina, William Wordsworth escribió la siguiente verdad:

> *Tan solo un sueño y un olvido es el nacimiento;*
> *el alma nuestra, la estrella de la vida,*
> *en otra esfera ha sido constituida*
> *y procede de un lejano firmamento.*
> *No viene el alma en completo olvido,*
> *ni de todas las cosas despojadas,*
> *pues al salir de Dios,*
> *que fue nuestra morada,*
> *con destellos celestiales se ha vestido.*

NEUROCIENCIA

¿Sabías que...

Santiago Ramón y Cajal, el padre de la neurociencia actual, tenía un talento natural para el dibujo, inspirado por su aprecio a la naturaleza?

Más tarde dicho talento artístico lo utilizaría para explicar su Doctrina de la neurona, la cual aclara que las neuronas son unidades interconectadas, responsables de la actividad cerebral y no una red continua como se sostenía. Este descubrimiento lo haría acreedor del Premio Nobel de medicina, pese a contar con apenas herramientas rudimentarias, donde sus útiles de dibujo cobraron un lugar importante, dado que, a pesar de contar con la fotografía, esta no estaba lo suficientemente desarrollada para que sirviera a sus fines científicos.

Del premio Nobel Ramón y Cajal se dice que su genialidad y aportaciones a la neurociencia son equiparables a la de Einstein para la física, quien gustaba también de una afición artística, practicaba violín.

Así nos lo recuerda Peña (1991):

Einstein conservó hasta el final de su vida un vivo amor por la música... Einstein acostumbraba tocar el violín para sí mismo como una forma de descanso y relajamiento; lo hacía con talento y musicalidad suficiente como para haberse atrevido a tocar en más de una ocasión en público para colectar fondos con fines de beneficencia.

...Einstein señaló que en lo referente a música él no recurría a la lógica, sino que procedía de manera intuitiva y no conocía de teorías musicales. Pero para que una pieza musical le pareciera bella era necesario que él pudiera intuir una unidad interna, la existencia de una arquitectura. Así, por ejemplo, comentaba que Schubert es uno de sus compositores favoritos por su habilidad superlativa para expresar emoción y su enorme capacidad de invención melódica;

pero que en sus trabajos mayores lo perturbaba precisamente la falta de arquitectura.

De Beethoven dijo Einstein que lo representaba, pero no le gustaba que fuera demasiado dramático y personal. Sus favoritos, al parecer, eran Bach y Mozart, entre otros como Vivaldi, Scarlatti y Corelli.

Al parecer el arte se conjuga bien con el desarrollo cognitivo, sin embargo, se puede decir que no solo nos hace más inteligentes, puesto que nos permite el desarrollar habilidades mentales y adquirir competencias, lo que nos permite desarrollar nuestra potencialidad como unidades bio-psico-socio-culturales. Lo cual posibilita el aprendizaje de cualquier contenido curricular. El uso del arte en los espacios de enseñanza es una herramienta para atender la diversidad del aula.

El arte nos humaniza y los humanos producen arte: es una capacidad meramente humana, apareció antes del lenguaje y hace posible que se trasmita la cultura, con la pandemia quedó demostrado que el arte nos sensibiliza y que tiene una mayor relevancia frente a las matemáticas o la lengua, es más importante en situaciones de crisis, permite adentrarnos en estados de paz y convivencia social, incluso en la distancia. El cerebro necesita para su supervivencia del arte.

En Cómo Aprende el Cerebro el Dr. Sousa, (2019) nos explica que:

Las neuroimágenes cerebrales revelan algunos indicios de por qué las actividades artísticas son tan importantes. Así, por ejemplo, se sabe que ciertas estructuras de la corteza auditiva solo responden a tonos musicales, que una parte importante del cerebro y del cerebelo interviene en la coordinación de todo tipo de movimientos, como en el baile, que en las recreaciones teatrales regiones del cerebro especializadas en el lenguaje oral que están conectadas con el sistema límbico nos proporcionan el componente emocional o, referido a las artes visuales, que nuestro sistema de *procesamiento visual genera imágenes reales o ficticias con la misma facilidad.*

Lo que nos sugiere que las actividades artísticas activan diferentes partes del cerebro. Si observamos a un bebé desde que nace, antes de hablar ya quiere seguir el ritmo de la música con su cuerpo, y es que en esos primeros años de manera natural ya realiza actividades que le permiten el desarrollo sensoriomotor, cognitivo y emocional; juegan, cantan, dibujan, de manera espontánea y esto les permite desarrollar estructuras neuronales para los aprendizajes, el arte nos posibilita el autocontrol.

Antes de nacer el bebé ya puede estar en contacto con la música, me refiero a los sonidos armónicos, que permitan esta relación con el mundo sin quebrantar la tranquilidad del crecimiento intrauterino, ya manifiestan su agrado o inconformidad.

Desde que el bebé puede sentarse podemos relacionarlo con la pintura, usar masa para moldear, empezando con experiencias breves y probando varias texturas, pinturas con los deditos, propiciar la aproximación a colores comestibles. La experiencia sensorial se conecta con el arte, mientras se involucran procesos mentales y motrices, descubre, coordina, crea, lo que genera conexiones cerebrales comunicando los hemisferios cerebrales.

Mientras prestaba servicio en la guardería dominical aprendí a hacer la masilla para los niños de 18 meses a 3 años, la preparaba en diferentes colores y en estas edades disfrutan la consistencia y el manejo del material lo que nos permitía divertirnos, se tranquilizaban, se concentraban en lo que estaban haciendo, nos permitía estimular su creatividad, hablarles y que ellos explicaran que estaban haciendo, y con el cuidado oportuno la convivencia entre los niños, no era peligroso pues es un material muy noble.

Te comparto la popular receta de masilla, no es toxica pues todos los ingredientes son comestibles y hasta puedes agregar esencias comestibles para perfumarla.

INGREDIENTES:

- 1 tazas de harina común
- 1/2 taza de sal fina
- 3 cucharadas de aceite de cocina
- 1/3 taza de Agua
- Colorantes de Alimentos

En un recipiente forma una fuente con la harina, agrega los ingredientes secos, luego el aceite y por último el agua, amasa hasta obtener una masilla.

Divide la mezcla y agrega los colorantes, puedes hacer mezclas de colores para crear otros tonos o colores, guarda en recipientes individuales bien tapados, después de jugar con ellas vuelve a guardar y podrás reutilizarla.

Si te queda muy seca puedes agregar un poquito de aceite y amasar.

Si te queda muy pegajosa agrega harina.

¡Listo! A jugar y crear, recuerda que inicialmente los tiempos de atención son muy breves y debes acoplarte al ritmo del bebé.

Este tipo de actividades, de tipo visual, son una herramienta potente en los procesos de la memorización. En estudios con neuroimagen según Thompson et al. (2019) el cerebro tiene una extraordinaria capacidad para crear imágenes mentales, pues se activan las mismas regiones cerebrales al ver una escena real que al imaginarla.

Conforme el niño crece las actividades cambian hasta tomar clases de dibujo, por ejemplo, además de aprender técnicas artísticas hay muchos aprendizajes implícitos como a utilizar las herramientas y materiales. Aprenden a comprometerse con el desarrollo de sus habilidades a través de la participación en proyectos creativos permitiéndole la perseverancia.

Imaginan y visualizan, habilidad que va más allá de la observación, por lo que se propicia la reflexión; explican, justifican y evalúan lo que realizan, generando un espíritu crítico, habilidades que enriquecen el mundo cognitivo, que se espera que logre más tarde, en la escuela.

Otra actividad muy estimulante, que siempre disfruté con mis hijos, es bailar o dar masajitos a ritmo de la música, en la planta de los pies o en el cuerpo en general, puesto que permite entrar en contacto con las sensaciones, fortalecer lazos afectivos, reconocer su cuerpo y seguir el ritmo. Considero muy importante ser cuidadoso en la elección de la música desde sus primeros años.

La música juega un papel muy importante, nos produce bienestar, estimula la producción de dopamina, estimulando nuestro sistema de recompensa cerebral, por ello nos permite sentirnos bien. De esta manera podemos decir que escuchar música nos beneficia emocionalmente, sin embargo, desde la perspectiva cognitiva es mejor practicarla.

Cuando practicamos con disciplina tocar un instrumento musical y producimos música se activan áreas sensoriales y motoras de manera simultánea, por lo que mejora la memoria de trabajo y la atención.

Existe un neuro mito bastante difundido, arraigado ya en el colectivo: el "efecto Mozart". El origen de esta creencia es que en 1993 la revista Nature publicó un artículo en el que se informaba sobre la mejora temporal en el razonamiento espacial en los adultos al escuchar durante 10 a 15 minutos diarios a Mozart (Rauscher, 1993). Este descubrimiento fue deformado por los medios de comunicación difundiendo a la idea de que la exposición temprano de los niños a la música clásica mejoraría su coeficiente intelectual.

Incluso, yo, durante la crianza de mis hijas utilicé la música de diferentes maneras, con el fin de promover la difusión cultural, así que, a la hora de comer, por ejemplo, escuchábamos las historias y la obra de los clásicos. En algún momento llegué a pensar que podría ayudarles en el desempeño académico. En la educación básica practicaban algún instrumento musical y solían regalarnos sus hermosas voces bien entonadas.

En mi desempeño pedagógico fue otra herramienta desde la estancia infantil hasta la primaria, para promover estados de relajación para los bebés. Por ejemplo, en cada cambio de asignatura o actividad la música era esencial para mí.

Elisabeth Spelke, como parte del equipo que realizó una investigación en torno al efecto de la música, indicó que el debate sobre la importancia de la educación musical en particular, o la artística en general, no debería centrarse en los beneficios externos (como puede ser la mejora matemática que se pone en duda en el estudio) sino en los beneficios inherentes al arte como son los relacionados con cuestiones emocionales o sociales. Y esos no requieren ninguna demostración empírica. Según el resumen de las observaciones obtenidas (Mehr, 2013):

Los niños pequeños participan regularmente en actividades musicales, pero se desconocen los efectos de la educación musical temprana en el desarrollo cognitivo de los niños. Si bien algunos estudios han encontrado asociaciones entre el entrenamiento musical en la infancia y los resultados cognitivos no musicales posteriores, se han empleado pocos ensayos controlados aleatorios (ECA) para evaluar los efectos causales de las lecciones de música en la cognición infantil y no ha surgido un patrón claro de resultados. Realizamos dos ECA con niños en edad preescolar que investigaron los efectos cognitivos de una breve serie de clases de música, en comparación con una forma similar pero no musical de instrucción artística (clases de artes visuales, Experimento 1) o con un control sin tratamiento (Experimento 2) De acuerdo con los programas típicos de enriquecimiento de artes preescolares, los padres asistieron a clases con sus hijos, participando en una variedad de actividades artísticas apropiadas para el desarrollo. Después de seis semanas de clase, evaluamos las habilidades de los niños en cuatro áreas cognitivas distintas en las que se ha informado que los estudiantes mayores entrenados en artes destacan: razonamiento de navegación espacial, análisis de formas visuales, discriminación numérica y vocabulario receptivo. Inicialmente, encontramos que los niños de la clase de música mostraron una mayor capacidad de navegación espacial que los niños de la clase de artes visuales, mientras que los niños de la clase de artes visuales mostraron una mayor capacidad de análisis de forma visual que los niños de la clase de música (Experimento 1). Sin embargo, un intento de replicación parcial que compara el entrenamiento musical con un control sin tratamiento no pudo confirmar estos hallazgos (Experimento 2), y los resultados combinados de los dos experimentos fueron negativos: en general, Los niños que recibieron clases de música no se desempeñaron mejor que aquellos con artes visuales o ninguna clase en ninguna evaluación. Nuestros hallazgos subrayan la necesidad de replicación en los ECA y sugieren precaución al interpretar los hallazgos positivos de estudios anteriores sobre los efectos cognitivos de la instrucción musical.

Si bien es cierto que no hay estudios que nos aseguren la incidencia de la música en el rendimiento escolar si es importante resaltar el impacto mental que puede tener. Zig Ziglar, en su obra Cómo criar hijos con actitudes positivas en un mundo negativo señala que:

> *Cuando ustedes comprendan que las palabras pintan imágenes en la mente y que luego la mente se pone a trabajar para completar la imagen, les será más y más fácil entender por qué están aumentando los suicidios, la violencia...* (Ziglar, 1990).

Ziglar señala cuánto puede influir la música haciendo alusión al escocés Adrew Flercher que en 1703 indicó que otros podían escribir las leyes, pero si le dejaban la música él gobernaría. Lo que enmarca la frase de Voltaire: "Los que os pueden hacer creer absurdos, os pueden hacer cometer atrocidades".

Estos supuestos también nos dan pautas para sacar provecho de la música. Ziglar indica que los padres deben poner al alcance de los hijos buena música, yo creo que, desde antes del nacimiento, las afinidades se fijan dependiendo de lo que a la madre le gusta o a lo que se ha sometido desde la infancia temprana entonces de esperar a que los hijos crezcan para ayudarle a ser selectivo en su escucha no tendrá el efecto que deseamos.

Ziglar concluye señalando acerca de a música:

Las bellas melodías tocadas como música de fondo, aumentan la creatividad y ofrecen descanso y grandísimo placer a quien las escucha.

Otro estudio en materia musical sobre la incidencia en los procesos de aprendizaje es el realizado por el neurocientífico John R. Iversen en su programa Symphony. Siguiendo a 200 niños de escuela primaria durante cinco años, confirmó que la música activa y desactiva el cerebro puesto que la música evoca recuerdos, observaron las áreas que en el cerebro eran estimuladas por la música.

Ahora bien, la pregunta que nos concierne contestar es cómo incide la música en el aprendizaje. Ante el breve análisis realizado podemos comprender que la música evoca estados emocionales, pudiendo generar la liberación de dopamina, neurotrasmisor encargado del movimiento, la memoria, los sistemas de recompensa, el comportamiento y cognición, la atención, el sueño, el humor y el aprendizaje entre otros (relacionada con enfermedades como el Parkinson o la drogadicción en niveles anormales).

Según explica Iversen al segregarse dopamina en el cerebro se enciende el circuito cerebral subcortical del sistema límbico, al que le han llamado también cerebro emocional porque se encarga de la aparición de los estados de ánimo. A través de la activación de los estímulos emocionales se observa la mejora del funcionamiento cognitivo y el aprendizaje, así como la integración sensorial, el desarrollo de habilidades individuales, sociales y cooperativas, el aumento de la creatividad y de la autoestima, entre otros.

Entonces, si bien es cierto que la música no está relacionada directamente con el logro en matemáticas, por ejemplo, si puede ser un factor determinante para activar los procesos atencionales y preparatorios para el aprendizaje.

Podemos soñar con niños que lleguen a la escuela tras los primeros años de cuidados maternales y paternales, rodeados de música que inspire, eleve al espíritu para que en el salón de clase se dé continuidad a la formación artística.

Si consideramos propiciar esta formación artística vamos a lograr mayor compromiso emocional, trabajo activo y colaborativo, convirtiendo el espacio en una comunidad de aprendizaje e involucrando a la familia en los proyectos.

Mientras trabajaba en una institución de alto nivel educativo, donde se cuidaban hasta los más mínimos procesos con evaluación continua y trabajo cooperativo, mi compañero docente de grado, un hábil profesional de la educación en el manejo de la tecnología y talento musical, no se había atrevido a trabajar música con sus grupos durante su trabajo en dicha institución. Me habían asignado el acto cívico de principios de año, el cual debía ser un evento bastante bien planificado y elaborado, los padres de familia eran invitados especiales, directivos y asesores ocupaban la mesa especial.

A mí se me ocurrió que, entre los números los niños podían hacer una interpretación musical de un himno que me gusta mucho que inicia con la frase "Otro año ha pasado ya, evaluemos lo que pasó..." como yo no había desarrollado habilidades musicales para la enseñanza me armé del mejor equipo, le pedí ayuda a mi hija menor, ella toca la flauta transversal entre otros instrumentos, así que ella se encargó de la enseñanza instrumental, mientras yo los preparaba en el resto.

Sobra decir que causamos una bonita impresión, a los padres nos gusta mucho ver a nuestros hijos hacer cosas artísticas: poesía, música, pero también que nos hagan reflexionar y amar a nuestra patria. Fue tan grato el impacto que mi compañero se me acercó al final de la jornada y me comentó que nunca se había atrevido a tal cosa por el desgaste que implica la enseñanza musical, con temor a que no salgan las cosas como uno se espera, a partir de ahí con frecuencia lo vi usar su guitarra en cada evento e incluso en clase.

Ahora bien, desde la neuroeducación hay tres factores que las artes promueven y resultan imprescindibles para favorecer el aprendizaje: la memoria, las emociones y la creatividad.

Veamos tres casos de estudio que ponen de manifiesto esta aseveración.

1. MEMORIA:

El estudio "The effects of arts integration on long-term retention of academic content" (Los efectos de la integración de las artes en la retención a largo plazo de contenido académico) realizado por Mariale Hardiman, Luke Rinne, and Julia Yarmolinskaya arrojó resultados de su pequeño experimento preliminar en el aula, probaron los efectos de la integración de las artes en la retención de contenido a largo plazo. En su estudio con alumnos de quinto grado (10-11 años) primero se diseñaron unidades didácticas relacionadas con materias científicas (astronomía y ecología) siguiendo dos procedimientos distintos: en uno se utilizó el enfoque tradicional y en el otro se integraron las artes en la unidad. Así, por ejemplo, en el segundo caso, los alumnos realizaban actividades con objetivos didácticos definidos que incluían actuaciones teatrales, dibujos de posters, recreación de movimientos o utilización de la música. Para controlar los efectos del maestro, cuatro maestros enseñaron la misma materia a diferentes grupos en cada condición. Administraron evaluaciones curriculares antes, inmediatamente después, y 2 meses después de cada unidad para medir el aprendizaje inicial y la retención. El análisis de los resultados reveló que los alumnos que participaron en la unidad didáctica en la que estaban integradas las actividades artísticas mejoraron la llamada memoria a largo plazo, especialmente los alumnos con dificultades lectoras, señalaron que los resultados no mostraron diferencias en el aprendizaje inicial, sino una retención significativamente mejor en la condición de tratamiento. Los aumentos en la retención fueron mayores para los estudiantes en los niveles más bajos de rendimiento en lectura. (Hardiman, Et al. 2014).

2. EMOCIONES:

Robin Wright y su equipo mostraron los resultados de su estudio longitudinal, el cual les llevó 3 años, con jóvenes canadienses de 9 a 15 años de entornos socioeconómicos desfavorecidos, comunidades de bajos ingresos. Se analizó cómo afectaba la integración de diferentes programas artísticos al desarrollo personal. Se combinó teatro, artes visuales y mediáticas e indicadores psicosociales. En la primera parte del programa se les permitió elegir entre la música, pintura, grabación de vídeo, escritura de guiones o el diseño de máscaras; en la segunda parte se profundizó en los medios elegidos a través del trabajo cooperativo; para la etapa final se involucró a todos en la escenificación de una obra de teatro, del que se grabó un vídeo. Los resultados mostraron que los estudiantes mejoraron sus habilidades artísticas y sociales, un reclutamiento exitoso y buenas tasas de retención, y una reducción significativa en los problemas emocionales para el grupo de intervención. Desarrollaron toda una serie de competencias interpersonales como la comunicación, la cooperación o la resolución de conflictos (Wright, 2006).

3. CREATIVIDAD:

En un mundo cambiante, donde no sabemos a qué se enfrentarán nuestros niños, pues los empleos están cambiando, seguramente se crearán muchos nuevos y aunque el conocimiento hoy más que nunca es accesible no siempre se aprovecha o se usa adecuadamente, la era digital nos replantea nuestros paradigmas de enseñanza y el aprendizaje de las nuevas generaciones. En este sentido los niños enfrentarán desafíos para los que debemos ayudar a prepararlos para enfrentar y ser felices en ese proceso, en ese sentido las artes nos enseñan que los problemas reales suelen tener más de una posible solución.

Eisner (2004) ya desde su primer capítulo de su obra nos ubica en El papel de las artes en la transformación de la conciencia. La educación es el proceso de aprender a inventarnos a nosotros mismos:

¿Cuáles son las funciones cognitivas que desempeñan las artes? Para mí, el término cognición incluye todos los procesos por medio de los cuales el organismo se hace consciente de su entorno o de su propia conciencia. Incluye las formas más complejas de resolución de problemas imaginables mediante los vuelos más elevados de la imaginación. Pensar, en cualquiera de sus manifestaciones, es un evento cognitivo. Lo no cognitivo se refiere a formas de vida de las que no tenemos conciencia. La sangre fluye por nuestras venas, pero no solemos ser conscientes del curso que sigue. Ocurren cosas de las que no somos conscientes. Esto no significa que los factores de losqsue no somos conscientoes no pueden influir en nuestra conducta o en nuestras actitudes: lo pueden hacer. Pero en la medida en que no somos conscientes de ellos, son evantos que están fuera de ámbito de la cognición.

Por lo tanto, desde el origen de nuestra vida misma debería estar rodeada del arte, ser cuidadosos y responsables como padres sobre lo que posibilitamos a nuestros niños.

Ahora bien, en el ámbito escolar nos conviene integrar las artes a las prácticas pedagógicas, a fin de promover el pensamiento creativo y divergente, fomentar la curiosidad, observación y el aprendizaje a través de actividades inherentes a nuestra historia humana.

Ejemplos de cómo integrar el arte a los contenidos curriculares nos los comparte Sousa (2011):

En Química los estudiantes pueden dibujar un organizador gráfico en que muestren las fases más importantes de un experimento.

En Historia los estudiantes pueden escribir una canción, o adaptar una popular para narrar los hechos más significativos de algún suceso.

En matemáticas, pueden escribir un párrafo en rima o estrofa de un poema sobre los pasos a seguir para llegar al producto de una operación o problema revisado.

En lengua, pueden escribir un final alternativo sobre algún texto revisado.

Uno de mis compañeros docentes en una ocasión trabajando en una institución de educación primaria en la que atendíamos a grupos del mismo grado, me compartió su metodología de enseñanza de la historia: Los chicos escribían diálogos que después interpretaban con títeres que fabricaban de materiales sencillos, el los filmaba y después era apreciado como una obra de cine por el grupo. Para todo ello leían previamente, después se organizaban en equipos y se coordinaban a fin de llegar al trabajo colaborativo ¡Los niños disfrutaban mucho todo el proceso! Sobra decir que el aprendizaje era significativo, además de memorizar los hechos, podían explicar los eventos y hacer reflexiones críticas al respecto. Aprendí mucho de mi compañero.

Ahora bien, el arte también ofrece la posibilidad de incluir a los educadores con escasa formación en cualquiera de sus manifestaciones, pues su bondad se extienda hasta la posibilidad de influir en quien lo aprecia.

Desde la Neuroestética, disciplina científica desde 2002, observa la interacción entre quien observa el arte y lo que sucede a nivel cerebral, cómo esto incide en las manifestaciones emocionales.

En el sitio CC (Cultura colectiva) Palomino (2020) expone como el arte, incluso, es utilizado como complemento terapéutico en trastonos como la depresión o la ansiedad, alude a las aportaciones de la neurociencia en su observación del cerebro y su respuesta ante una obra de arte, haciendo el comparativo con el disfrute de una deliciosa comida, puesto que las zonas de recompensa y placer se activan.

Reconoce que dicha respueta tiene que ver con la influencia cultural y la relación del individuo con el objeto observado.

Sabemos que no aprecia igual una obra musical alguien que ha estudiando música que otro que no tiene noción de ella, sin embargo, la emocionalidad que despierta determinada pieza puede ser algo en común que nos una y de identidad humana.

El sitio CC destaca la aportación del Doctor Juan Carlos Portilla, investigador de la Sociedad Española de Neurología, quien señala que durante una experiencia artística varias áreas del cerebro interaccionan; al estar frente a la experiencia artística como una canción u observar un cuadro, se produce la respuesta sensorial y motora, tras lo cual, interviene el conocimiento y el significado, obtenido previamente en la experienica, el entorno y la cultura, entonces aparece la emoción y valoración, sujetas al sistema de recompensa que involucra el placer de cada uno.

Del Dr. Portilla (Palomino,2020) se anota la siguiente frase:

"Teniendo en cuenta los complejos mecanismos cerebrales que entran en marcha durante los procesos creativos, el estimular la participación en el desarrollo de estos procesos facilita una mejor función cerebral y mejor desarrollo de conectividad entre las distintas áreas y funciones cerebrales implicadas. Funciones como la atención, memoria, capacidad visuoespacial, etcétera están directamente asociadas a los procesos de creación artística"

Tras lo que hemos revisado, educadores, padres de familia y niños debemos involucrarnos en el arte, ahora existen muchas más posibilidades pues la internet hace factible todo ese tipo de formación.

Los educadores son artistas del alma de los niños

Colofón:

Al padre de la Neurociencia moderna, se dice que, le gustaban los alumnos que habían sido como él, indisciplinados, románticos, inquietos, críticos, polifacéticos. En su obra Los tónicos de la voluntad Cajal (2018) señaló:

"Harto más merecedores de predilección para el maestro avisado serán aquellos discípulos un tanto indómitos, desdeñosos de los primeros lugares, insensibles al estímulo de la vanidad, que, dotados de rica e inquieta fantasía, gastan el sobrante de su actividad en la literatura, el dibujo, la filosofía y todos los deportes del espíritu y del cuerpo. Para quien los sigue de lejos, parece como que se dispersan y se disipan, cuando, en realidad, se encauzan y fortalecen".

Así que, "el buen juez por su casa empieza" y si queremos que nuestros niños crezcan en un ambiente enriquecido, debemos empezar por nosotros a acercarnos al arte, volverlo un hábito y luego generar espacios para los menores.

Actividades

El ejercicio que te propongo en este momento estará en función de la música, por lo que deberás buscarla en línea y comprometerte a realizarlo para experimentar con tus propias emociones y darle significatividad a todo el discurso anterior, descubrirte ante la posibilidad de verte de manera distinta o armónica con una obra de arte.

Desde la perspectiva del Maestro Ramon Gener (músico, conferencista) es Ludwig van Beethoven el héroe de su vida –dice- quien fuera el primer músico en presentar su grandeza como artista:

"La música que él crea habla de sí mismo, Beethoven se convierte en el héroe de su propia música para mostrarnos quien es él. Si bien ya lo habían hecho otros artistas, como en la pintura lo hace

Velázquez al pintarse al lado de la familia real, reconociéndose como artista, no un artesano sino un artista. Es Beethoven el primer músico quien reconoce que es un creador, se pone al centro de su producción sin aire de superioridad, sino que desnuda su alma y la plasma en sus partituras, y lo más extraordinario es que lo hace siendo sordo".

Frente a esto, como Gener, nos rendimos ante esa magnificencia llena de humildad, a quien nos muestra su grandeza y da cuenta de la nuestra, nos explica quiénes somos y por qué somos como somos y todo ello sin poder escuchar lo que está haciendo solo sintiendo emociones porque el arte solo sucede.

Ahora te toca a ti develar ese mensaje de grandeza, descubrir tu grandeza a través de Beethoven.

Busca la 3ª. Sinfonía de Beethoven, escúchala y escribe las emociones, pensamientos o experiencias que te evoca, deja que te cuente su historia y escribe la tuya.

Sugerencias

- Evidentemente la sugerencia de este capítulo gira en torno a buscar involucrarnos en el arte, a aproximarnos a cualquiera de sus formas, a movernos para acceder a ella, ya sea de manera virtual o directa, empezar nuestro acercamiento a este tipo de experiencias que pueden ofrecer otras formas de ver nuestra propia experiencia.

Dado que el arte nos ofrece un universo de posibilidades con distintas vías de expresión, dando oportunidad a los niños de representar su mundo y conocer el mundo que les rodea, adaptar cualquiera de sus formas, o todavía mejor aún, permitiendo explorar las diferentes manifestaciones del arte con la experimentación en el acercamiento de su práctica y vivencia damos opciones inimaginables en el desarrollo de la infancia y con ello de transformación social con un desarrollo consciente y creativo.

De esta manera posibilitaremos que el arte se convierta en la herramienta de transformación social y de motivación del desarrollo de nuestros niños, e incluso de nosotros los adultos, porque para el arte no hay edad, pues su base es la emoción y eso lo hace atemporal y universal.

- Escucha música diferente
- Estudia los principales movimientos artísticos
- Elige un movimiento y procura acercarte a los autores que le dan identidad, elige un personaje y revisa su biografía.
- Reflexiona sobre sus aportaciones ¿por qué son importantes? ¿cómo puede ayudarte a ampliar tu percepción de la vida, tus desafíos y alcanzar tus sueños?

Recapitulando

No olvidemos que el arte es inherente al desarrollo humano, ha estado presente desde que aparece el hombre, es tan antigua como forma de educación, por lo tanto, es una herramienta indispensable en la actualidad en todo proceso educativo.

La sensibilidad que nos posibilita el arte, es una característica que se alcanza sin esfuerzo, es el primer nivel de lectura sobre el mundo que nos rodea, tanto el heredado como propuesta para mejorarlo, por lo que es un vehículo seguro para humanizar, para tocar el corazón y el alma de los otros que son nuestros niños.

Un niño debe crecer rodeado o aproximado al arte, puesto que su cultura definirá sus pensamientos y con ellos sus actos, lo que determinará en la salud social, le posibilitará la capacidad de aportar mejoras al constructo social, una aportación propensa a mejorar la calidad de vida en nuestro entorno.

Desde sus primeros meses de vida el niño puede ser expuesto a la formación artística, de una manera sencilla y en lapsos cortos, después poco a poco como disciplina, hasta tocar un instrumento, realizar una obra plástica o transmitir emoción en una escena, una danza o una interpretación musical, lo que le facilitará la disposición para conectar con sus emociones y con ello, con otros, además de facilitarle el aprendizaje escolar más adelante.

Todos, padres, madres, maestros y en general personas dedicadas a la educación tenemos necesidad del arte, como vehículo de sensibilización y como herramienta para trasmitir cultura y conocimiento, no podemos enseñar lo que no conocemos, como tampoco podemos amar lo que no conocemos, lo que implica empezar a buscar otras formas de expresión, otras formas de ver la vida. Es tiempo de aferrarnos al arte en cualquiera de sus expresiones.

Cuando usamos el arte para educar observamos como los procesos mentales se activan, ya que entran en función la memoria, las emociones y la creatividad y favorecen el aprendizaje en general, lo que nos dispone al rendimiento académico.

PARTE III
"SACAR FUERA O DAR FORMA"

Si una epidemia suprimiera de una vez a todos los miembros de una sociedad, es evidente que el grupo desaparecería de un modo permanente. [...] Pero las diferencias graduales de edad, el hecho de que nazcan algunos y mueran otros, hace posible mediante la transmisión de ideas y prácticas la constante renovación de la fábrica social. Pero esta renovación no es automática. Si no nos esforzamos para lograr que se realice una transmisión auténtica y perfecta, el grupo más civilizado caerá en la barbarie y después en el salvajismo. En verdad, los seres humanos jóvenes son tan inmaduros que si se les dejara entregados a sí mismos sin la guía y el socorro de los demás, no podrían ni aun adquirir las destrezas rudimentarias necesarias para la mera existencia física. El hijo de los seres humanos tiene tan poca destreza originariamente, en comparación con los hijos de muchos de los animales inferiores, que hasta las habilidades necesitadas para el sustento físico han de ser adquiridas, bajo tutela. ¡Cuánto más no ocurrirá, pues, en este caso respecto a todas las adquisiciones tecnológicas, artísticas, científicas y morales de la humanidad!

JOHN DEWEY
EN DEMOCRACIA Y EDUCACIÓN (P. 15)

CAPÍTULO 5:
EDUCERE O EDUCARE

"Si criticas mucho a un niño, él aprenderá a juzgar. Si lo elogias con regularidad al niño, él aprenderá a volar".

María Montessori.

Con frecuencia la llegada de un bebé representa una carga emocional importante, la madre se llena de ilusiones y esperanza que contagia a los que la rodean, entonces, ante su recibimiento el sentimiento de amor se multiplica, en el mejor de los escenarios, el papá se involucra tanto emocional como económicamente y en la responsabilidad que implica el recibimiento del nuevo miembro de la familia, es común ver a las madres, y a veces a los padres, abrazar a sus pequeños hijos, juguetear con ellos, besarlos, acariciarlos, alimentarlos y preocuparse por su salud, también se preocupan por su futuro.

En otro escenario, no muy distante, otras madres confían en el sueño de sus jóvenes hijos, aquellos que se alistan para asistir a la Universidad o a la Normal para prepararse profesionalmente como formadores. En el día a día los jóvenes estudiantes sueñan con sus aulas rodeados de niños, salas llenas de cariño, coloridas, con voces de algarabía y obediencia por lo que dirá su joven maestro. Imaginan que los procesos de enseñanza fluirán sin ningún contratiempo, padres muy atentos al desarrollo, que a todo respondan "sí, como usted indique profesor(a)".

Alguno imagina que podrá descubrir una forma novedosa de lograr que todos sus pequeños estudiantes alcancen los objetivos de enseñanza, se esfuerzan para entender los procesos mentales de los individuos para generar esquemas pedagógicos que permitan el desarrollo integral de los niños.

En mi caso soñaba con sistematizar un método que pudiera facilitar los procesos de enseñanza y aprendizaje, de tal manera que padres y estudiantes transitarán la educación básica sin conflictos innecesarios.

Piensa en un niño que amas, seguramente deseas ofrecerle protección para ayudarlo a que llegue a ser la mejor versión de sí mismo y a hacer frente a los desafíos que la vida le presentará ¿no es así? Ya sean tus hijos o tus alumnos o los niños bajo tu cuidado, tu función es protegerlo y prepararlo. Y el recurso que tienes para hacerlo es la Educación.

Cuando Sary nació, yo la esperaba con la ilusión más grande que he sentido en mi vida, me preparé leyendo, informándome, alimentándome adecuadamente, siguiendo todas las indicaciones al pie de la letra, el día llegó y todo lo que había planeado que sucedería me sobre pasó.

Apenas nació mi pequeña bebé ya buscaba comer (reflejo de succión), le dieron sus palmadas para procurar la toma de aire, pero ella no lloró, le inyectaron, y solo exclamo un ¡Ay! Tan claro que nos asombramos; para cortarle el cordón umbilical tomó cierto tiempo pues de una u otra manera se aferraba de las tijeras, la doctora le quitaba una mano y con la otra se aferraba. Hubo otros incidentes que optaron por mantenerla en observación y hacerle un lavado estomacal. Ese era el día uno, de tantas y tantas experiencias fuera de lo común ocurridas con mi pequeña bebé, parecía que estaba decidida a enseñarme el mundo desde otros ojos y sobre todo el verdadero significado del amor.

Desde recién nacida era casi imposible tenerla quieta, dormía poco y miraba con atención el mundo. Mi amiga y mentora en esto de ser mamá Elizabeth Morales, me enseñó cómo hablarle cuando apenas tenía días de nacida: le mostraba los árboles, los perros, el cielo y la tierra, le explicaba sobre sus colores, sus formas ¡ella ponía atención! Se quedaba quieta, callada, eran los momentos de total tranquilidad.

Para asistir a la iglesia los domingos yo solía ponerme nerviosa, me cuestionaba que haría si lloraba, porque sus llantos eran con un volumen muy alto, con cierta desesperación. Así que oraba por un poco de inspiración, lo cierto es que mientras estaba en brazos ella estaba tranquila, ya sea dormida o despierta, con sus pocos días de nacida ya lo notaba y nos hacía saber su aprobación. Lo que me llevó a desarrollar cierta destreza para tenerla en brazos mientras hacía mis deberes, puesto que también disfrutaba este hermoso apego, su calor en mi pecho, su aroma cerca de mí, eran la sensaciones más delicadas y maravillosas que me hacían sentir plena.

Así, cobijada en la dulzura de su dependencia y la fuerza que te otorga ser madre, el deseo de la felicidad de tu pequeño bebé y la ternura que te inspira, empiezas a cuestionarte lo que debes enseñarle y cómo hacerlo.

NEUROCIENCIA

NUEROQUIMICA DE LA MADRE

Según el Dr. Marcelo Febo (2012), quien se ha dedicado a estudiar la fisiología y la bioquímica del cerebro de la madre, el lazo físico y emocional con el recién nacido surge luego del parto, sin embargo, reconoce que el cambio en el comportamiento en la madre es un proceso que se desarrolla lentamente durante el embarazo, mientras el cuerpo se prepara durante nueve meses para el parto y la lactancia suceden cambios neuroquímicos en su cerebro que la preparan para el nuevo rol social de ser madre. Lo que nos permite entender que la maternidad no es exclusivamente una situación biológica, sino que depende de una decisión, que inicia con la aceptación, un deseo de cuidar a un niño.

La relación social entre madre e hijo es fundamental para la supervivencia de la especie, depende de la oxitocina, la hormona del apego, es el pegamento social, actúa como hormona y como neurotransmisor que se libera al final del embarazo y provoca las contracciones durante el parto y la producción de leche.

Razón por la que la Organización Mundial de la Salud recomienda que el recién nacido sano y su madre estén juntos tras el nacimiento e inicie la lactancia, incluso antes de que la madre abandone la sala de parto.

Entendemos que es una situación de química, aunque también es cuestión de una decisión personal, pues al enfrentar los desafíos de proteger al recién nacido el cerebro de los padres se transforma, en realidad se reprograma. Se convierte en una relación recíproca, pues los padres influyen en el cerebro del niño y este en el de los padres. Esta me parece la posible respuesta a los problemas de aula que más adelante abordo.

Lo que inicia como una cuestión química se convierte en una situación social, al interactuar con el bebé, parece que el recién nacido hace todo lo posible por atraer la atención de la madre. Su olor singular, su llanto, su piel y el modo de asirse con sus deditos el de su madre o padre actúan sobre el sensible sistema nervioso de los padres afianzando el vínculo, salvaguardando su supervivencia.

Estos lazos aparentemente casuales, en realidad son decisivos para la salud física y psicológica del pequeño que le harán más resistente al estrés y a los trastornos mentales, por lo que atenderlos con mayor énfasis aseguran nuestra salud social. Es el inicio de la historia de la humanidad.

Entonces, no es solo cuestión de química cerebral, pues hay madres que rechazan a sus hijos tras el nacimiento. Y también está el lado opuesto, existen las que adoptan hijos generando este tipo de lazo pese a que no exista un vínculo genético.

Son los retos del día a día en el cuidado del menor lo que hace que el cerebro de la madre adoptiva se reprograme, por lo que como decía, tiene que ver con una decisión personal, ahora podemos entender que, este deseo sumado a la dedicación que demanda el cuidado de un bebé genera la producción de oxitocina aun cuando no ha habido parto, porque se genera placer al realizar el contacto cotidiano, esto también incluye al padre que decide involucrarse en la crianza del menor.

Tenemos hasta aquí tres elementos que influyen en el apego de los padres hacia sus bebés:

1. El deseo de ser padres.
2. La química cerebral, específicamente la oxitocina.
3. La convivencia cotidiana, la dedicación en el cuidado.

En caso contrario, el abandono de un bebé tiene que ver las cuestiones sociales, como la falta de recursos y sobre todo el apoyo del entorno familiar, hoy sabemos que no es solo una cuestión biológica sino también social lo que asegura la supervivencia.

Ahora es menos complejo entender que cuando crece este vínculo los padres pierden de vista qué es lo que el niño necesita para desarrollar su potencial al máximo, justamente la pretensión de la educación, pues la ternura que nos inspira, el amor que surge nos hace sentir el deseo de prodigar máxima protección y con ello tendemos a limitar, en ocasiones, su desarrollo.

Es fácil perdernos en lo que consideramos es lo idóneo para nuestros hijos, tomamos nuestra experiencia como hijos, repetimos modelos aprendidos o caemos en el lado contrario, entonces nos invade una ceguera especial y dejamos de ver lo que realmente son, individuos con potencialidades infinitas por desarrollar.

La educación es la clave para ser mejores padres y buscar el desarrollo armónico de nuestros hijos.

Llegado a este punto considero necesario exponer el marco conceptual que distinguen este proyecto, ubicado desde la perspectiva psico-neuro-pedagógica, abordar ahora desde una aproximación a los conceptos que hemos venido definiendo con base al título de esta obra, el término 'educar', pues como señala Fullat (2000) : *"el esfuerzo por la aclaración semántica nos coloca ya en el camino de la reflexión sobre la esfera educacional..."*

En primera instancia es un tanto complejo delimitar el significado de educación pues su propia raíz etimológica[1] procede de vocablos latinos que parecieran contrarios:

a) EDUCERE: sacar, llevar, extraer de adentro hacia a fuera.

b) EDUCARE: conducir, criar, nutrir, alimentar, guiar.

En este momento podemos coincidir con Villalobos (2004) al deducir que *"la educación encauza las potencialidades ya existentes en la persona como ser educable... extraer algo que de una u otra forma ya está potencialmente dado y conlleva la participación de un guía o líder, cuya función seria ayudar a crecer a otros..."*

Sin embargo, es Fullat quien nos aclara que, actualmente se utiliza para designar diferentes actividades que van desde la instrucción, buenos modales, actividades académicas, la liberación o socialización, destreza didáctica y métodos, y a la formación de la personalidad.

Entonces, consciente de que las definiciones pretenden fijar límites a un concepto y que no siempre es posible, es oportuno señalar algunos puntos fundamentales en la acción de educar, según diferentes filósofos[2]:

1º. Se limita a la especie humana.

2º. Consiste en una acción ejercida de un ser sobre otro.

3º. Es orientada a un objetivo específico.

4º. Pretende la adquisición de disposiciones que faciliten obtener bienes positivos para el individuo.

---

[1] Se puede evidenciar en las obras de Víctor García Hoz: "Principios de pedagogía sistemática" (1960) y otras: H. Hubert: "Tratado de pedagogía sistemática (1976); L. A. Lemus: "Pedagogía: Temas fundamentales (1991); R. Nassif: "Pedagogía general" (1960).

[2] Como Herbart, William James, Durkheim, James Mill, Stuart Mill, Kant, Renouvier; para profundizar en este tema se puede consultar la obra de R. Hubert: "Tratado de Pedagogía general" (1981).

Sin ánimos pretenciosos de aclarar la definición a profundidad hasta este momento podemos enmarcar la acción educativa como una tarea de colaboración en la construcción de hombre y de su sociedad a través de la historia; posee de forma implícita o explícitamente un proyecto de hombre y sociedad funcional según el momento histórico en el que se ubique, como una actividad ejercida sistemáticamente sobre otro que busca el desarrollo de las potencialidades del ser humano, de manera integral sin importar características o rasgos individuales, con el propósito de ayudarlo a alcanzar los fines a los que debe llegar; en tal situación la acción pedagógica tiene por objeto favorecer su desenvolvimiento.

Esto es, no se trata solo de prodigar el cuidado de nuestro bebé, sino de asegurar su inserción en la sociedad más adelante, para que la misma sociedad se transforme en un lugar seguro, para todos.

Ahora bien, en este esfuerzo por formar al hombre podemos hablar de distintos tipos de educación:

La formal, que se caracteriza porque es impartida en las escuelas, institutos de formación, colegios y universidades.

La educación no formal se genera a través de organizaciones o grupos comunitarios.

Y la educación informal, es toda aquella interacción con las personas del medio en el que se desenvuelve el niño, particularmente la familia, específicamente los padres. Sin embargo, vemos que los padres, aunque son educadores no son profesionales, no han recibido formación para serlo, por ello no necesariamente utilizan métodos pedagógicos, por lo general tienden a repetir patrones de conducta aprendidos, modelos de paternidad sufridos o vividos.

Muchas veces esos patrones de conducta no son cuestionados, analizados y los consideramos como inamovibles, sin embargo, estamos reproduciendo conductas poco aceptables o que no permiten avanzar a nuestra sociedad en cuanto sensibilidad y humanización.

Sumado a esto tenemos la parte emocional que se va fortaleciendo o no con la responsabilidad cotidiana del cuidado del menor

Mientras Sary crecía descubrió el desagrado que le imponía el saludo afectuoso de familiares y amigos, evitaba cualquier tipo de contacto. Sin embargo, en nuestro medio, las manifestaciones de amor a través de los besos y los abrazos son comunes, y hasta cierto punto de vista como maneras de ser educado. Esta situación muchas veces nos generó conflicto, porque si era el abuelo, la tía o cualquier familiar o amigo cercano insistían, con la premisa de que había que enseñarle a saludar. Entonces la niña lloraba, pataleaba y hasta los llegó a golpear, por lo que evitamos que saludara o lo hacíamos por ella, después por teléfono ella hablaba para saludar.

Parece un detalle simple, pero querer que los niños actúen según las convenciones sociales y muchas veces sin consideración de sus emociones, puede derivar en conductas desagradables y hasta disruptivas. Enseñarles lo que la sociedad espera de formas diferentes permite que cuenten con herramientas socializadoras para el resto de su vida.

Hasta la fecha a mi hija no le agrada saludar de beso o abrazo, eso solo es exclusivo para los verdaderamente cercanos, en nuestro medio donde hacerlo es lo cotidiano suele parecer algo grosero, si se ve desde una visión limitante, pues el trastorno límite de la personalidad en ella se manifiesta de esa manera, ella ha aprendido a comunicar su emocionalidad y a enfatizar la importancia de guardar cierta distancia, que la amabilidad no siempre está en un abrazo o un beso, sino en la cordialidad del trato, no todos lo entienden en un principio pero poco a poco ha creado su entorno social con base en el respeto y la honestidad en el trato.

Si la pretensión de la educación es facilitar el desarrollo al máximo de las potencialidades del niño, sin embargo, muchas veces la química cerebral y la influencia social nos nublan la mente, nos cubren con cierta ceguera mental, entonces es conveniente aspirar a un modelo o modelos que nos permita considerar ciertas directrices en función de establecer las bases de la construcción humana desde los primeros años de vida acordes a la capacidad inherente del hombre.

En una sociedad donde nos sobrepasan los problemas de salud pública, de inseguridad, de economía y sobre abunda el pensamiento mágico, creo que la educación debe cobrar un punto central para ofrecer mejores oportunidades a nuestros niños. Y que los mismos educadores deben estar en constante formación, deben buscar también educarse.

Padres, maestros y cuidadores en general somos educadores, en diferentes situaciones, pero con un mismo objetivo: desarrollar las potencialidades del niño; lo que nos lleva a pensar que todo individuo tiene sus características particulares así también sus potencialidades. Al respecto Howard Gardner ya nos anticipaba las ocho inteligencias, tal vez lo más interesante en su propuesta es comprender que no todos serán especialistas en matemáticas, o en lenguas, tenemos que dar espacio a las muchas otras posibilidades.

Nuestros estilos de crianza por supuesto sustentan las bases para el logro de nuestro objetivo, que nuestros niños encuentren las posibilidades de desarrollarse plenamente y en el proceso puedan ser felices y no buscar la felicidad como un fin último.

Además, es conveniente reconocer que para educar necesitamos contar una red de apoyo, es importante rescatar que no es un proyecto aislado, de trabajo individual, sino un trabajo en colectivo, donde el niño ocupa el lugar central y donde los adultos, como parte de la sociedad, comparten responsabilidad en la educación, en la que incluimos a instituciones, los medios de comunicación y todo organismo que incide en la forma de promover modelos de crianza.

Seguramente ya leíste o viste en internet la historia de la influencia de una mujer llamada **Nancy Elliot** (1810-1871), madre del reconocido inventor Thomas Alva Edison (1847-1931) al que se ha catalogado como el inventor del siglo, se utilizó para promocionar el Día de la madre. Narra la experiencia del día en que Edison fue expulsado de la escuela, al parecer era un "niño difícil de educar", seguramente se distraía con facilidad, impulsivo y con facilidad para multifocalizar su atención.

Según el sitio ABC, en internet, (Gargantilla, 2018) narra los hechos de la siguiente manera:

Cierto día, cuando Edison tenía ocho años, llegó del colegio apesadumbrado porque su maestro le había encomendado **entregar una nota a sus padres.** *Su madre,* **Nancy Elliot,** *la leyó bajo la atenta mirada del pequeño.*

- **¿Qué pone?** *–acabó preguntando.*

Con lágrimas en los ojos Nancy leyó a su hijo el contenido de aquella breve misiva.

- Su hijo es un genio, esta escuela es muy pequeña para él y no tenemos buenos maestros para enseñarlos. Por favor, enséñele usted en casa.

*Nancy abrazó a Thomas y le dijo que no se preocupara, que a partir de ese momen***to se encargaría personalmente de su educación***. Y eso fue exactamente lo que sucedió.*

Su madre no le debió hacer nada mal, si tenemos en cuenta que a los 15 años Edison comenzó a trabajar como telegrafista y, un año después, alumbró su primer invento: un repetidor automático capaz de transmitir señales de telégrafo entre diferentes estaciones. A este le seguirían **más de mil inventos.**

Muchos años después, cuando Nancy ya había fallecido y Edison era un inventor reconocido a nivel internacional, encontró por casualidad la nota. Cuál fue la sorpresa cuando leyó sobrecogido el verdadero contenido de aquella nota:

- Su hijo está mentalmente enfermo y no podemos permitirle que venga más a la escuela.

Edison lloró amargamente tras conocer la verdadera historia. Cuando se repuso, escribió en su diario: **«Thomas Alva Edison fue** *un niño mentalmente enfermo, pero gracias a una madre heroica se convirtió en el genio del siglo».*

¿Qué hubiera pasado si su madre se hubiera dejado arrastrar por el modelo escolar que exigía silencio, escuchar sin hablar y seguir un hilo narrativo escolar perfectamente estandarizado? Quizás ahora no tendríamos electricidad...

Hay otros sitios como El portal de Thomas Edison en National History Parks o el archivo Edison Papers Project bajo el resguardo de la Universidad de Rutgers, entre otros que aclaran dicha narración o la que presenta el vídeo producido por History Channel y al cuál puedes acceder en Youtube, donde señalan que no es seguro que Edison encontrara la misiva original, ni que Nancy muriera cuando el inventor fuera tan mayor. Sin embargo, reconocen la influencia de una madre que logró que su hijo, que ya no tenía lugar en la escuela, obtuviera un sitio importante en la historia de la invención.

Es indiscutible el papel que juegan en la educación de los niños la familia y la escuela, como responsables en la crianza y formación de los individuos, una relación que también tiene sus conflictos, dado que es en la escuela cuando se detectan o se destacan las conductas disruptivas de los niños que muchas veces los papás no aceptan o ni siquiera notan, hay estudios que determinan que el estilo de crianza da origen a dichas conductas, que imposibilitan el ambiente propicio para el aprendizaje.

Pareciera que lo común es que en las instituciones escolares en los salones de clase el clima social escolar es alterado por alumnos que presentan alteraciones de comportamiento, desde falta de atención, vocabulario inadecuado hasta acoso escolar o bullying. Diversos estudios señalan que estos factores se originan del trato recibido en casa a través de los estilos de crianza.

Actividad

Hagamos una pausa y realicemos el ejercicio de este bloque

Revisa el vídeo de Pilar Jericó, escritora y divulgadora, en BBVA La grandeza de una madre que creyó en su hijo en el siguiente enlace:

https://aprendemosjuntos.elpais.com/especial/la-educacion-es-el-mejor-antidoto-contra-el-miedo-pilar-jerico/

Educar el corazón para despertar la grandeza

Ahora contesta como educador (recuerda que padres, maestros o cuidadores de niños somos educadores).

1. ¿Cuál es tu grandeza?
2. ¿Qué necesitas aprender? Describe el problema y los desafíos que enfrentas, localiza el verdadero origen del problema, enfócate en él y determina con claridad qué es lo que necesitas aprender.
3. Ahora escribe qué harás para lograr ese aprendizaje, sé específico, anota de preferencia los pasos para lograrlo.

EDUCA TU NECESIDAD Y VIVE TU GRANDEZA

ESTILOS DE CRIANZA

La primera educación que los niños reciben es a través del círculo familiar, nuestro primer núcleo social y donde se ciñen los cimientos de la formación socio-afectiva y las relaciones interpersonales. Hay quien dice que para explicar nuestra forma de ser hay que revisar el estilo de parentalidad con el que fuimos criados.

Por lo que, para entender la conducta disruptiva de los niños, primero debemos analizar el estilo de crianza en la que crecieron.

Los padres pretendemos modular las conductas de nuestros hijos según lo consideramos de acuerdo a nuestra personalidad, valores y creencias sobre lo que necesitan para desarrollarse en la sociedad, muchas veces sin considerar que el estilo de crianza incide en el desarrollo de los niños en diferentes sentidos, desde lo emocional, lo cognitivo y social, generando limitaciones para lograr el objetivo principal.

Aunque existen diversas formas en que se clasifican los estilos de crianza, es conveniente destacar algunos puntos que se consideran para hacer esas clasificaciones, como las manifestaciones de afecto, la manera de disciplinar, el tipo de comunicación y el tono de la relación.

Ahora bien, hay que aclarar que dichas clasificaciones son esquemas generales, puesto que pueden darse en la práctica combinaciones o cambios en el trato de un hijo a otro, o en el mismo durante diferentes etapas de la vida del niño o del adulto responsable de educar, solo nos servirá para observar de manera consciente nuestra propia tendencia para reconocer como nuestra forma de relacionarnos con nuestros hijos sienta las bases para el desarrollo emocional y social de nuestros niños.

Por ejemplo, hay padres que indican mayores dificultades en la crianza de niños pequeños ante comportamientos típicos del desarrollo que perciben como irritantes: llanto, desobediencia, interrupción de actividades, cuando tienen más de un hijo, sobre todo menores de dos años (O'Brien, 1996).

En general, los educadores esperamos que nuestros niños aprendan a manejar sus emociones, mientras que para los padres es una tarea imposible, la pretensión es generar autoconciencia sobre como manejamos nuestras emociones para aceptar las de los demás, empezando por nuestros hijos y entonces buscar métodos de respuesta acordes a nuestras áreas de oportunidad.

Ejemplos muy generales sobre la trascendencia de los estilos de crianza los podemos revisar al comparar culturas, por ejemplo, en Japón los padres y madres de familia enfatizan habilidades de autocontrol, la obediencia ante la autoridad, la cortesía social y el fomento de metas grupales.

En Estados Unidos se observa que el énfasis se pone en la acción individual, la lucha por los propios derechos, el asertividad, la autonomía y la competitividad.

En China, sobre familias inmigrantes, se observa la incidencia importante en castigo físico y gritos, que permean los lazos de la cultura origen.

En países como Jamaica, Perú, Colombia y el Líbano impera el modelo autoritario, donde predomina una formación severa en disciplina impuesta por el padre y la sobreprotección de la madre. (Crawford-Brown, 1999; Baumrind, 1991. En: Botero Gómez, Salazar Henao, & Torres, 2009).

Los estilos de crianza se han estudiado desde diferentes variables como: "dominio-sumisión" y "control-rechazo", y que Rollins y Thomas las definen como "intentos de control" y "apoyo parental" (Torío Et al. 2008).

Así también se han abordado desde diferentes perspectivas de investigación, entre las cuales se encuentran:

- El Modelo Psicodinámico (Symonds, 1939; Baldwin, 1948; Orlansky, 1949; Schaefer, 1959).
- Modelo basado en el Aprendizaje (Skinner, 1986; Bandura, 1989).
- Las Tipologías de Baumrind (1967, 1971).
- Modelo Bidimensional de Maccoby y Martin (1983).

Para nuestro abordaje de los estilos de crianza nos ubicaremos en la tipología de Baumrind (1927-2018): Autoritario, Permisivo y Autoritativo o democrático, dado que fue uno de los estudios pioneros y ha servido de apoyo para seguir la investigación, ofrece una tipología que nos permite detectar conductas específicas, incluso académicamente y que se enriquece con otras aportaciones.

Estilo Autoritario

Se caracteriza por manifestar alto nivel de control y de exigencias de madurez, bajos niveles de comunicación y afecto explícito, la imposición inflexible de abundantes normas, se exige una obediencia estricta. El padre o maestro busca influir, controlar, evaluar el comportamiento y actitudes de los niños de acuerdo a patrones rígidos preestablecidos. Disciplina independientemente de la edad de los hijos, sus características individuales y diferentes circunstancias de la vida.

Estos educadores dan gran importancia a la obediencia, a la autoridad, al uso del castigo y de medidas disciplinarias, y no facilitan el diálogo. Las normas que definen la buena conducta son exigentes y se castiga con rigor la mala conducta. La comunicación entre cada uno de los progenitores y el niño es pobre.

Características generales

Hay baja sensibilidad, alta exigencia y bajo nivel de autonomía otorgada

Compartamientos

El padre autoritario es rígido, duro y exigente

Conductas que caracterizan a padres y profesores de este modelo

Irritables

Hipercríticos

Inflexibles en normas y opiniones

Controladores

Escasa disposición para escuchar las opiniones de hijos/alumnos

Creencias de base padres/profesores

La imagen que tienen de hijos/alumnos es disminuida, ya sea en términos de:

- Falta de sinceridad

- Voluntariosos, tercos
- Egoístas

Resultados que se observan en hijos/alumnos.

- Sumisos, obedecen por temor, no logran un verdadero autocontrol, ya que no se les da la posibilidad de reflexionar acerca de lo que es conveniente.

- Rebeldes, falta de cooperación hogar colegio, riñas con padres y profesores, hacen lo contrario de lo que se les indica, mal estudiantes, conducta deficiente, mentiras, robos.

En la adolescencia abandono del hogar, consumo de drogas, alcoholismo, depresiones, etc.

Estilo permisivo

Educadores que permiten que los niños dirijan las actividades. Los padres se doblegan frente a las peticiones y exigencias del menor. Los padres se caracterizan por un escaso control y madurez, pero buscan la comunicación y afecto constante. Aceptan la conducta de los niños y evitan el castigo. No exigen responsabilidades ni orden; permiten que el niño se autoorganice, sin poner normas que rijan la vida cotidiana; utilizan el reforzamiento, y evitan el control sobre el niño.

Características generales

Hay baja exigencia, con alta capacidad de respuesta.

Compartamientos

El padre permisivo es excesivamente sensible a las demandas del niño, y bajo nivel de exigencia paterna.

El niño es el que tiene el control de la familia y los padres suelen doblegarse frente a sus requerimientos y caprichos

Conductas que caracterizan a padres y profesores de este modelo

Ausentes o indiferentes Poco interesados en los quehaceres de hijos y alumnos. Cómodos frente a sus necesidades. Exageradamente permisivos.

Creencias de base padres/profesores

Su trabajo lo más importante. Le da todo lo que necesita no puede además preocuparse de tareas y conducta. Para que tanta preocupación, ya aprenderán más adelante. Sus problemas y sentimientos no tienen importancia se les olvida rápidamente.

Resultados que se observan en hijos/alumnos.

Baja autoestima, poco interesados y faltos de participación. Conductas desorganizadas y aparentemente irresponsables.

MacCoby & Martin (1983) reformulan este estilo y proponen otras dos categorías, enfatizando que el estilo permisivo puede adoptar dos formas distintas: el democrático-indulgente que es un estilo permisivo y cariñoso, y el de rechazo-abandono o indiferente, que se caracteriza por una actitud fría, distante y asociada a maltratos.

Estilo permisivo-democrático-indulgente

Sobreprotector
Los padres rara vez castigan, orientan o controlan a sus hijos, pero son cariñosos y se comunican bien con ellos.

Compartamientos

Estilo permisivo y cariñoso

Conductas que caracterizan a padres y profesores de este modelo

Bajo nivel de exigencias
Controladores, niegan la posibilidad de independencia.
Ansiosos frente a las posibilidades de error o fracaso.
Anticipándose a la resolución de los problemas.

Creencias de base padres/profesores

Incapacidad
Ingenuidad extrema.

Resultados que se observan en hijos/alumnos.

Inseguridad acentuada, necesidad de guía y apoyo permanente; el mensaje que se ha transmitido es "tú no eres capaz, yo debo resolverte las cosas".

Hijos o alumnos tiránicos, extremadamente exigentes en ambientes familiares e inseguros fuera de ellos.

Actitudes de resentimiento y rechazo especialmente en la relación con los padres.

Estilo indiferente o de rechazo-abandono.

Se caracteriza por ausencia de control, disciplina y exigencias. Hay un distanciamiento emocional (frialdad) y rechazo en la relación con los hijos.

Compartamientos

Es el estilo de crianza utilizado por padres que rechazan y son negligentes, que no son receptivos ni exigentes y a quienes sus hijos parecen serles indiferentes. Al niño se le da tan poco como se le exige, pues los padres presentan unos niveles muy bajos en las cuatro dimensiones: afecto, comunicación, control y exigencias de madurez. No hay apenas normas que cumplir, pero tampoco hay afecto que compartir; siendo lo más destacable la escasa intensidad de los apegos y la relativa indiferencia respecto de las conductas del niño. Los padres parecen actuar bajo el principio de no tener problemas o de minimizar los que se presentan, con escasa implicación y esfuerzo.

Características generales

Hay bajo nivel tanto de calidez como de exigencia paterna y autonomía otorgada.

Compartamientos

El padre negligente es poco comprometido, que muestra bajos niveles tanto de calidez como de exigencia paterna y autonomía otorgada.

Estilo democrático

Se concede el protagonismo por igual a padres, madres e hijos a la hora de construir normas y valores familiares, se apoyan en la negociación y adaptación conjunta.

En este modelo se elabora el proceso de socialización de manera progresiva en los niños apoyándose en el razonamiento y la reflexión para la construcción en el grupo familiar o escolar. Se cuidan los derechos de los niños bajo la autoridad responsable de los educadores

Características generales

Se caracteriza por alta sensibilidad, alta exigencia y autonomía otorgada

Compartamientos

El padre democrático se involucra e interesa por las actividades y el bienestar del hijo, permitiendo autonomía y expresión.

Conductas que caracterizan a padres y profesores de este modelo

Grado razonable de permisividad, las normas se instauran en torno al bien común. Evitan las decisiones arbitrarias y sin explicación, ya sean de orden lógico o afectivo. Presentan un nivel elevado de contacto, conversan, ríen, comparten actividades, etc. Hay firmeza y constancia en las propias decisiones, junto con claridad en las razones, lo cual no significa inflexibilidad. Practican, son ante todo buenos modelos.

Creencias de base padres/profesores.

Tienen una buena imagen de sus hijos y alumnos. Confían en sus habilidades. Confían en sus intenciones.

Resultados que se observan en hijos/alumnos.

Alegres Independientes

Exploradores

Realistas

Alto grado de confianza en sí mismos

Capacidad de autocontrol

Sociables

Cooperadores

Capaces de hacer valer sus derechos en sus relaciones con los demás.

Actividad

A continuación, te presento la adaptación del instrumento Parenting Style and Dimension Questionnaire (PSDQ) (Cuestionario de Dimensión y Estilos de Crianza) de Robinson y cols. (1995), para padres /madres de menores, diseñado para medir las tres dimensiones de Baumrid: democrática, autoritaria y permisiva. Realiza la actividad y descubre tu estilo parental.

Instrumento PSDQ Adaptado.

Parenting Styles and Dimension Questionnaire.

(Cuestionario de Dimensión y Estilos de Crianza)

Este cuestionario mide con qué frecuencia y de qué modo usted actúa con su niño/a.

Instrucciones:

Por favor, lea cada frase del cuestionario y piense con qué frecuencia usted actúa de este modo, ponga su respuesta al lado izquierdo de la frase.

Actúo de esta manera:

1: Nunca // 2: De vez en cuando // 3: Casi la mitad del tiempo // 4: Muy seguido // 5: Siempre

___ 1. Animo a mi hijo/a a hablar sobre sus problemas.

___ 2. Disciplino a mi hijo/a con castigos más que por la razón.

___ 3. Conozco los nombres de los/as amigos/as de mi hijo/a.

___ 4. Considero que es difícil disciplinar a mi hijo/a.

___ 5. Felicito a mi hijo/a cuando se porta bien.

___ 6. Le pego en las nalgas a mi hijo/a cuando es desobediente.

___ 7. Bromeo y juego con mi hijo/a.

___ 8. Evito regañar y/o criticar a mi hijo/a, aun cuando no se comporta de la forma que deseo.

___ 9. Soy cariñoso/a cuando mi hijo/a se encuentra herido/a o frustrado/a.

___ 10. Castigo a mi hijo/a quitándole privilegios sin darle explicaciones.

___ 11. Consiento a mi hijo/a.

___ 12. Apoyo y entiendo a mi hijo/a cuando está enojado/a, molesto/a.

___ 13. Le grito a mi hijo/a cuando se porta mal.

___ 14. Me comporto de forma tranquila y relajada con mi hijo/a.

___ 15. Permito que mi hijo/a moleste a otras personas.

___ 16. Comunico a mi hijo/a lo que espero de él/ella con respecto a su comportamiento antes de realizar una actividad.

___17. Regaño y critico a mi hijo/a para lograr que mejore.

___ 18. Muestro paciencia con mi hijo/a.

___ 19. Aprieto con fuerza a mi hijo/a cuando está siendo desobediente.

___ 20. Doy castigos a mi hijo/a y después no los llevo a cabo.

___ 21. Respondo a los sentimientos y necesidades de mi hijo/a.

__ 22. Permito que mi hijo/a dé su opinión con respecto a las reglas familiares.

__ 23. Discuto o regaño con mi hijo/a.

__ 24. Tengo confianza en mis habilidades para criar a mi hijo/a.

__ 25. Explico a mi hijo/a las razones por las cuales las reglas deben ser obedecidas.

__ 26. Parezco estar más preocupada/o de mis propios sentimientos que de los sentimientos de mi hijo/a.

__ 27. Le digo a mi hijo/a que valoro sus intentos y sus logros.

__ 28. Castigo a mi hijo/a dejándolo solo/a en alguna parte sin darle antes una explicación.

__ 29. Ayudo a mi hijo/a entender el efecto de su comportamiento, animándolo/a a hablar de las consecuencias de sus acciones.

__ 30. Temo que disciplinar a mi hijo/a cuando se porte mal hará que no me quiera.

__ 31. Considero los deseos de mi hijo/a antes de decirle que haga algo.

__ 32. Me enojo con mi hijo/a.

__ 33. Conozco los problemas o preocupaciones de mi hijo/a en la escuela.

__ 34. Amenazo con castigar a mi hijo/a frecuentemente en vez de hacerlo de verdad.

__ 35. Le muestro cariño a mi hijo/a con besos y abrazos.

__ 36. No tomo en cuenta la mala conducta de mi hijo/a.

__ 37. Uso el castigo físico con mi hijo/a como una forma de disciplina.

__ 38. Disciplino a mi hijo/a luego de alguna mala conducta.

__ 39. Me disculpo con mi hijo/a cuando me equivoco en su crianza.

__ 40. Le digo a mi hijo/a qué hacer.

__ 41. Cedo cuando mi hijo/a hace un escándalo por algo.

__ 42. Converso con mi hijo/a cuando se porta mal.

__ 43. Le pego una cachetada a mi hijo/a cuando se porta mal.

__ 44. No estoy de acuerdo con mi hijo/a.

__ 45. Permito que mi hijo/a interrumpa a los demás.

__ 46. Comparto momentos agradables y cariñosos con mi hijo/a.

__ 47. Cuando dos niños/as se están peleando, primero los/as castigo y después les pregunto por qué lo hicieron.

__ 48. Motivo a mi hijo/a para que se exprese libremente, incluso cuando no esté de acuerdo conmigo.

__ 49. Le ofrezco recompensas a mi hijo/a para que cumpla con lo que le pido.

__ 50. Reto o critico a mi hijo/a cuando su comportamiento no cumple con lo que espero de él/ella.

__ 51. Soy respetuoso/a con las opiniones de mi hijo/a motivándolo/a para que las exprese.

__ 52. Establezco reglas estrictas para mi hijo/a.

__ 53. Le explico a mi hijo/a cómo me siento cuando se porta bien o mal.

__ 54. Amenazo a mi hijo/a con castigarlo/a sin justificación alguna.

__ 55. Considero las preferencias de mi hijo cuando hacemos planes en familia.

__ 56. Cuando mi hijo/a pregunta por qué tiene que conformarse con algo, le digo: "porque yo lo digo", o "porque soy tu padre/madre".

__ 57. Me muestro inseguro/a sobre cómo resolver los problemas de mala conducta de mi hijo/a. __ 58. Le explico a mi hijo/a las consecuencias de su comportamiento.

__ 59. Le exijo a mi hijo/a que haga determinadas cosas o actividades.

__ 60. Conduzco la mala conducta de mi hijo/a hacia una actividad más adecuada.

__ 61. Tironeo a mi hijo/a cuando desobedece.

__ 62. Insisto en las razones o motivos de las reglas.

Por favor, marque con una X, responda y/o destaque:

1. ¿Quién contestó este cuestionario?

Madre _____ Padre _____ Edad _____ años

2. ¿Quién estudia el curso?

Mi hijo _____ Mi hija _____ Edad___años Curso___° básico // Pre-Kinder // Kinder

¡¡¡Gracias!!!

Ahora, para que tengas una aproximación de la lectura de tu prueba, revisa tus resultados según la tabla que se presenta. Donde tengas la mayor incidencia corresponde tu estilo de crianza

Dimensiones	Número de frase
Autoritativa	1, 3, 5, 7, 9, 12, 14, 16, 18, 21, 22, 25, 27, 29, 31, 33, 35, 39, 42, 46, 48, 51, 53, 55, 58, 60, 62.
Autoritaria	2, 6, 10, 13, 17, 19, 23, 26, 28, 32, 37, 40, 43, 44, 47, 50, 54, 56, 59, 61.
Permisiva	4, 8, 11, 15, 20, 24, 30, 34, 36, 38, 41, 45, 49, 52, 57.

Tras el ejercicio reflexiona:

¿Estás extrayendo lo mejor del niño a tu cargo?

¿Identificas lo que puedes mejorar?

¿Cómo se relaciona la forma en qué fuiste educado con la forma en que tú educas?

¿Qué cambiarías en la educación que recibiste? ¿qué estás ofreciendo ahora?

La conclusión a la que Baumrind llegó es que con una disciplina sobreprotectora o autoritaria no se consigue madurez y competencia.

La recomendación es prestar atención y cuidados al niño, exigir ciertos niveles de control, por lo que el estilo más accesible para ello es el democrático.

Trabajar nuestro coraje y grandeza para ver más allá de las etiquetas.

FACTORES DETERMINANTES EN LA CRIANZA

Conviene recordar que los estilos de crianza o prácticas educativas parentales no se aplican al cien por ciento, ya que existen otras variables que intervienen en dicho proceso, como, por ejemplo, la relación de los padres, las características de cada uno, la estructura familiar dado que sigue transformándose.

Y aunque podemos reconocer que un niño que recibe apoyo por ambas figuras parentales logrará socializar de mejores formas, también es cierto que, en nuestras sociedades latinas, esto representa un conflicto por los índices de violencia intrafamiliar de los que es víctima, de una o de ambas figuras.

Otros factores son la edad de los hijos, así como la edad de los padres, también podemos considerar la cultura como otro factor importante pues dicta las pautas o normas de crianza que se deben seguir.

Sin embargo, cabe resaltar que, al parecer lo que más incide en las conductas disruptivas de los niños es la falta de normas; en el salón de clases podemos observar que lo que altera al grupo en general es la falta de lineamientos, y en ese sentido afecta al desarrollo e integración social de un niño, la falta de disciplina, el abandono de los padres, dejarlos hacer lo que quieran, incluso, según las circunstancias, más que una crianza autoritaria. La investigación ha demostrado que las dificultades que los "niños difíciles" presentan devienen de la ausencia de pautas de crianza perceptibles.

Sin olvidar que la acción que ejercemos como educadores afecta o fomenta el desarrollo cognitivo, emocional y social de los niños, a través de nuestros hábitos cotidianos, las acciones y decisiones que vamos tomando en el día a día buscar la ayuda de manera oportuna, entre más temprano mejor, hará la diferencia en la vida de nuestros hijos, o alumnos y la nuestra.

Es así como los primeros años marcan la diferencia, por una parte, no existe un modelo pedagógico que fundamente la separación de la madre y el niño en sus primeros años, por el contrario, la filosofía pedagógica señala la importancia de esta relación como la base para el aprendizaje.

Por otro lado, las experiencias que se generen en estos primeros años, permean el cableado neuronal que sostendrá los futuros constructos en las diferentes áreas de desarrollo.

Sin embargo, ante la posmodernidad y las demandas que ello conlleva una sociedad globalizada y de consumo, los padres disponen de poco tiempo y a veces nulo para atender a sus hijos, la tendencia es suplir esa carencia con objetos materiales, permitir cualquier tipo de conductas a fin de no entrar en conflicto ya desde los primeros años, o bien, solo corregir de manera exagerada cuando se está con los niños para luego dejar la convivencia para más adelante, sin dar seguimiento, sin estar presente, hasta que vuela a estar con el hijo que solo recibe reprimendas.

Son casos extremos, pero cada día más evidentes en las relaciones sociales que los niños establecen donde la atención la ocupan objetos tecnológicos sirviendo de niñeras y educadores, no siempre oportunos.

Es contradictorio escuchar a padres de familia hablar de amor incondicional hacia sus hijos y que trabajan tan duro para que su hijo no pase por lo que los padres pasaron, mientras se usa el poder, la ira, la desilusión o la infelicidad para hacer que los hijos hagan lo que los padres quieren o no se les marcan pautas de conducción a fin de que el niño sufra.

Padres que fueron educados de manera autoritaria y que no quieren seguir dicho modelo, intentan utilizar métodos más flexibles y nos plantean verdaderos retos en la educación escolar pues:

...quieren que sus hijos puedan pensar y tomar decisiones en forma independiente, pero también hijos que hagan inmediatamente lo que se les dice.

...quieren que sus hijos digan rotundamente "no" pero se sienten indignados si sus hijos alguna vez les dicen "no" a ellos.

...quieren crear interacciones que beneficien a ambas partes pero se sienten incómodos con la idea de brindar a sus hijos opciones diferentes a la de: "Hazlo, porque lo digo yo " (Bluestein, 2010).

Evidentemente si buscamos que la relación con nuestros niños cambie, tenemos que cambiar nosotros los adultos, eso implica cambiar nuestra manera de pensar, nuestras creencias, cambiar de conducta, nuestro discurso interno y externo, ya que la palabra tiene intención, genera posibilidades para obtener una actitud diferente, una realidad diferente.

Hay estrategias factibles para el logro de nuestra meta como educadores, una propuesta interesante es la parentalidad positiva, la cual se caracteriza por promover la atención, el desarrollo de las capacidades del niño, el ejercicio de la no violencia, dar reconocimiento y orientación con límites que hacen posible el desarrollo pleno de los niños, para alcanzar mejores logros tanto en el ámbito familiar como académico y social basados en el apoyo, dialogo, cercanía y el afecto puesto que la autoridad se sustenta en valores como el respeto, la tolerancia y la comprensión.

El entorno juega un papel importante, sirve de ancla o estímulo para lograr el cambio, sobre todo cuando vemos que nuestros hijos están en peligro, entonces, si aprovechamos las circunstancias puede ser una oportunidad para cambiar.

En esa búsqueda de apoyo, cuando la conducta de Sary parecía más hostil y todavía no entraba a la adolescencia, la ayuda desde la terapia fue una orientación oportuna, frente a nuestros esquemas de educación que no estaban funcionando, la sociedad juega un papel importante, marca las pautas de lo que se espera, pero también asigna roles a los niños aun cuando ellos están apenas descubriendo su lugar en el mundo.

Entonces la parentalidad positiva nos ayuda en crear vínculos afectivos cordiales y más cálidos, para mí, nuestra relación era lo más importante, así que me gustaba invertir el tiempo en mi hija, ahora entiendo que ese fue el estímulo principal para su curiosidad, también fue su protección para los tiempos que vendrían más tarde frente a la inseguridad y violencia en nuestro entorno, incluso en la escuela.

Un entorno estructurado también proporciona la orientación para adaptarse a normas y valores, resulta bastante complejo cuando como padres decidimos estudiar, trabajar y cuidar de la familia, apoyarnos entre todos hace menos compleja la tarea y proporciona seguridad en las rutinas preestablecidas y los límites claros.

Priorizar el reconocimiento de conductas aceptadas, actitudes esperadas y reacciones automáticas esperadas frente al castigo de forma violenta para modular la conducta, utilizando estrategias como ayudarles a meditar, promocionar lecturas que les permitan reflexionar, responsabilizarlos por la reparación de los daños, acompañado de una capacitación constante, pedir ayuda es tal vez la clave de una parentalidad efectiva, que al menos nos salvó a nosotros.

Una estrategia concreta que aprendí en aquellos años, gracias a mis estudiantes y compañeros de trabajo fue establecer de manera escrita asignaciones específicas que me fueran funcionales en la organización de la casa, así también límites bien definidos, que se han transformado con la incorporación de la tecnología a la familia, como el uso del celular a la hora de la comida, que en su momento sustituyó a la televisión.

El hacer lista de asignaciones para mi hija mayor y dar seguimiento parece que estimuló a mi hija menor quien ahora tiene todo agendado y ordenado.

Muchas cosas no me funcionaron, porque lo que puede funcionar para uno, no funciona para otro, sin embargo, en la búsqueda encontré experiencias y maneras que me resultaron oportunas para mis otros hijos o para mí. Entre ellas hacer una lista para mí, en momentos de crisis, por situaciones que salían de mi capacidad de comprensión acudía a mi lista y notas tomadas en mi diario personal.

Además de tener un diario de experiencias espirituales con mis hijos, anotaba cosas que me proponía, entre ellas cómo quería que me recordaran o qué deseaba recordaran de su infancia.

A continuación, te dejo mi lista, la que fui modificando conforme mi hija crecía y luego, más específica, con la llegada de mis otros hijos.

Mi lista de: "Ser Mamá lista"

- Mi hija llegó a mi vida justo a tiempo, la acepto incondicionalmente como es.
- Arrullarla mientras pueda.
- Darle las buenas noches siempre con un Te amo.
- Leerle todas las noches antes de dormir.
- Cumplir lo que le prometa.
- No comparar a mi hija, ella es única, con cualidades a desarrollar.
- Estimularla para que continúe descubriendo el mundo, aprender de ella y con ella.
- Practicar y fomentar la lectura en casa, inundarla de libros infantiles y ampliar la biblioteca conforme crezca.
- Acercarla a la música clásica, facilitarle el aprendizaje de tocar un instrumento (piano).
- Dar siempre gracias y pedir las cosas por favor.
- Que me vea siempre buscando aprender y estudiar como una forma de mejora permanente.
- Trabajar duro por mis metas.
- Buscar cada día hacer cosas que me den felicidad.
- Evitar gritar para llamar a mi hija cuando se encuentra en otra habitación, solo en casos de emergencia, como un temblor o incendio.
- Esperar siempre lo mejor, para mí y para mi familia.
- Limitar el contacto con personas negativas, que critiquen a otros, intolerantes o poco compasivas.
- Procurar llevarla a pasear y jugar en áreas verdes, abierta y conviva con otros niños
- Cuidar su alimentación, evitar azucares y alimentos procesados.

Por su puesto mi lista no era perfecta, y al principio era más pequeña, poco a poco creció y cambió. En muchas cosas me equivoqué, pero aprendí. Algo que nunca cambiaría es haberle enseñado a decir ¡Te amo! A amar la buena comida y la música.

Mi pequeña aprendió a hablar muy pronto, así como a leer antes de ir a la escuela, antes de los dos años empezó su entusiasmo por las letras. En breve empezó la escuela y entonces todo se complicó.

Era una niña diferente, por supuestos nuestras expectativas al principio eran otras, aprendimos a aceptar sus decisiones y apoyarla siempre. Los hijos llegan a tiempo.

Algunas veces mi hija menor me recuerda: ¡cómo no vamos a cuestionar todo si nos leías a Mafalda!

Sugerencias

Tener presente, de manera escrita, tu lista de normas te permite anticiparte a eventos poco gratos, a aceptar las cosas y no sufrir de más. Ser padres es enfrentar desafíos a diario en la crianza de los hijos, si quieres tener todo en orden, hacer ejercicio, estudiar, cuidar a tu familia, servir en tu entorno y trabajar. Actualmente resulta, para algunos, factible, sin embargo, sigue representando un desafío.

Puedes hacer una lista de cosas que debes hacer para ser recordada como a ti te gustaría.

Cuando le pregunto a Sary sobre su infancia ella dice recordarla de una manera muy agradable, esa siempre fue mi meta.

Ahora te toca a ti.

- Elabora tu lista de lineamientos, que regirá tu vida de educador de aquí en adelante, para favorecer el desarrollo de tus hijos o tus alumnos. Toma conciencia de que tu lista puede modificarse según las circunstancias, es mejor tener por escrito tu mapa de acciones a no tener nada.

Recuerda: **Nadie puede ocupar tu lugar.**

Solía recordarme mi mamá: "Cuídate, que nadie puede ocupar tu lugar".

Tengo una gran mamá, que me enseñó a jugar con mis hijas cuando ella lo hacía con nosotras, a amar el estudio y el aprendizaje con su ejemplo, a amar el trabajo con su dedicación, su sencillez y amor me salvan siempre.

Tú decides que contiene tu lista. Puede ser una lista de reglas de ser mamá/papá o maestro/maestra o lo que prefieras.

Te doy algunas ideas.

Cosas que tengo que hacer para cambiar con respecto a mi percepción de mi misma.

Cosas que quiero que mi hijo aprenda de mí.

Cosas que voy a hacer para cambiar mi relación con mi hijo.

Cosas que hago mejor en la educación con relación a lo que mis padres hicieron conmigo.

Cosas que me enseñó mi padre/madre que quiero que mi hijo aprenda.

En fin, tú lista es personal y se ajustará a tus necesidades, recuerda que en lo que te enfocas siempre aumentará frente a tu vista. Tómate el tiempo necesario.

¡Lo vas a lograr!

Actividad

Mi lista (escribe tu nombre):
1.-
2.-
3.-
4.-
5.-
6.-
7.-
8.-

9.-

10.-

Poder contemplar la grandeza del niño a través de tú grandeza.

EL NIÑO REFLEJA LO QUE VIVE

Si el niño vive en un ambiente de críticas aprende a condenar.
Si el niño vive en un ambiente de hostilidad aprende a ser agresivo.
Si un niño vive en un ambiente de celos, aprende a sentir envidia.
Si un niño vive en un ambiente de apariencia, aprende a mentir.
Si el niño vive avergonzado aprende a humillar.
Si el niño vive en ridículo aprende a ser tímido.
Si el niño vive en un ambiente de tolerancia aprende a ser paciente.
Si el niño vive en un ambiente de generosidad, aprende a dar.
Si el niño vive en un ambiente de honradez, aprende a ser honrado y a conocer la verdad.
Si un niño vive con equidad, aprenderá a ser justo.
Si el niño vive en un ambiente de respeto, aprende a respetar.
Si un niño vive en un ambiente en donde lo elogian, aprende a apreciar.
Si el niño vive en un ambiente de confianza aprender tener fé.
Si un niño vive amado, aprende amarse y amar a los que lo rodean.
Si el niño vive en un ambiente de aceptación y de amistad aprende a encontrar amor en el mundo.

CAPÍTULO 6:
NEUROEDUCANDO

"Educad al niño y no será necesario castigar al hombre".

Pitágoras

Con apenas unos días de nacida y ya bien instaladas en casa empezó la emocióname tarea de conocernos mi bebé y yo. Ella tan pequeña, tan maravillosa, tan frágil inspirando fuerza y amor más grande que hasta entonces jamás había vivido.

Dormía poco en el día, pero bastante bien de noche, incluso a los 40 días ya no comía de noche, en ese tiempo tuve la mejor mentora que pude encontrar en esto de ser mamá.

Vivíamos en la pequeña casa de la propiedad de la familia Rodríguez quienes nos cobijaron. Elizabeth, la mamá, la mejor mamá que conozco, tomaba a mi pequeña bebé, la miraba con ternura y luego le cantaba o la llevaba al patio y le mostraba la higuera, le describía su color, su textura y lo importante que era; le mostraba los perros y los llamaba por su nombre, entonces la bebé parecía entenderlo todo. Elizabeth me enseñó que nada era más importante que invertir tiempo en mi bebé, platicar, jugar, cantar y leerle debían ser tareas cotidianas:

-Mira, a mí me gustaba llevar a mis hijos a diferentes lugares —Me dijo varias veces— te prometo que cuando vuelvas los trastes siguen ahí, el tiempo que pases con ellos es lo más importante.

Me contó de como ella había buscado la manera de educar a sus hijos. Ella siempre será mi inspiración en eso de acercar a los niños a la cultura y el arte, nunca es demasiado pronto.

La aventura que comenzó desde siendo un embrión continúa después de la concepción, a una velocidad sorprendente, el desarrollo de las neuronas que durante los primeros cuatro meses de gestación alcanzan hasta 200.000 millones se depuran casi la mitad en el siguiente mes, porque no logran conectarse con alguna zona del embrión, de esta manera se garantiza que sólo las neuronas que forman conexiones sean preservadas y evita que exista un exceso sin propósito, es un mecanismo genético.

Al nacimiento las neuronas son inmaduras. Los axones empiezan a mielinizarse y a generarse conexiones que no existían. La mayoría de las regiones de la corteza cerebral están inactivas, las activas son el tallo cerebral encargadas de las funciones corporales y el cerebelo encargado del movimiento.

Entonces empiezan a generase tantas conexiones en un bebé, incluso más de las que tenemos los adultos, conforme absorbe información de su entorno. Entre más enriquecido el ambiente, mayor la cantidad de interconexiones creadas, así que aprenden muy rápido.

Era sorprendente cómo mi pequeña bebé aprendía de manera asombrosa, todo parecía pasar muy rápido, un día estaba viendo sus manos y al otro ya se llevaba todo a la boca. Nunca tuvo necesidad de una andadera, tras gateo empezó a caminar alrededor del año, también empezó muy pronto a hablar.

Pero más importante aún, se creó un lazo muy especial entre ella y yo, al principio yo le platicaba, pronto se convirtió en dialogo. Hoy sigue siendo nuestro vínculo sagrado.

Yo procuraba enseñarle, buscando experiencias que la hicieran sonreír y descubrir, ella terminaba cuestionándome más sobre muchos otros aspectos.

Estaba consciente de lo que había implicado su nacimiento, no es difícil imaginar cómo estando en un lugar cálido, seguro, de pronto ya estás en el mundo sintiendo frio, para algunos autores esto es traumático para otros es el inicio de una relación especial, de un vínculo que incluso influirá en los procesos de aprendizaje escolares.

Esta primera etapa por supuesto queda bajo el cuidado de los padres, y ahí empieza la educación, lo reconocía Napoleón cuando señala que al niño hay que educarlo veinte años antes de su nacimiento. Si los padres no son cuidadosos perderán de vista la oportunidad de educar desde ese primer momento.

Sabía que los primeros años eran cruciales para mi bebé y que lo que hiciéramos repercutirían en su vida. Intenté generar vivencias agradables; conocerla para luego propiciar todo tipo de experiencias a mi alcance para su desarrollo; sabía que especialmente su primer año era solo para mí, por ello con cada uno de mis hijos me tomé el tiempo de vivirlo intensamente con ellos.

Entendí esto cuando leí a Goleman (1995), su obra Inteligencia emocional, cuando revisé a todos los pedagogos, ninguno habla de estancia infantil o guardería, todos coinciden en la importancia de los primeros cuidados por la madre, en tal situación hoy sabemos que las estas primeras relaciones son importantes para el desarrollo neuronal, la inteligencia emocional y la conducta.

Puesto que, cuando un niño en sus primeros años vive situaciones de estrés, la glucosa, que alimenta al cerebro, se utiliza para enfrentar esas situaciones cuando debería utilizarse para las funciones cognitivas tempranas.

"La exposición precoz al estrés o a la violencia hace asimismo que el cerebro se reorganice, incrementado los puntos receptores para los componentes químicos de alerta" (Kotulak, 1993).

Lo que nos hace pensar que es importante dejar de normalizar la violencia, considerando esta como cuando dejan llorar a los niños que para "que no se acostumbren a los brazos".

Atender sus necesidades básicas, mientras se conversa con los bebés, se les explica, se les lee y se les da cariño, incluso a través de masajitos.

Hoy se sabe que, por ejemplo, tras el nacimiento a veces los bebés no pueden dormir, ya por el evento traumático que representa y que algo que subsana ese proceso es poner al bebé en el pecho de la madre, a veces eso no es posible entonces para sanar esta relación masajear al bebé incluso antes de dormir es una forma de ayudarle a sentirse bienvenido en este mundo. Yo lo practiqué con mi tercer bebé y maravillosamente mi pequeño conciliaba el sueño pronto.

Entonces, si el bebé vive bajo estrés por abandono, violencia o descuido, el estrés aumenta la presión sanguínea y su reactividad, el pequeño se convertirá en impulsivo y agresivo.

Cuando mi bebé cumplió su primer año mi mamá nos dijo: ¡Ya se les logró!

Mi mamá me había acompañado en mi embarazo y en el parto. Fue mi apoyo siempre. Ella sabía lo que estaba por venir, además por todo lo que habíamos pasado.

Nuestras bases emocionales se establecen en el primer año, los niños aprenden de sus padres, necesitan de ellos, interactuar con ellos de manera estrecha y conectada, fundamentalmente durante el primer año, así muestra inteligencia emocional se adquiere, de ahí que el niño se convierta en alguien agradable o antipática, ansioso, triste, avergonzado, seguro, confiado... los primeros dos años son cruciales en el desarrollo del niño pero este primer año establece las bases que "pueden cambiar totalmente el modo de comportarse de una persona" (Kotulak, 1996, p.46).

No hay sustento pedagógico y ahora neurobiológico para que los bebés pasen tiempo en la guardería, si los padres comprendieran esta relación con el desarrollo del cerebro tal vez la historia sería diferente.

Cuando mi segunda bebé tenía poco más de un año mis amigos y conocidos hablaban sobre la estimulación temprana y la educación inicial, lo maravilloso que era que sus hijos estuvieran en la guardería, en realidad yo no veía esa diferencia. Como una mamá responsable me di a la tarea de investigar para lo cual cubrí un interinato en la mejor estancia infantil para maestros de mi zona, lo que ahí vi no me ayudó en nada para aceptar sus ideas

¿Puedes imaginar lo que significa atender y controlar a 10 bebés que lloran cuando los deja su mamá o cuando deben dormir o cuando es hora de comer o en cada actividad o al prepararlos para despedirse? Si atender a un bebé es complicado más de tres resultaba exhaustivo. En más de una ocasión escuché a mis compañeras decir: "De que lloren en tu casa a que lloren en la mía..." mientras intentaban cambiar o sentarlos a comer. Era desconcertante su actitud para mí, intenté explicarles lo importante de la comunicación, el cuidado y el afecto, lo que resultó en vano, porque la tarea es abrumadora, tanto para el cuidador como para los bebés.

Así que mi punto de vista sobre dejar a mí bebé fuera de casa nunca fue una posibilidad, pude ver el estrés a los que son sometidos desde muy tempranas edades.

Cuando hago alusión a tener a los bebés en casa bajo el cuidado de los padres me refiero a atenderlos, hay quien dice: déjalo que llore que lo vas acostumbrar a los brazos.

¿Qué hay de malo en que mi bebé se acostumbre a mis brazos, a mi olor, a mi voz, a mi amor?

Y es que, ahora cada vez se normaliza más el consolar a los niños con dispositivos móviles, desde muy pequeños pasan tiempo frente a pantallas, su atención enfocada en imágenes coloridas y con movimiento, mientras ellos permanecen estáticos.

Con el último miembro de la familia la pediatra dijo que no gatearía, que hay bebés así. ¡Claro que lo hará! Pensé —de eso me encargo— eso implica tiempo y dedicación, pero ¿Qué puede ser más importante para una madre que el desarrollo neuronal de su bebé? ¡Claro que gateó! Y todos los procesos cognitivos que eso conlleva fueron regulados.

NEUROCIENCIA

¿Sabías que...

Las grandes personalidades de la tecnología como Steve Jobs creador del primer ordenador de Apple, Bill Gates cofundador de Microsoft o Sergey Brian de Google no permitieron a sus hijos el uso de sus productos o de la tecnología en sus primeros años?

El uso de dispositivos móviles cada vez es más desbordante, hoy se dice que los niños ya no nacen con una torta bajo el brazo, sino con un dispositivo móvil, pues son las nuevas niñeras. Incluso el tiempo en el que la mamá amamanta a su bebé ya no lo mira, acaricia o habla con él, su atención está puesta en su celular.

La razón por la que las personalidades de empresas tecnológicas restrinjan su uso a sus hijos es porque limitan su creatividad y evitar los abusos, los que ahora vemos como comunes en la sociedad occidental.

El autor de la biografía de Steve Jobs, Walter Isaacson, explica que la atención principal de Jobs con sus hijos se centraba en la lectura, historia, actividades que no giraran en torno a la tecnología.

Para los hijos de Bill Gates el uso del teléfono era bastante controlado, nunca a la hora de comer o llevarlo a la cama antes de dormir. Que era la recomendación de la American Academy of Pedatrics: no pantallas antes de los dos años y después máximo 1-2 horas al día, nunca a la hora de la comida o a la hora de dormir.

Tras el nacimiento las neuronas no están maduras, esto les tomará bastantes años, sin embargo, el cerebro tiene una capacidad increíble para adaptarse al medio donde se encuentre desde el día del nacimiento. El cerebro descarta las células innecesarias y las conexiones que no son utilizadas. Si el niño pasa tiempo en los dispositivos electrónicos no se mueve, no se activa por lo que no activa conexiones neuronales.

Entonces, medita un poco ¿A qué estamos adaptando los cerebros de nuestros pequeños?

No olvidemos que lo heredado corresponde a la genética, pero el medio ambiente modifica las conexiones neuronales, en esa parte incidimos los educadores, primero los padres y luego nos sumamos los maestros para remar juntos en esta labor titánica y prometedora.

Dentro de las actividades que debemos promover que incidirán en el desarrollo académico es el "gateo", sin embargo, hoy los bebés pasan más tiempo en los dispositivos móviles que ejercitándose, por eso observamos poca disposición para el aprendizaje, a través del descubrimiento; el desarrollo motor permite acceder al éxito escolar, por lo que las horas que los bebés y niños pasan sin moverse deberían compensarse puesto que esto incidirá en la lectura, la escritura y la capacidad de atención.

Durante el primer año también se desarrolla la visión, especialmente durante los primeros seis meses, varias áreas visuales del cerebro que involucran el color, movimiento, tono y profundidad deben ser estimuladas, a través de la manipulación de objetos que ponen en contacto al bebé con la forma, peso y movimiento, los padres pueden modelar con varios objetos y a través del juego el desarrollo de la visión, como hablar con los bebés mientras, usar frases cortas mientras se señalan los objetos, evitar los dispositivos electrónicos es fundamental puesto que no permiten la interacción, el desarrollo de la visión tridimensional, generan estrés visual con el bombardeo de imágenes bidimensionales, de movimientos rápidos y muchas veces hasta violentos, lo que termina por afectar el aprendizaje, restan tiempo para desarrollar capacidades motoras, lingüísticas y sociales.

En la parte inferior trasera del cerebro, bajo el occipital encontramos el cerebelo, en los bebés trabaja con más intensidad debido a que la corteza cerebral aún no termina de desarrollarse, esta parte se encarga de permitirle al bebé hacer cálculos sencillos y comprender principios sencillos de física antes del año. Así que cuando los padres estimulan esté órgano le están permitiendo circuitos neuronales para las matemáticas y la lógica que más adelante formará parte de su conocimiento.

Otra área muy importante que se puede estimular en el primer año es el oído, los padres pueden estimularlo al hablar con el bebé, escuchar música, marcar el ritmo. Además, podemos relacionarlo con el desarrollo del lenguaje.

Hay quien señala que los problemas de lenguaje tienen origen en el estrés que la madre sufre durante el embarazo, y que la consecuencia puede ser la dislexia y el tartamudeo. Sin embargo, cuando los padres hablan con frecuencia utilizando el lenguaje adulto los bebés desarrollan mejor las destrezas del lenguaje, otra manera de no afectar el proceso es evitando adivinar lo que el niño quiere, evitando estimularlo para hablar.

Además, se pueden incentivar la lectura, iniciándolo desde muy temprano, los bebés escuchan, aunque no puedan hablar, ni conozcan todas las palabras, leerles permitirá que aprendan a ver, señalar, decir palabras, agregar nuevas a su vocabulario. Se dice que la norma es que a los dos años ya domina hasta cincuenta palabras. Aunque sabemos que hay un grupo considerable que aprende más tarde sin que esto represente retraso en su desarrollo.

Otro factor en el que los padres inciden en el neurodesarrollo de su bebé es en la alimentación, aunque merece un tema aparte, es conveniente recordar que, aunque no hay mucha investigación al respecto sabemos que al cambiar la alimentación si cambia el estado y disposición del niño para el aprendizaje.

Básicamente tres son los alimentos que al abandonarlos nuestros niños rinden académicamente más y mejor, se ha observado que niños con déficit de atención, autismo, asperger y TDAH, su respuesta conductual mejora a través de evitar consumir gluten, lácteos y azúcar, a esa lista podemos agregar a los alimentos procesados.

Modificar nuestro estilo paternal para promover el neurodesarrollo puede ser la garantía de un buen rendimiento académico. Puesto que es en sus primeros años que se establece la base donde se sustentará el aprendizaje académico. Buscar enriquecer el entorno para que pueda sentir amada, protegido y con la posibilidad de experimentar con su cuerpo a través del movimiento y de las sensaciones.

Sugerencias

A continuación, te presento la lista de Jensen (2010, p.47) donde sugiere actividades que pueden hacer los padres con sus bebés según la edad y las áreas de: emoción, motora, visión, audición, pensamiento, música y nutrición.

De 0 a 18 meses

Emoción: Porporcinar cuidados amorosos, respuesa sana al estrés, risa, sonrisa; vincualción con su hijo, evitar las amenazas.

Motora: Fomentar el gateo, sentarse, señalar; promover el uso de pelotas, sonajeros, diversidad de jugetes; porporcionar móviles; manera, tocar y mecer al bebé con frecuencia.

Visión: Utilizar varios objetos, diversidad de movimientos, identificación de colores, revisiones oculares periódicas; evitar televisión o cualquier dispositivo electrónicos.

Audición: Proporcionar frases cortas y volumen alto de entrada coherente; repetir sonidos; utilizar melodías; controlar las infecciones de oído.

Pensamiento: Tener mucha curiosidad sobre el mundo de su hijo, hacer cálculos sencillos, demostrar la causa y el efecto.

Música: Cantar nanas; dar al bebe sonajeros; repetir ritmos; ofrecer canciones y melodías infantiles.

Nutrición: La leche materna sigue siendo la mejor, eitar el exceso de zumos, aseugrar nutrientes sufiecientes; provisión de grasas moderadas.

De los 18 a los 60 meses

Emoción: Presntar modelos de causa y efecto, empatía; proporcionar un hogar alegre; fijar normas claras; evitar gritar.

Motora: Fomentar los juegos (como el escondite). Tejer, dibujar, caminar, correr, actividades de equilibrio; dar a su hijo la libertad para explorar (con seguridad); jugar y alentar a tocar instrumentos.

Visión:Jueos de atención y actividades de coordinación ojo-mano; enseñar cómo centrar la atención; proporcionar tiempo para activiades al aire libre; evitar la televisión y dispositivos elelectrónicos; establecer exámenes oculares.

Audición: Proporcionar frases más largas; vocabulario más amplio; diversidad de contestos; establecer revisiones periódicas del oído.

Pensamiento: Utilizar demostraciones, hacer muchas preguntas; enseñar matemáticasssencillas y los principios de movimiento y del volumen.

Música: Cantar; tocar instrumentos, escuchar música armónica y estructurada; proporcionar diversidad en los tipos de música.

Nutrición: Introducir una amplia variedad de alimentos; comenzar a tomar comidas con mucha fibra y verduras; tomar vitaminas.

Actividad

Planifica

Una capacidad propiamente de la mente humana es la capacidad de organizar actividades, planificar para el futuro próximo y luego realizar lo que imaginó.

Te toca planificar las actividades que realizarás con tu hijo, considera horarios, materiales que puedes necesitar, no te abrumes, planifica tiempos cortos para la convivencia.

A Sary le encantan los juegos de mesa, así que mientras escribo este libro ella prepara el próximo encuentro, me mantiene activa por ello consideramos el juego con frecuencia.

A Mit le gusta mucho hablar de literatura, movimeintos sociales, así que solo es cuestion de charlar, prestarle atención y compartir puntos de vista.

A Betito le encanta la música, disfrutamos escuchado sus descubrimientos e invenciones.

¿Tú que vas a hacer para pasar tiempo con tu pequeño?

Escribe horario y actividad

Hora

Actividad

¿Qué materiales puedes necesitar?

A los niños de eduación básica les encanta correr, así que también es una oportunidad invocurarnos en sus juegos, fortalece la relación maestro-alumno y permite un entorno favorecedor para el aprendizaje.

Gabriela Celaya

Educar es lo mismo
que poner un motor a una barca...
Hay que medir, pensar, equilibrar...
y poner todo en marcha.
Pero para eso,
uno tiene que llevar en el alma
un poco de marino...
un poco de pirata...
un poco de poeta...
y un kilo y medio de paciencia concentrada.
Pero es consolador soñar,
mientras uno trabaja,
que ese barco, ese niño,
irá muy lejos por el agua.
Soñar que ese navío
llevará nuestra carga de palabras
hacia puertos distantes, hacia islas lejanas.
Soñar que, cuando un día
esté durmiendo nuestra propia barca,
en barcos nuevos seguirá

CAPÍTULO 7:
NEURO-PEDAGOGÍA

"El cerebro es el único ejemplo en el que la evolución ha proporcionado a una especie un órgano que no sabe cómo utilizarlo; un órgano de lujo para el que pasarán miles de años hasta que su dueño llegue a usarlo adecuadamente, si es que lo aprende alguna vez."

Arthur Koestier

Tan pronto como Sary ingresó a la escuela, al kínder, la remitieron a evaluación, y el diagnóstico nos señaló que poseía —en términos generales— un coeficiente intelectual superior a su edad —de una niña de 7 años, cuando ella apenas había cumplido los 3 años— la razón por la que la habían remitido era que no sabían que hacer con ella, pues todo lo cuestionaba.

Llegado a este punto coincidiremos en que todo educador debemos interesarnos en los procesos naturales del aprendizaje a fin de promover que este se convierta en un mecanismo autónomo, así que es casi una obligación entender cómo funciona nuestro cerebro e interesarnos en el de los educandos, puesto que desde ahí planificamos, gestionamos, evaluamos, replanteamos y coordinamos la tarea educativa.

Por ello muchos estamos interesados en promover prácticas sustentadas en la pedagogía, entendida como "la ciencia que estudia el ente de la educación sus normas, sus aplicaciones, de manera grupal e individual y la evolución que va sufriendo esta, según nos lo expresaba con frecuencia mi maestro Germán Ignacio Salgado durante mi especialización en la pedagogía".

Con las aportaciones de otras ciencias como la psicología y ahora la neurociencia, confluyendo en conjunto en la **neuroeducación**, a fin de encontrar un nuevo enfoque, o refrescar los ya sustentados y olvidados o poco usados por distintos motivos que van desde la ignorancia de los mismos o la poca practicidad frente a grupos numerosos, así como el tratamiento de contenidos poco adecuados a la realidad de nuestros niños o educandos, entre otros muchos factores que nos han hecho difícil la tarea de educar.

Si la pedagogía tradicional se ocupaba del cómo trasmitir los conocimientos, normas y valores, donde los contenidos ocupaban el lugar principal, la actividad primordial se centraba en enseñar.

La pedagogía moderna se ocupa de aprender a aprender, poniendo especial énfasis en el método ubicando al educando en el centro.

Entonces la neuropedagogía, además de considerar el carácter teleológico (deber ser), mesológico (hacer), ontológico (ser), propios de la pedagogía, donde la sistematización de la educación, los métodos activos, la dinámica de grupos, etc. son el sustento articulador de la práctica educativa, al sumarse la ciencia del cerebro se demanda genere una propuesta que añada el conocimiento de procesos fisiológicos aplicados al campo de la educación considerando los campos de conocimiento de la pedagogía antes mencionados, por lo tanto, debe ser un ofrecimiento un poco más completo para asegurar procesos de enseñanza y aprendizajes efectivos.

Desde una postura crítica debemos reconocer que el prefijo neuro ha dado origen a una nueva terminología, que nos atrae y a veces nos engaña, como señala Imbernon (2018):

Cuando una ciencia avanza tenemos que estar atentos a las modas pasajeras, a las injerencias propagandistas y a los aprovechados que utilizan las palabras sin contenido para obtener, mediante estrategias de seducción, beneficios privados. Y esto puede pasar con la neuroeducación. Y la educación y la formación es siempre un mercado muy goloso y las modas llaman mucho la atención.

En el interés por aprender, por actualizarnos, por estar mejor preparados a veces caemos en ese tipo de estrategias, me ha sucedido. Sin embargo, también reconozco que no podemos quedarnos sin aproximarnos, sin buscar, sin preguntar y generar otras propuestas donde no se han utilizado, pues innovar no se trata de inventar o redescubrir, sino de adaptar lo descubierto a contextos donde no se ha considerado. Aunque, aún hay mucho que descubrir en materia neuronal, empero, podemos aprovechar lo que hoy sabemos para modificar o perfeccionar nuestras prácticas. Comparto la visión crítica de Imbernon:

No niego que los descubrimientos y aportaciones científicas de la neurociencia pueden tener implicaciones para la teoría y la práctica educativa. Estas aportaciones nos pueden ofrecer explicaciones nuevas que permitan profundizar en el conocimiento sobre las condiciones bajo las cuales el aprendizaje puede ser más efectivo. Esto permitiría fundamentar el diseño de estrategias educativas, no convencionales, dirigidas a atender las diferentes dimensiones educativas y el desarrollo de la personalidad. También confirmaría muchas prácticas pedagógicas que se han ido realizando en aplicación de la investigación pedagógica y, como toda disciplina que trabaja con seres humanos, mediante la observación y la experiencia.

Revisemos, entonces, en términos generales las aportaciones pedagógicas antes de la neurociencia. A manera de contextualizar nuestra reflexión nos conviene recordar que a la pedagogía la podemos analizar en tres niveles:

En el **primer nivel** contamos con el aspecto **teórico formal**, su validez se centra en su principal razón, la formación humana. En este nivel encontramos al "**sujeto**" de estudio: los seres humanos, donde nos podemos preguntar incluso ¿cómo aprendemos? ¿Para qué aprendemos? ¿Qué necesitamos saber? Su "**objeto**" de estudio es la **educación.**

En este nivel ubicamos a la pedagogía como una ciencia y técnica de la orientación de las personas en la vida, para que sepamos y logremos vivir bien, por ello decimos que su acción para la formación del individuo es la educación, convirtiéndose no sólo en una ciencia descriptiva o interpretativa de nuestra realidad, sino que cumple la función de promover la reflexión crítica, a fin de proyectar la visión de hombre en un mundo cambiante, para dar sentido a las prácticas sociales sin perder de vista las aspiraciones de humanización mientras el entorno se transforma rápidamente, sin perder el sentido de ofrecer un fundamento que nos permita reflexionar constantemente nuestras prácticas y den cuenta de la razón de ser de la pedagogía, de lo que hacemos para educar.

En el **segundo nivel** compuesto por los modelos que representan las teorías pedagógicas y que se le denomina **didáctica**, es donde se vierte la acción de educar, por ello considerada el arte de enseñar y esencialmente aprender, para aprender a pensar, por ello el profesional de educación está interesado en promover el uso y desarrollo de la inteligencia, no busca seguidores, 'alumnos' le llaman, sino busca generar estudiantes tendientes a la verdad, construida con base en la razón y el espíritu científico que caracteriza a los niños, ellos preguntan, buscan, prueban, y a veces elaboran las mejores hipótesis, están en constante aprendizaje y no dependen de un maestro en particular sino ven en toda oportunidad la posibilidad de seguir estudiando.

En la era de la información, donde el conocimiento puede estar al alcance de todos, más que nunca necesitamos de esta reflexión antropológico filosófica, en concordancia con el ejercicio de reflexión y acción que nos lleve a la proyección de hombre que se está formando, potenciar capacidades y superar limitaciones, ayudar al logro de la adaptación a los nuevos entornos digitales sin renunciar a sus atributos específicos que nos hacen únicos e irrepetibles, nos convierten en seres humanos.

Desde el momento en que nos enteramos que nacerá por medio de nosotros un nuevo ser, sabemos que posee ya toda la naturaleza humana, entonces la concebimos como una unidad compuesta por dos realidades, espíritu y cuerpo, el propósito de esta existencia es poner en práctica nuestras potencialidades: inteligencia y voluntad para llegar a una libertad (responsable); sin embargo, el desarrollo del potencial, la búsqueda intrínseca del perfeccionamiento requiere de apoyo, esa es la mira de la educación. Por ello al comprometernos al dar vida y/o involucrarnos en el campo profesional de la educación debemos siempre considerar que es más que un trabajo, es la posibilidad de tocar almas, empezando por la nuestra.

Con los procesos de enseñanza se busca en primera instancia que el niño reconozca su capacidad, la trascendencia de sus operaciones mentales, con base en sus potencialidades orgánicas y espirituales, inteligencia y voluntad en función de la conciencia de sí, que descubra quién es y cuál es su misión en su paso por esta vida. Nos referimos entonces a la perspectiva ontológica.

Dentro de los campos de conocimiento de la pedagogía encontramos los de tipo teleológico, que nos refieren en cuanto al deber ser desde la filosofía, la antropología filosófica, la ética y la epistemología; los de tipo mesológico, que nos aluden al hacer, en este caso nos estamos refiriendo a la didáctica, nos pone en claro los medios que utiliza el proceso educativo; por otra parte están los de tipo ontológico, referentes al ser, desde la metafísica, historia, psicología, sociología y axiología, puesto que nos hacen referencia a la realidad donde se llevan a cabo los procesos educativos.

Todos los campos convergen en la didáctica o ella se enriquece del resto, puesto que no puede evadirlos al llevar a cabo la acción educativa, también recibe aportaciones de otras ciencias, en este caso propiamente de la neurofisiología y neurociencia en general. Entendida así, nos ofrece la posibilidad de lograr concordar el proceso de enseñanza con el de aprendizaje.

Entonces, involucrarnos en el acto educativo implica asumir una postura crítico reflexiva, donde la significatividad del hacer, la didáctica, aspire al logro de aprendizajes significativos, entendido como desarrollar la capacidad y experiencia para incorporarse al mercado laborar y a la vida misma, desarrollar lo que conocemos como competencias: conocer, ser y hacer en la convivencia social en un entono de respeto incluso por los recursos naturales y por supuesto humanos. En un marco donde el niño despierta y desarrolla su facultad natural para aprender permanentemente y se va convirtiendo en el responsable de su compromiso consigo mismo y con los otros. Y el docente propicia las estrategias en una relación didáctica.

Así la pedagogía, como reflexión y técnica de la educación, realiza su acción educativa por medio de la didáctica, en su segundo nivel se encarga de articular modelos y conceptos que representan la didáctica, veamos como la neurociencia aporta a esta tarea.

¿Qué es la neurociencia? Origen

Cuando por fin presenté mi examen a título y la mención honorífica estuvo en juego, según me explicaron mis sinodales más tarde, el debate entre ellos fue el alto contenido psicológico y administrativo para un tema pedagógico, el argumento que me defendió había sido que la pedagogía se construye de diferentes ciencias, sin embargo, una invitación al final del proceso llegó de no de los sinodales al estrechar mi mano:

-Si te vas por la psicología te vamos a perder, ve por las neurociencias.

A partir de ese día mi intención ha sido especializarme en un campo tan inmenso, no obstante, tan esencial en el área pedagógica según lo puedo apreciar por mi experiencia y desarrollo profesional.

Desde la pedagogía es obligado hacer una revisión histórica, aunque breve por la naturaleza de este texto, puesto que el ejercicio permite encontrar valiosas enseñanzas. Por una lado se pretende establecer un punto de partida al hacer este recorrido histórico, por otra parte, permite que al encontrarlas en otras fuentes donde se presentan como nuevas e incluso que sean vendidas como las ideas del siglo o peor aún, que sean tomados a título personal y desconocer, negando el crédito, de los investigadores que nos han precedido, inflando el ego de impostores, producto de la posmodernidad.

Por ejemplo, algunas investigaciones en materia neurocientífica han evolucionado, sin embargo, siguen en vigencia planteamientos obsoletos por esa falta de revisión. El que ignora el paso histórico lo hace a su propio riesgo y en mi desempeño docente suelo señalar a los estudiantes que ser indocto en historia nos trae consecuencias severas que heredamos a los menores, eso con el paso del tiempo se nos revierte en ignorancia y violencia.

Algo que caracteriza a nuestra sociedad es su consumo del amarillismo, promotora de mensajes faltos de fundamento a través de las redes sociales, la excesiva preferencia por consultar solo internet han generado esta falta de perspectiva histórica, negando un pasado como memoria determinante de los que hoy podemos alcanzar a desarrollar en materia científica para el beneficio de la comunidad, suscitando la ignorancia, la distorsión de la ciencia o promoviendo un punto de vista sesgado de la misma, con ello pasando por alto las aportaciones que en sus momento determinaron el giro o rumbo del desarrollo de investigaciones.

En materia de educación es un deber inevitable hacer este ejercicio para comprender la importancia y dar sustento a las aportaciones que abordaremos más adelante, de esta manera buscar invertir esa tendencia a la ignorancia y analfabetismo histórico, es indispensable asumir el reto de conocer el pasado para transformar nuestro presente y futuro, ofrecer otras oportunidades a los que nos suceden.

Suelo pedir a mis estudiantes, antes de iniciar un tema en clase, que se planteen preguntas para hacer interesante el descubrimiento, que cuestionen a fin de no perder la capacidad de asombro y abrir la puerta al aprendizaje, por ello te pido que realices el siguiente ejercicio:

Actividad

Anota tres preguntas en torno al desarrollo de la neurociencia

1.-

2.-

3.-

Espero que al descubrir los aspectos históricos encuentres la misma pasión que caracterizaron a sus investigadores, con ello generar ideas, opciones y respuestas para tu vida cotidiana, comprendas que existe un mundo de posibilidades para la solución de cada uno de los desafíos que enfrentamos.

Mi pregunta por supuesto es ¿Cuál es la relación del centro orgánico de las funciones mentales con el aprendizaje?

Por el momento es demasiado prematuro responderla, no obstante, podemos partir desde las primeras inquietudes que la ciencia ha abordado: ¿Cuál es la relación mente-cerebro? ¿Dónde se ubica el alma o espíritu? ¿Cuál es la relación del cerebro con las conductas? ¿Cómo se relaciona el sistema nervioso con el cerebro?

De las primeras preguntas se encargan la metafísica y la psicología; dada mi formación y la naturaleza de esta propuesta abordaremos las últimas desde la fisiología.

Ya desde Platón (c. 429-348 a.C.) esbozaba la importancia de las facultades mentales y conductuales, evidenciable en su diálogo Timaeus

(Timeo) aborda las facultades mentales y conductuales, lo que llamó alma, planteado en categorías asociadas con el sistema nervioso central, la parte divina la colocó en la cabeza, encargado del intelecto, la razón, sensación, y movimientos voluntarios.

Por otra parte, el mismo Platón perfeccionaba el método de enseñanza de Sócrates, la mayéutica, el cual partía de una pregunta que planteaba a su interlocutor para luego diluirla en varias preguntas consecutivas que permitían el análisis del tema en cuestión hasta llegar a su definición. De ahí que para mí sea tan importante la pregunta detonadora del conocimiento, o pregunta generadora del aprendizaje, una práctica didáctica (parte de la pedagogía) que permite acercar al educando con el conocimiento.

Más tarde, desde la mayéutica, Platón define su método conocido como dialéctica, se caracteriza porque se centra en el plano de las ideas, no se refiere a lo tangible como las matemáticas o la geometría, sino a la capacidad de conocer a través de la razón. Con ello se hace énfasis en la episteme, teoría del conocimiento, que nos aventuramos en resumir con la pregunta: ¿cómo conocemos? Lo que da cabida con el devenir del tiempo al desarrollo más específico de la filosofía y con ello de la ciencia misma. Una pregunta que, por cierto, orienta a la pedagogía hasta el día de hoy y donde encuentra su convergencia en la neurociencia.

El alumno de Platón, Aristóteles (384-322 a.C.), consideraba al cerebro como una flema que a veces se salía por la nariz, una materia que servía como de radiador para enfriar la sangre. Se le atribuye la creencia cardio-céntrica, es decir que consideraba al corazón como el encargado de las funciones mentales. Empero, para Aristóteles se adquiere conocimiento por la experiencia y los sentidos, lo que da cuenta de su teoría de conocimiento cuyo nombre por la que se reconoce es 'La experiencia sensible', un elemento a considerar en los procesos de enseñanza, desde la psicología, que permite acceder al conocimiento desde cualquier contexto.

Mención aparte merece, el padre de la medicina, Hipócrates (460-337 a.C aprox.) a quien se le atribuyen la frase: "Los hombres deberían saber que del cerebro y nada más que del cerebro vienen las alegrías, el dolor, el abatimiento y las lamentaciones" en su obra "Corpus Hippocratecum" según lo cita el Alto curso de Neurofisiología del Consejo Mexicano de Neurociencias (2019) reconocía las implicaciones de una lesión cerebral, vinculando heridas en un lado de la cabeza con parálisis de la mitad opuesta del cuerpo. Además, reconoce la importancia de la alimentación, así como de otras actividades en bien de la salud y que hoy día la neurociencia comprueba y le dan la razón.

También en el campo de la medicina, siglos después (130-200 d.C. aprox.) Galeno, griego, médico de la corte de cuatro emperadores sucesivos, realiza sus investigaciones con animales ya que en roma prohibía la ley que se hiciera en humanos, consolidando la tesis "encéfalo-céntrica" como base de las funciones cognitivas, que influyó hasta el renacimiento.

Puesto que, en la Edad Media, hay una etapa de escaso desarrollo del descubrimiento científico, todo estaba en manos de la iglesia católica que había adoptado la idea de que existía un ventrículo frontal delantero donde se alojaría el alma de las personas.

Todas estas ideas de alguna manera debían avanzar, pero no se puede dar grandes saltos sin tomar en cuenta el precedente, así que surge el renacimiento y con ello, la mirada se vuelve a la naturaleza, a la necesidad de encontrar conocimientos, es una etapa entre la edad media y la moderna, que se distingue por la difusión de las ideas del humanismo, se pretende dar nuevamente importancia a la cultura clásica rescatando los valores griegos y romanos.

Aunque incide preponderantemente en el arte, con personajes como Shakespeare, Miguel Ángel, Da Vinci, Miguel de Cervantes, Rafael y otros, también se ve reflejado en otras áreas como la política, filosofía y ciencias. Así, pasamos del teocentrismo al antropocentrismo, una de las aportaciones principales y que abre la puerta a otros campos de conocimiento es la de Copérnico quien postula que la tierra no es el centro del universo con su manuscrito sobre "Las revoluciones orbitales de los astros", con su propuesta heliocéntrica, donde demostraba que era el sol era el centro del sistema solar y no la tierra como se había supuesto, abre la puerta a diferentes campos de conocimiento.

En la pedagogía, por ejemplo, es Comenio quien atento a las aportaciones científicas, consigue dicho manuscrito con el dinero que había dispuesto para volver a su casa tras sus estudios en la universidad, hizo su viaje a pie mientras desarrollaba su propia propuesta educativa, colocó al alumno en el centro del sistema escolar y desarrolló la didáctica que daba al pedagogo el carácter formal de científico de la educación.

Así el heliocentrismo en astronomía abre la puerta al paidocentrismo en pedagogía y a la naciente Anatomía humana, para la neurociencia con el estudio de Andreas Vesalius (1514-1564) en un giro Copérnico demuestra con reverencia que el legado de Galeno tenía errores y da paso a la implementación de la metodología científica experimental. Le da continuidad Thomas Willis (1621-1675) a quien se le considera el padre de la neurociencia pues utilizó por primera vez la palabra "neurología", además propuso que las funciones cognitivas estaban relacionadas con las circunvoluciones del cerebro, así como aborda problemáticas neuropsiquiátricas y problemas nerviosos.

Muchos más personajes importantes se suman a los descubrimientos y avances en la ciencia en materia neurocientífica, mención especial merece Santiago Ramón y Cajal (1852-1934) con su teoría neuronal, la cual sostiene que las neuronas son unidades básicas, además mostró que el sistema motor produce comportamiento, es decir, al observar a nuestros hijos o educandos o cualquier *persona o animal, estamos observando los efectos del sistema motor vía los nervios motores sobre el sistema músculo-esquelético"* como sostiene el curso en línea de Neurofisiología del Consejo Mexicano de Neurociencias (2019).

A partir del Médico Ramón y Cajal se definió pronto la morfología del cerebro que para finales del siglo XX ya era conocida, aunque con mucho por descubrir y que hoy cobra nuestra atención.

Así pues, observamos que el estudio del cerebro y en general del sistema nervioso llega tarde en la historia del desenvolvimiento de las ciencias, sin embargo, una vez puesta la atención de la comunidad científica en ello los avances han sido extraordinarios, primero porque explica las conductas, luego porque hay una atención a los casos clínicos que apremian solución, para más tarde utilizar el material en función del aprendizaje y con ello la educación.

De tal suerte que desde Ramón y Cajal tiñendo las células y gracias a su espíritu artístico pudo trasmitir sus descubrimientos para dar paso al estudio del cerebro a partir de la degeneración que se realiza al cortar los tractos nerviosos y la conocida Walleriana, para después identificar las zonas activas cerebrales por medio de la imagenología y ahora se identifican *in vivo* coloreando la zona y a través de técnicas con microscópicas avanzadas. Por ello hoy, y desde finales del siglo XX, se conoce la arquitectura cerebral y se siguen haciendo importantes descubrimientos que permiten entender la individualidad de nuestro órgano principal del aprendizaje.

Revisar la biografía de cada uno de los personajes resulta muy interesante e incluso nos permite evidenciar su propios procesos cerebrales, pues en general sus descubrimientos y aportes están inmersos en situaciones desafiantes o un tanto complejas, nos permite comprender que una vez que se le dio la importancia al estudio del cerebro el desarrollo de su estudio ha avanzado enormemente, por un lado porque la misma ciencia lo hace posible y por otro lado porque los hombres le hemos puesto la atención que amerita, tanto que ahora existen productos comerciales con el prefijo "neuro" para promover la importancia de lo que se espera o desea vender, así la neurociencia cobra espacios que van más allá de nuestra atención.

Actividad

Busca la biografía de Santiago Ramón y Cajal, puedes encontrar fácilmente información en internet, o bien, busca información de algún otro autor mencionado en esta parte introductoria, o de algún personaje de la historia de la neurociencia e intenta descubrir cuáles fueron los desafíos que enfrentaron para llegar hasta sus postulados. Notarás que todos enfrentaron situaciones complicadas y que pese a todo abrazaron su pasión y aportaron al campo de la ciencia neuronal. Responde ¿cuál es el desafío que enfrento el autor en cuestión?

Personaje:

Situación que resolvió y lo llevó a ocupar un lugar en la historia:

NEUROEDUCACIÓN Y NEUROPEDAGOGÍA

Ahora hagamos un ejercicio de reflexión para establecer las acciones de la neuroeducación y la neuropedagogía, a fin de verificar nuestro recorrido para llegar al conocimiento esperado, no sin antes hacer una revisión general de la interdisciplinariedad que conforma a este nuevo enfoque educativo.

PSICOPEDAGOGÍA

Antes de la neurociencia ya la psicología nos había aportado a la pedagogía la teoría educativa, explicándonos las funciones de orden superior del cerebro, el proceso de desarrollo del infante a través de la psicología infantil, se hizo latente desde la psicología de la educación como disciplina pluriparadigmática, esto es que nos permitió sustentar nuestra practica pedagógica desde diferentes puntos de vista científicos, con fundamentos epistemológicos y criterios metodológicos, que se sustentan en el producto de trabajo esmerado de la comunidad científica abiertos a continuos debates y aproximaciones para su construcción.

Lo que nos da la idea de aceptar nuevas propuestas que dan certeza a las ya existentes para aplicarse en determinados contextos educativos, según las características de contenidos a enseñar, que van desde el conductismo, el humanismo, el cognitivo como procesamiento de la información, el constructivismo piagetiano, el paradigma socio-cultural de Vigotsky.

Conocer los paradigmas nos permiten acercarnos a la naturaleza de su discurso teórico-práctico, su planteamiento epistemológico o metodología con alcances y limitantes, sin embargo, si algo pretendo rescatar de todo ello, es que la comunidad científica reconoce que la interacción de estos se va refinando así como sus aplicaciones se van depurando o incluso se desarrollan nuevas y complejas relaciones, por ello es muy importante conocerlas porque de lo contrario se puede generar malas interpretaciones, adaptaciones inadecuadas, con buena intención pero con el riesgo de caer en eclecticismo con valor limitado.

Lo que observamos en la práctica de la tarea educativa, por un lado desde casa donde no se tiene idea de estos paradigmas, o en la escuela donde en la formación docente es imposible dominados pese a ejercicios de prácticas, puesto que no pueden replicarse por la sencilla razón de que todos los cerebros son distintos, si a esto le sumamos que las demandas sociales del siglo XXI no terminan por definirse pues están en función del mismo desarrollo científico y tecnológico con énfasis en el capitalismo, las prácticas de enseñanza han derivado en pedagogías híbridas.

Entonces, ¿Qué puede dar sentido a nuestra práctica educativa? La pedagogía responde que es en la búsqueda de entrelazar la enseñanza con el aprendizaje y en esa comunicación se construye el entramado de habilidades y capacidades de diferente índole: cognitivo, social, emocional, moral y físico que nuestros niños deben lograr al desarrollarse y que serán la base de nuevos constructos.

Así llega la neurociencia, porque todas las habilidades, capacidades, logros científicos son producto del desarrollo neuronal, sometidos a procesos de aprendizaje y en la medida en que difundamos los nuevos hallazgos, sean accesibles para padres y maestros, aplicables en los diferentes contextos serán posibles nuevos logros y aportaciones a la neuroeducación, al aprendizaje tanto para el educador como pare el niño.

Ni todo descubrimiento en materia neurocientífica es aplicable a la educación, como tampoco todo lo nombrado neuro es válido, en ese sentido la neurociencia debe hacer aportaciones específicas a la educación, particularmente a la pedagogía, como lo ha hecho la psicología para proveerle fundamento para transformar la acción educativa.

Las primeras aportaciones de la neurociencia indiscutiblemente abordan la explicación de cómo funciona el cerebro. Entender su funcionamiento a partir de las técnicas modernas de visualización cerebral nos permite promover el aprendizaje puesto que el cerebro es el involucrado, con el resto de nuestro cuerpo.

NEUROCIENCIA

Como hemos observado, a grosso modo, quien estudia la organización y funcionamiento del sistema nervioso, y con él al cerebro, es la neurociencia. Desde los elementos del cerebro como su interacción dando origen a conductas y patologías de los seres humanos, en las neurociencias es evidenciable el enfoque multidisciplinario lo que incluye el esfuerzo de neurólogos, psicólogos, psiquiatras, filósofos, biólogos, físicos, matemáticos entre otros especialistas, sus estudios abarcan diversos niveles desde lo puramente molecular, pasando por lo químico e incluso el estudio de neuronas individuales como lo es a nivel celular, hasta las redes neuronales para llegar a las conductas y la relación con el contexto donde se evidencian.

Sabemos que somos unidades bio-psico-socio-culturales y desde ahí revisar nuestras emociones, la conciencia, la toma de decisiones, los procesos de aprendizaje hasta las acciones sociopsicológicas es interés de las neurociencias, y sus aportaciones acaparan la atención de otras disciplinas, de medios de comunicación y de la sociedad en general, por ejemplo, Jürgen Klaric postula en su obra *Véndele a la mente, no a la gente* que:

> *Antes vender era solo una técnica, hoy es una ciencia. ¿Sabes por qué? Porque se involucran diversas ciencias para validar los discursos. Desde hace más de 20 años, gracias a la neurolingüistíca, se sabe que la comunicación correcta y persuasiva no solo se realiza a través de las palabras sino también mediante la entonación y la posición del cuerpo: la famosa comunicación no verbal, sin embargo, no estaba científicamente comprobado. Gracias a la tecnología que usamos en la actualidad, las neurociencias han validado este hecho e incluso han determinado las proporciones en que participa cada elemento de la comunicación. (Klaric, 2014)*

Y así podemos encontrar diversos materiales, áreas de desempeño profesional, que toman como punto de referencia a las aportaciones que hace la neurociencia.

Es el caso de la neuroeducación que busca, como objetivo principal, el desarrollo de métodos o propuestas educativas que puedan combinar tanto los recientes hallazgos en materia neuronal, desde la neruobiología, la ciencia cognitiva y la pedagogía (como tradición educativa) para mejorar los procesos de enseñanza y aprendizaje. La neuroeducación hace hincapié en la importancia de lo que sucede en el cerebro desde los primeros años de vida que impactarán en los procesos de aprendizaje y en nuestras conductas que de alguna manera nos caracterizan y nos dan individualidad.

De tal manera que en estas últimas décadas estamos aprendiendo sobre el cerebro más que en cualquier otra época y parece prometedor a todos los campos, sin embargo, en la era de la posmodernidad resulta también engañoso o peligroso puesto que se trata de mejorar la calidad de vida de todos y no de pasar por encima de los demás. De ahí que para los pedagogos nos sea tan importante incluir la filosofía en los procesos de diseño curricular hasta el desempeño didáctico de una clase o relación con el entorno, porque cuando decides por una profesión en materia educativa como la nuestra te das cuenta que no es como un traje que puedes ponerte y quitarte al servicio de un horario, sino que es un estilo de vida, una forma de relacionarte con el medio, con el mundo.

Ahora bien, si la neurociencia tiene poco más de treinta años aportando conocimiento sobre el cerebro en materia de trastornos del neurodesarrollo, la realidad es que en los últimos veinte años su atención ha estado enfocada a explicar los trastornos del aprendizaje. En mi propia experiencia, como pedagoga, en atención a este tipo de problemas desde consulta particular, hasta la observación y tratamiento de dichos problemas en el centro escolar de educación básica puedo resumir que no existen estudiantes malos, no existen maestros malos, sino que son los métodos los que hacen la diferencia.

Por ello, es común escuchar a quienes se interesan por el rendimiento académico desde la neuroeducación que señalen que es el sistema educativo el que tiende a generar ese tipo de trastornos de aprendizaje, es decir, el sistema educativo perjudica la salud escolar.

En realidad esto no es nuevo, esta inclinación se la atribuyen los que se han adherido a las neurociencias en materia educativa, pero ya desde antes de su aparición lo sabíamos. Así lo recuerdo en mi formación pedagógica de la mano con quien fuera mi asesor de tesis, el Mtro. German Ignacio Salgado, cuando escribía mi tesis de grado, siempre señalaba esta situación, de ahí que mi propuesta estuviera centrada en la creación del departamento de psicopedagogía en el centro escolar de educación básica, el cual perseguía fomentar el seguimiento en el logro académico desde las diferencias de nuestros estudiantes, hoy por hoy, es una de las estrategias que utilizo en atención a los menores que son atendidos en mi consultoría, desde la observación de la individualidad para buscar la propuesta metodológica que se ajuste a cada uno.

Ya lo proponía el mismo Comenio, cuando genera su Didáctica Magna, algunos pensarán o supondrán que lo hizo de manera intuitiva, sin embargo, él nos da este carácter científico al observar lo que sucede en su entorno y su efecto en los procesos escolares.

Así, el cambio de metodología de enseñanza trasciende de tal manera que incluso en aquellos que tienen algún síndrome de neurodesarrollo se ven afectados en su aprovechamiento académico y en general en sus procesos de aprendizaje.

Hago una pausa aquí solo para aclarar que un proceso de enseñanza no es necesariamente correlativo con el proceso de aprendizaje, esto es que, no por enseñar obligatoriamente el estudiante va a aprender, son procesos separados y lo que la didáctica, área de la pedagogía, pretende es generar esa interacción, de ahí mi propuesta surge justamente, hacia allá nos dirigimos con esta reflexión.

Así, de manera general podemos coincidir que cuando hacemos un reajuste en las metodologías de enseñanza para favorecer los procesos aprendizaje, los problemas en dicho proceso tienden a desaparecer, incluso en aquellos que presentan un síndrome del neurodesarrollo o tienen una condición diferente a los neurotípicos.

El cambio en la metodología de enseñanza nos ha demostrado que es posible que incluso en aquellos con síndromes no se manifiesten en trastornos del aprendizaje y además favorecen a todo el grupo en donde se vive el proceso de cambio o se adoptaron nuevas metodologías desde el inicio de ciclo.

Resumiendo, en los últimos treinta años la neurociencia nos ha brindado el sustento científico de cómo aprende el cerebro, dándonos certeza en nuestra tarea pedagógica, ahora entendemos el papel que juega nuestro cerebro en aspectos como lo emocional, lo cognitivo, lo ejecutivo, esto es como se relaciona la parte emocional con el pensamiento y nuestra capacidad para ejecutar nuestro potencial, nuestros planes, nuestros proyectos de manera eficaz, lo que nos permite renovar nuestros principios pedagógicos, donde interactúe además de la filosofía, la historia, la sociología, la psicología y otras ciencias ahora también la neurociencia. Así descubrimos la interacción entre pensamiento, cerebro y educación.

NEUROEDUCACIÓN

Entonces a partir de la neurociencia, surge de inmediato la neuroeducación y en una inquietud personal profesional una necesidad de una neuro-pedagogía, emulando el mismo tránsito del origen de la pedagogía, con Comenio y su Didáctica magna, nos encontramos ya en la Neuro-didáctica, estamos hablando ya de lo que sucede en el aula de clase y que como señalé anteriormente puede derivar en problemas de salud para el estudiante.

La neuro-didáctica no es la metodología de una clase, sino la aplicación de los conocimientos que la neurociencia nos aporta para que el maestro, con padres y madres puedan seleccionar los métodos de enseñanza, así como el diseño de procesos que favorezcan el aprendizaje, tanto del alumno como el adulto que enseña, en un proceso que los educadores sabemos bien implica un aprendizaje de todos, donde todos nos convertimos en estudiantes desde la pedagogía y ahora desde la neurociencia.

Aunque abordaremos la neuro-didáctica más adelante, considero prudente ocuparnos de la neuro-pedagogía para enfatizar su importancia y establecerla como eje articulador de nuestra tarea como educadores, ya seas maestro o padre o madre de familia o el tutor o cuidador del menor.

Partiendo del principio de que para la pedagogía es fundamental contar con una filosofía de la educación, es obligado atender ciertos conceptos que en el devenir histórico han quedado establecidos más o menos en acuerdos convencionales, como lo es el término educación y pedagogía, que con frecuencia se han confundido, no es hasta que E. Durkheim considera a la pedagogía como "teoría práctica" de la educación, entonces nos aclara que su tarea es guiar la práctica, ayudarla en un esfuerzo de reflexión en el quehacer educativo, si la educación como fenómeno social tiene muchas facetas, la que se encarga de la reflexión sobre la acción es la pedagogía, las otras se refieren a lo histórico, social, político, etc.

Vista así, la pedagogía, puede ocupar diferentes niveles y direcciones, desde su sentido profundo nos conduce hacia la filosofía de la educación, como también analizar las prácticas, los métodos, las técnicas, que se le llaman con frecuencia Pedagogía general, si el interés gira en torno a la enseñanza de alguna disciplina nos referimos a la didáctica y si nos referimos a la reflexión desde la perspectiva científica estaremos hablando de una pedagogía experimental.

En el recuento podemos reconocer una vez más la influencia de Comenio en el siglo XVII, con la idea de aportarnos una ciencia de la enseñanza, y a Herbart (1806) quien en su obra Pedagogía general señala a la pedagogía como la ciencia de la educación, mirando hacia la filosofía práctica, revestida de ética, nos señala los fines de la educación y apoyada en la psicología como la que estudia los mecanismos mentales que lo hacen posible.

Sin afán de hacer un análisis exhaustivo de cada término, que resultaría tarea interesante para otro título, porque es materia también pedagógica, aunque ya existe bastante información al respecto, si considero importante aprovechar este foro para rescatar la trascendencia de la filosofía, por lo que enlisto a continuación, según nos recuerda Tünnermann (2008) lo que comprende:

1. *La Ontología o sea la parte que estudia el problema de la esencia del ser y la naturaleza de los diferentes seres que existen.*
2. *La Gnoseología que se ocupa de problema del conocimiento, su validez, origen, etc.*
3. *La Epistemología que es la filosofía de la ciencia, o doctrina de los métodos y fundamentos del conocimiento científico.*
4. *La Metafísica que se ocupa de los problemas que trascienden el mundo físico: la existencia de Dios, los atributos del alma humana, su inmortalidad, etc.*

5. La Lógica, que estudia los principios o leyes a que debe sujetarse la inteligencia humana cuando investiga la verdad.
6. La Axiología, que trata de los valores.
7. La Ética que estudia las normas ideales a que está sujeta la conducta humana.
8. La Estética que es la filosofía de lo bello o de las Bellas Artes, y la filosofía de la religión.

Entonces nos queda resolver a qué se refiere la filosofía de la educación, en ese sentido es conveniente acudir a Octavi Fullat (1979) en su obra Filosofía de la Educación nos deja claro que responde al qué y el para qué de la educación, un ejercicio de reflexión, por cierto, tan añejo que podemos observarlo ya desde Sócrates y Platón, pues filosofaron sobre ello. Así la tarea de la filosofía de la educación, señala Fullat, estriba en analizar el lenguaje educativo, indicar el sentido general del proceso educador, mostrar la estructura educable del hombre y explicar, a través de la teleología, las diversas pedagogías.

Queda en evidencia que no podemos disociar al proceso educativo de la pedagogía y que de hacerlo caemos en el riesgo de perder de vista la importancia del proceso, por ello la importancia de la filosofía, que tiene que ver con todo lo que al hombre se refiere, y que en este caso queda esta relación recíproca entre filosofía y pedagogía, como en su momento lo señalara Juan Jacobo Rousseau, quien sostenía que la reflexión pedagógica es inseparable de la filosofía, la política, y la moral, el mismo Rousseau reconoce en Platón como el creador del más hermoso tratado de educación, por lo que esté último sea considerado el primer filosofo de la educación con su obra La República; por otra parte, otro filosofo de tal trascendencia es Kant quien sostiene en la educación se encuentra la posibilidad del perfeccionamiento humano.

Muchas son las contribuciones de filósofos en materia educativa desde Sócrates, Platón, Aristóteles, Rousseau, Kant, Makarenko, Skinner, Illich, Piaget, Ausebel, Vigotsky y Paulo Freire por mencionar algunos, de los que resulta fascinante leer sus aportaciones en materia de educación y que trato con frecuencia en mis cursos en la universidad.

Ahora bien, llevándolo a nuestra realidad, vamos a buscar esa aplicación práctica de la filosofía de la educación, puesto que es uno de los el punto de partida de todo educador, tras la dimensión personal que trata sobre "das lo que tienes" que incluye tanto el trato personal como la calidad y calidez humana en la relación con los demás y hacia todo ser vivo, tras ello podemos construir nuestra propia filosofía de vida, considerada como parte de la dimensión profesional, la cual incluye el conocer al educando, especialmente cuando se trata del menor, tanto en el nivel individual como el conocimiento del desarrollo humano, lo que permitirá realizar prácticas educativas acordes desde el cuidado, tanto más si se trata de un menor, y la educación apropiada a cada individuo.

Por lo tanto, es preciso formular nuestra filosofía de educación, para ello es indispensable detenernos por un momento y tomar en cuenta lo que creemos de nosotros mismos, sobre otros y sobre la vida, para después reflexionar sobre lo que consideramos en cómo se aprende durante el desarrollo de un individuo, y cómo debería enseñársele. Esto es, al formular una filosofía de la educación partimos de nuestra propia filosofía, que es más que una opinión personal puesto que considera valores y creencias fundamentales puesto que nuestros valores esenciales se relacionan con nuestras creencias sobre el propósito, nuestra vocación en la vida, nuestra relación y responsabilidad con nuestro entorno, nos consideramos individuos sociales, sin olvidar nuestra individualidad.

Actividad

Examinemos un poco.

¿Cuál es la filosofía institucional donde trabajas o estudian tus hijos?

La filosofía institucional incluye la misión y visión de la escuela

¿Los conoces? ¿Cuáles son? ¿Te comprometes con el proyecto escolar?

Anota en qué consiste cada uno.

Misión:

Visión:

¿Tu vida cotidiana, tu filosofía, se relaciona con la de la institución?

Es importante seleccionar la institución educativa que ponga de manifiesto su filosofía, con su misión y visión con la que los padres estén de acuerdo y los docentes trabajen bajo esa línea para lograr el proyecto esperado.

Desde esta perspectiva podemos comprender que enfrentamos desafíos de proporciones globales, como lo ha dejado en evidencia la pandemia, desarrollar habilidades del siglo XXI, en una economía creativa, es un proyecto que nos compete a todos, tanto la escuela pública o privada, en zonas rurales o urbanas, donde todos pongan sus talentos para mejorar la vida social.

Para lograr esto necesitamos primero, repensar el rol docente, dejar de señalar lo que no debe hacer, lo que creemos está mal, dejar de invalidar su trabajo y respetar su quehacer, no hay maestro que no esté dispuesto a mejorar su práctica, a dar lo mejor de sí, sin embargo, para ello el docente debe replantear su propio rol y mirar hacia conseguir las siguientes cualidades:

1.Docente comunicador: Por que documenta su práctica, la comparte y aprende de otros, sobre todo de lo que sucede en América latina, ya que no da la oportunidad de aprender de otros. Busca formar parte de estas redes de apoyo entre docentes donde da y recibe. Es esa parte medular de la didáctica, por a que pretendo iniciar la propuesta.

Al maestro le gusta comunicar y construirse en la comunicación. Busca y se atreve a probar, no necesita ser reprobado ante la mirada inquisidora de quien no está frente a grupo.

2.El docente en este siglo abraza la incertidumbre: da el protagonismo al niño como constructor de su aprendizaje, confronta sus miedos ante soltar el mando donde el alumno también teme tomar el mando y sin embargo, en este ejercicio ambos van perdiendo el miedo y aprendiendo mutuamente porque el siglo XXI nos dicta que "Cada estudiante es a la vez alumno y maestro." (Mitra, 2013).

3.Líder: un modelo a seguir en el aula, en su red de compañeros, en su comunidad.

4.Que se adapta y adopta el uso de las tecnologías en su práctica pedagógica y las metodologías acordes a sus estudiantes.

5.Visionaria: entiende los retos que estamos viviendo y reconocer que habilidades necesita desarrollar el estudiante para insertarse en la vida laboral en el futuro.

6.Un docente colaborador, cooperar entre docentes, entre las escuelas, en el sistema educativo en general, sin una actitud colaborativa emanada desde el docente no se pueden cambiar los escenarios educativos. Se puede iniciar desde grupos pequeños de trabajos en proyectos no tan ambiciosos para poco a poco escalarlos hacia la comunidad.

El siglo XXI es ahora, no es el futuro, ya está aquí, por ello nos conviene autoevaluarnos. Llegar al trabajo colaborativo es además de una gran experiencia es una oportunidad de los demás. En la universidad nos unimos como equipos de trabajo para hacer actividades para los estudiantes, grandes amistades se han generado tanto entre maestros como entre los estudiantes.

Si es nuestra filosofía lo que guía nuestro actuar, esto es, define nuestros métodos de enseñanza es momento de reflexionar.

Obsérvate por un momento, piensa sobre lo que crees de cómo aprenden los niños o tus estudiantes, si consideras conveniente ayudar a los educandos a hacer las cosas por ellos mismos o si los acompañas y lo realizan juntos.

Para guiarte en esta reflexión contesta los siguientes reactivos, a fin de establecer con claridad tu filosofía educativa:

1. ¿Cuál crees que es tu naturaleza en la vida?
2. ¿Cuál es tu propósito en la vida?
3. ¿Cuál es tu vocación o papel en la vida?

4. ¿Cuáles son los valores que te identifican o los valores que consideras más importantes?
5. ¿Cuál es la finalidad de la educación?
6. ¿Cuándo aprenden mejor los niños? (Explica las condiciones)
7. ¿Cuáles son las condiciones básicas para generar un aprendizaje?
8. ¿Cuáles son las cualidades que requieren los menores de su maestro(a)?
9. ¿Cuáles son las cualidades básicas para la enseñanza?

Seguramente se te han ocurrido otros puntos de reflexión sobre tu forma de enseñar o lo que conocemos como praxis educativa. Anota tus reflexiones

Sugerencias

Busca experiencias de éxito, acércate a padres de familia y maestros experimentados, escucha sus experiencias, en mi caso las experiencias de mis estudiantes me enriquecían tanto para educar a mis hijos, porque escuchaba como percibían los niños a sus padres y lo que estaba funcionando en el salón de clase, como las estrategias a utilizar en el salón de clase, en los procesos de enseñanza todos aprendemos.

Tras contestar las preguntas de reflexión, hablar con otros y escucharlos, lo conveniente es redactar la propia filosofía de la educación, es un ejercicio pedagógico interesante y obligado.

Puedes empezar con la siguiente frase:

Creo que el propósito de la educación es...

Ahora debes evaluar tu filosofía, para ello respóndete honestamente:

¿Mi filosofía explica claramente lo que yo creo sobre la enseñanza?

¿Mi filosofía de la educación es clara que otros la pueden entender?

"...la filosofía tiene que aprender más ciencia y esta, más filosofía. Poder hacerlo es una oportunidad milagrosa, cuando las preguntas de una vida y la posibilidad de trabajar su respuesta se ofrecen a los ojos del que solo necesita el asombro del que no sabe y el anhelo de

saber como fin". 36 Paráfrasis de Aristóteles aludiendo a la motivación genuinamente filosófica (cf. Metafísica 982b10-20).

https://www.redalyc.org/pdf/809/80944720015.pdf

Veamos cómo se aplica esto en la educación escolar y en casa, en una relación bidireccional:

COMUNICACIÓN BIDIRECCIONAL

Los educadores, padres de familia y docentes buscan esta comunicación, que sea bidireccional y multisensorial. El docente es facilitador y trasmisor de criterio en la búsqueda de información, y en el aprendizaje de contenidos que los niños trabajan fuera del aula, entonces, los padres entendiendo esta nueva función disponen su atención y recursos para facilitar el acceso a la información desde sus primeros años escolares. El docente proporciona material y alienta a los niños a buscar información guiando en el proceso y aclarando contenidos en conjunto con los niños, interactuando entre niños y docente.

CLASE INVERTIDA

Con esta estrategia el docente ya no es el que posee todo el conocimiento, toda la información, no es el centro de la educación, tampoco lo es los contenidos, dado que estos están en constante construcción, la atención del proceso está centrada en el niño, entre más pronto sea apoyado en usar estrategias de selección de información, el uso de la misma en forma práctica conseguirá aprendizajes significativos.

La estrategia consiste en que los niños en casa revisan vídeo tutoriales cortos donde se abordan los contenidos que al otro día ponen en práctica en la escuela, para que aprendan haciendo.

Este formato, con el uso de audiovisuales, permite que la información se aborde por varios canales sensoriales, el cerebro se estimula, se contextualiza la información, y se generan disparos motivacionales y expectativas sobre los conocimientos que se va a abordar en clase.

Se usan vídeos motivacionales, para contextualizar la información, poner en evidencia de manera práctica

Se genera reto a los niños para la explicación y aplicación de la información, pero la información en sí no es lo importante sino entrenar de las funciones mentales y las operaciones mentales.

Para la exposición de información se usa vídeos de menos de 5 min. Esto permite mantener la atención.

En una clase tradicional, se dice que el maestro tarde entre 2 a 3 horas para dar información que abarca el tema de un módulo semanal y el niño para estudiarla entre 45 min o una hora, un niño con TDH entre 3 a 5 veces más tiempo. Con vídeo-tutoriales tardan una hora incluso aquellos que tienen alguna dificultad.

NEUROCIENCIA

¿Sabías que...

en 1996 el equipo de investigación de Giacomo Rizzolatti descubrió, utilizando neuroimagen en monos, que incluso estando estático registraba actividad neuronal en la región motora de la boca y de las manos al observar a otro que comía?

Las neuronas espejo se activaban en acciones que generaban interés, como el hecho de comer. Lo mismo sucede con los humanos, las neuronas motoras se activan tanto al realizar una acción como cuando observamos a otros realizarla, estas neuronas nos permiten simular mentalmente una acción que observemos en otros. Esto transformó la manera en cómo se entendía el comportamiento humano.

Más tarde el neurocientífico Vilayanur Ramachandran señala que el descubrimiento de estas neuronas espejo tienen tal relevancia para la neurociencia, comparando este descubrimiento con el logro de la decodificación del ADN y el significado para la biología, puesto que de esta manera podemos comprender ahora el origen de la imitación y de la empatía humana, con ello la cognición social, el aprendizaje por imitación, entre otras muchas cosas.

Puedes conocer un poco más sobre los neurocientíficos Vilayanur Ramachandran y Giacomo Rizzolatti en:

https://youtu.be/Ifv8fiU3Er8

Ahora podemos asumir con certeza el pensamiento de Confucio: "Me lo contaron y lo olvidé; lo vi y lo entendí; lo hice y lo aprendí".

Es justamente en la infancia donde es más evidente observar cómo responden las neuronas espejo, saltan como resorte a nuestra vista, en edades en que todavía los cuadros mentales, la memoria se está construyendo, el reproducir una acción observada le permite al niño lidiar con su mundo, esto explica como la biología de la cognición nos ha otorgado la capacidad de aprender, para ello es importante la práctica, aprendemos "haciendo", y poseemos los mecanismos que nos permitan reproducir la acción al ser observada.

¿Cómo se aplica este conocimiento en el aprendizaje escolar?

Es sabido que la forma en que aprendemos es:

El 10% de lo leído

El 20% de lo escuchado

El 40% de la información visual + auditiva (conjunta)

El 90% de lo que "hacemos".

Los niños reproducen lo que ven.

Por eso los niños juegan a ser maestros, mamás, papás, etc. pero más allá de esto nos permite comprender que aún sin razonar, sin experiencias previas, sin patrones mentales y en general, sin mecanismos mentales complejos las neuronas espejo nos posibilitan realizar acciones motoras sin activar las funciones cognitivas y ejecutivas.

Lo que nos lleva a reflexionar sobre lo que hacemos frente a nuestros niños, sabemos que no debemos discutir delante de los niños, sin abordar el daño que les hacemos, podemos comprender que entonces la violencia se aprende. Por ello cuando en la escuela se dan casos de acoso escolar, un "valiente" del grupo molesta a otro, es fácil que el resto del grupo contribuya a la violencia, incluso sin ser personas violentas. Esto es más común en niños y adolescentes porque los lóbulos prefrontales no están aún maduros para inhibir la actividad de las neuronas espejo y por ello, incluso cuando no comparten ese tipo de comportamiento de manera racional responden como el resto, a fin de ser aceptados en el grupo, buscando afinidad. Afortunadamente, el objetivo de las neuronas espejo es la sociabilidad no la violencia, nos preparan para cuidarnos no para destruir.

Esto también explica porque cuando vemos que alguien ríe nos da risa ¡esa es la mejor técnica para propiciar el aprendizaje y potenciar la salud! La risa activa el aprendizaje, doblega las barreras de los lóbulos prefrontales, genera vertidos químicos que nos predisponen a aprender y a la unión social, incluso entre desconocidos:

https://youtube.com/watch?v=yy3oAuAHYPI

¡Cuando veo risa, me da risa!

Recapitulando

Si bien es cierto que la pedagogía se construye de diversas ciencias y que tiene su connotación científica, revisar todas sus propuestas nos llevaría a un ejercicio exhaustivo y prolongado, sin embargo, esta primera aproximación nos acerca a su origen, e hilo conductor a partir de la individualidad y compromiso como educador, tener clara la filosofía y comprender que es el sustento de la educación nos permite reconocer que podemos apropiarnos de otros mecanismos o herramientas para mejorar nuestra práctica. Es así como pretende la neurociencia aportar conocimientos a la pedagogía, en un primer nivel para justificar o dar certeza a las prácticas que venimos realizando para educar, sin embargo, tiene que ir más allá, colaborar en el encuentro de nuevas explicaciones para lograr el éxito académico, por ejemplo, en las condiciones que estamos trabajando y no solo sumar la misma critica a lo que no se está haciendo, estamos listos para aproximarnos a dichas propuestas neuro-pedagógicas.

Actuales principios pedagógicos:

1. Cada cerebro es diferente. Primero, aunque la arquitectura cerebral es similar en todos los humanos la realidad es que todos son diferentes con relación a las sinapsis, el entramado neuronal. Los modelos de organización del cerebro son generales, las áreas que se involucran cuando aprendemos son generales en realidad cada cerebro es único debido a las experiencias son personales, son únicas para cada uno esto genera que se organice de manera singular y le da al cerebro un carácter de individualidad, es único.

2. Plasticidad cerebral. Las experiencias nos cambian, el cerebro se transforma de manera constante, tanto la experiencia como el entorno juegan un papel importante en la construcción y cambio de los circuitos cerebrales, regulando la expresión de nuestros genes. La plasticidad es la capacidad que tiene nuestro cerebro a adaptarse o incluso modificarse, modificando la organización de las conexiones neuronales, ajustando su actividad frente a lo que nos sucede. A nivel molecular, a nivel celular y a nivel de las conexiones de las células cerebrales se evidencia la existencia de la plasticidad. La plasticidad entre las conexiones de las células neuronales, la sinapsis, es la capacidad que poseen de modificar esta comunicación frente al aprendizaje de nuevos contenidos, experiencias o información se producen nuevas comunicaciones, algunas se fortalecen otras se debilitan otras o incluso se pierden, se podan. Es un mecanismo impresionante de la evolución que incide en los procesos de aprendizaje.

3. El cerebro se trasforma con la experiencia.

Nuestro cerebro es dinámico, cambia hasta con lo que pensamos, su efecto es físico, aunque sea imperceptible, entonces lo que olemos, probamos, miramos hasta lo que sentimos afecta a nuestro cerebro. La repetición hace que esos efectos se conviertan en efectos permanentes, lo que puede ser negativo cuando la situación no es favorable, entonces al reforzar una práctica se fortalecen las estructuras neuronales y las que no se atrofian.

4. El contexto y la experiencia influyen en el aprendizaje.

Con el desarrollo de la epigenética nos quedó claro la relación genética y medio, dado que las experiencias tienen la capacidad de cambiar a nuestro cerebro y que esté está diseñado para aprender las vivencias determinan la motivación por el aprendizaje, desde lo que sucede en los primeros años va sentando el precedente para determinar el cómo llega a clase un niño, a veces pensamos que el maestro debe motivar antes que cualquier intento por enseñar sin embargo, sus esfuerzos pueden carecer de efecto si sus actos se contraponen con la historia del niño.

Así el contexto incluye la motivación del niño por aprender, sus experiencias y conocimientos previos al espacio educativo. Los estímulos que reciba en casa como los de la escuela determinarán el desarrollo de sus habilidades incluso con aquellas que son un potencial importante, estas se pueden desarrollar o perder. De esta manera lo que nuestros niños llevan a la escuela (experiencias) impacta en como reciben la influencia escolar.

5. Nuestro cerebro conecta la nueva información con la vieja.

Entonces, cuando planificamos una actividad para promover nuevos saberes debemos asegurarnos que exista un conocimiento base, esto facilitará el proceso enseñanza-aprendizaje. Los niños, y todo estudiante en general, aprendemos mejor y más efectivamente cuando tenemos referentes previos que conecten la nueva información, conectar lo nuevo con lo que ya conocemos resulta esencial en el aula de clase.

PARTE IV
"¿NIÑO DIFÍCIL DE EDUCAR?"

[...] Toda persona que lea esta pregunta inicial se debe estar preguntando por qué los psicólogos, padres de familia, docentes, e incluso los propios estudiantes deben conocer cómo funciona el cerebro humano. La idea que prevaleció por varios siglos, que es incorrecta, por supuesto, es que el conocimiento del cerebro es una tarea sólo de los psicólogos y los neurólogos. Según De Zubiría (2009), "así como los estudios de Benjamín Bloom reevolucionaron la didáctica, conocer la mente reevolucionará la pedagogía"

ALEXANDER ORTIZ OCAÑA

CAPÍTULO 8:
TEMPERAMENTO VS. CARÁCTER

"El carácter del hombre es un diamante de múltiples facetas, según la orientación que se adopte se le verá de múltiples facetas".

Marienma Martínez Sais

El otro día en la sesión de hipnoterapia hice un recorrido en retrospectiva al origen de mi vida, casi inmediatamente me di cuenta que no quería hacer ese viaje, no quería volver a mi infancia, no sólo por el hecho de encontrarme con la pequeña Maribel enferma, flacucha, débil, en condiciones poco favorables para el desarrollo de cualquier niño, con una familia disfuncional, a mis cortos años recuerdo que me arrodillaba para suplicarle al padre en el cielo que mis padres no se separaran, era una niña no entendía lo que sucedía, pero creo que me sentía un tanto culpable.

Con frecuencia estaba enferma, entraba y salía del hospital, esos días fueron los más tortuosos, estaba sola porque mamá no podía quedarse a cuidarme o hacerme compañía pues mis hermanos menores precisaban de mamá, su cuidado, me recuerdo en el hospital en esos procesos como interna, compartiendo sala con otros enfermos en peores condiciones que yo, me recuerdo con una aguja incrustada en el brazo para el suero, a veces inyecciones y otras tomando medicamentos con un espantoso sabor y color amarillo, que por cierto, mucho tiempo dicho color me desagradó, me provocaba náusea, color que poco a poco lo he ido aceptando.

Recuerdo a un niño como sin piel, todo rosado, tal vez quemado, recostado en la cama de al lado sonreírme pero yo tenía miedo, sólo tenía 5 años; otra ocasión un hombre salió de una sala contigua lloraba desesperado golpeándose en la pared con una angustia indescriptible preguntándole a Dios por qué le había pasado eso, vi el dolor en persona y así me sentía abrumada, muy triste, no sé si por estar lejos de casa o por ver tanto dolor, esas escenas resultaron ser frecuentes.

En otra ocasión, muy temprano, aún no salía el sol, cuando ya tenía como 6 años lloraba en mi cama del hospital por lo triste y sola que me sentía, entonces una mujer de uniforme diferente a las enfermeras y doctores, que llevaba un carrito de limpieza, se acercó a consolarme, no recuerdo si me acarició la cabeza o me abrazo, pero así lo sentí o así la recuerdo, me pidió con tanto amor que durmiera, que mamá volvería cuando yo despertara, yo le creí.

Por esos días llegó a la sala del hospital una niña con su mamá, la cuidaba noche y día, me consolaron y poco a poco nos fuimos relacionando, nuestras mamás se turnaban para nuestro cuidado, con ello fui sintiéndome mejor, recuerdo que teníamos miedo de una enfermera enorme que llegaba a regañarnos porque estábamos en la cama y debíamos irnos a bañar antes de desayunar, pero mi nueva amiguita y yo corríamos a escondernos de ella, jugábamos y reíamos con frecuencia, pronto fui dada de alta.

Esas escenas fueron muy frecuentes, hasta poco más de los nueve años, supongo que esa es la razón del por qué no recuerdo a mis maestros, excepto a la de primero de primaria que me enseñó a leer y escribir, aunque no creo haber cursado el grado completo.

Así que, cuando volvía a la escuela, no entendía los temas que se estaban viendo, mis padres pronto se hicieron a la idea que tenían una hija que no aprendía, los maestros solían compararme con mis hermanos alguna vez uno dijo: "Maribel sí es lista, pero no como su hermana".

Lo que en realidad les preocupaba a mis padres era mi salud, así que no pusieron mucha atención en mi rendimiento académico. Yo me sentía perdida en la escuela, los niños me rechazaban, me golpeaban, se burlaban de mí porque creían que el no entender es igual a no sentir, supongo.

Era fácil clasificarme como una niña con retraso, con rezago académico, para los maestros era una niña difícil o carente de importancia, porque cada vez que me preguntaban yo no entendía y por más que se esmeraron en explicarme seguía sin entender pues no tenía conocimientos de base que sustentaran los nuevos, no tenía experiencias previas. —Llegué a escuchar— ¡Qué difícil es que aprendas!

Fue hasta quinto grado qué mamá hizo que todos repitiéramos el ciclo escolar porque mis padres se habían separado y habíamos terminado cursando en tres escuelas diferentes el mismo grado. Para mí fue una oportunidad, las cosas fueron un poquito más claras empecé a entender y me abracé a mis libros pronto. Ahora comprendo que no es que fuera difícil de educar académicamente, simplemente no contaba con el 'andamiaje' adecuado.

El término andamiaje se utiliza con frecuencia en educación, se fundamenta en el concepto de zona de desarrollo próximo (ZDP) de Vygotsky, explica el proceso de aprendizaje entre lo que el niño o aprendiz puede hacer por sí mismo y lo que lograría alcanzar con la guía de otro, un adulto más capaz.

Bruner acuña el término al llevarlo al ámbito educativo, expresado en la relación maestro-alumno, donde el primero apoya al segundo con estrategias cognitivas que permitan el desarrollo del potencial. Así, con el apoyo del maestro el niño logra alcanzar una tarea o conocimiento que no lograría sin esa ayuda.

Lamentablemente existen tantos factores que median esta relación docente-estudiante, que no es común logar que el alumno logre desarrollar procesos metacognitivos que utilice tanto en la escuela como en la vida cotidiana. Por citar alguno, los maestros caemos con frecuencia en la trampa de enfocarnos en contenidos de aprendizaje y no atendemos el proceso en sí. Así lo viví.

Este enfoque también es evidenciable entre padres e hijos, puesto que nacemos con la predisposición para aprender y nuestros padres son los primeros en ofrecernos guía, en ese sentido no se trata de solo resolver los problemas del menor, sino de otorgarle los recursos para que pueda resolverlos lo que le posibilitará la construcción de estructuras cognitivas cada vez más elaboradas, que le dotarán de autonomía.

Al hacer el viaje a través de la hipnoterapia de la mano de un especialista me di cuenta de lo vulnerable que había sido, a mis padres les preocupaba mi salud física, sin embargo, nada sabían de mi salud emocional. Así que hoy abrazo a mi niña Maribel y le digo que las cosas están mejor, lo estamos haciendo bien, fue difícil, pero yo no fui la difícil, simplemente muchas veces me sentí sola en el mar de contenidos escolares y no me enseñaron cómo enfrentar la situación que me agobiaba. La pedagogía me salvó y llegué a ella gracias a que tuve una hija a quien los maestros le llamaban una niña difícil.

El caso de mi hija, aparece en el lado contrario, una niña con una curiosidad desbordante desde muy temprano, buscando, preguntando, disponiéndose a aprender, la lectura se dio de una manera natural, ella preguntaba por las letras y luego las unía; los números los guardaba en su memoria para luego hacer adiciones y aún no entraba a la escuela. Hasta que llegó a la escuela primaria.

A mi hija le gustaba aprender ¡mucho! Pero, no más de lo mismo, no le encontraba sentido tener que hacer tareas de algo que para ella había quedado claro, sin sentido para su vida, que no representaba ningún aporte a su curiosidad, que no retara su propio conocimiento, repetir por repetir era una tarea desgastante y sin sentido, por lo tanto su atención se dirigía a las cosas que le parecían más atractivas solía hacer investigaciones en libros o medios digitales, aún conservo esos libros gastados de tanto leerse, se especializó en el cuidado de los animales y soñaba con ser bióloga marina, me asombraban sus trabajos rebuscados y propuestas nuevas. Sin embargo, por lo regular no fueron tomadas en cuenta en la escuela.

Entonces desarrolló conductas desafiantes, conforme avanzaba de grado su enojo crecía, cada vez era más evidente el problema de sujetarse a los lineamientos y minimizando su sentir, tuvo que aprender a callar su voz, porque no es válido que un niño cuestione los métodos de un maestro. En ese tiempo yo pensaba que los maestros sabían lo que hacían, hoy entiendo que se esfuerzan y lo valoro, pero admito que no poseen la verdad absoluta y todo apoyo nos vendría bien en favor de nuestros estudiantes.

Mi hija encontró su sueño frustrado al llegar a la secundaria y encontrar que su maestro de biología no era exactamente a quien ella pudiera admirar. Por el contrario, lo sintió más agresivo que todos sus maestros, alguien adicto al cigarro, con un lenguaje empobrecido por la falta de conocimiento sobre su materia, su falta de planeación y pasión por lo que enseñaba, terminó por quebrar la ya dañada imagen del docente, en una etapa tan frágil y con experiencias de este tipo que se fueron multiplicando, además la ausencia de la figura paterna y no porque la haya abandonado sino porque en ese tiempo también estudiaba y trabajaba entonces casi no se veían, entre otras más vivencias que terminaron derivando en conductas suicidas. No fue sino hasta la vida adulta que se aferró a la psicología, probó diferentes terapias hasta que encontró que una y otra vez el diagnóstico era el mismo: trastorno límite de personalidad, detonante: la formación en casa, las ausencias, así como el ambiente hostil escolar.

Tal vez, para no hacerme sentir tan culpable muchas veces me abraza y me dice:

-Tu amor me ha salvado.

Aunque para mí, ella siempre ha sido perfecta, a quien siempre he admirado con esa capacidad de asombro cuando la vi por primera vez, cómo movía sus pequeños bracitos, sus manitas, sus piernitas con una fuerza para inundar mi vida de amor y aprendizajes.

¿Cómo podríamos ver las madres a nuestros hijos si no es así? Siempre aceptando sus diferencias y su perfección en la imperfección.

EL NIÑO DIFÍCIL

Estas historias han servido para poner dos contextos diferentes, dos extremos de lo que podría ser un niño difícil, entonces, surge la pregunta ¿qué es un niño difícil?

Por lo general catalogamos al niño difícil desde la percepción del maestro, cuando no ha sido ya determinado por los padres antes de ingresar al colegio, generalmente se reconocen por sus conductas disruptivas, esto es, son niños ruidosos, que se molestan con facilidad, manifiestan su enojo con rabietas, gritos y a veces de forma física, agrediendo a los que están a su alcance, molestan a otros, son desobedientes, altera la armonía en la escuela o desde el hogar, últimamente hemos visto que estas conductas son toleradas y a veces, fomentadas por los padres, cuando carecen de límites, los padres presumen a sus hijos:

-Mira, es muy inquieto.

-Mira ¡qué tremendo es! Es que tengo un hijo hiperactivo.

Como si fuera un adjetivo calificativo positivo.

Los niños escuchan y no nos damos cuenta que pueden creerse las etiquetas. Entonces no debemos catalogar a un niño "difícil" o "complicado". En tal caso nos referimos a su conducta, no al niño en sí, nos referimos a que tiene una conducta difícil y ante esa situación requiere de padres con herramientas para poderle ayudar a disciplinar su temperamento y formar su carácter.

Pasamos así de llamar al niño difícil como al niño con conductas difíciles y son difíciles en el sentido en que quien está a cargo de su educación no cuenta con las herramientas adecuadas para su tratamiento, es decir, no cuenta con los conocimientos, habilidades y valores para poderle ayudar a moldear su carácter.

Sin embargo, cabe aquí la aclaración sobre título de este libro en la parte que se refiere a "El niño difícil" porque es así cómo podemos coincidir en el punto de partida, atraer a los padres o maestros que enfrentan este desafío, como una estrategia para aquellos interesados en hacer la diferencia en la educación de sus hijos o sus estudiantes. Así, podamos partir, de un punto en común para luego ir cambiando nuestro concepto sobre los niños, hacia concebirlos a nuestros hijos o alumnos que presenten alguna conducta que nos genere dificultad en su tratamiento como niños con conductas difíciles o niños difíciles de educar, pues el objetivo es ayudar a los educadores que carecen de estas herramientas o están en busca de estrategias para solventar las problemáticas que implican.

Empecemos por establecer un punto de partida para fundamentar nuestra postura, desde la obra de Vygotski (1983) podemos adoptar la posición frente a la clasificación del niño difícil en el tratamiento de su definición. Según Vygotski existen básicamente tres tipos fundamentales de niños cuya conducta y desarrollo se apartan de la norma y por eso se distinguen del conjunto en el sentido de la educación:

1. El tipo de niño que se aparta de la norma porque posee un tipo de deficiencia de origen orgánico, donde podemos observar ciertas cualidades físicas notables como ceguera, sordera, problemas del habla, hasta aquellas que se refieren a retraso o débiles mentales, dentro de esta clasificación podemos decir que son niños físicamente deficientes y por lo tanto necesitan un tratamiento adecuado. Y qué con las herramientas oportunas podrá desarrollar las habilidades para desenvolverse hasta lograr el desarrollo de sus potencialidades de ser posible.

2. El otro grupo se refiere a los niños que denotan conductas difíciles de educar, niños agresivos, que delinquen, que puede derivar en alguna psicopatía, todo ello teniendo como base el que no se modula el carácter o consecuencia de una alteración funcional y que por lo tanto no manejan su carácter derivado de un temperamento explosivo.

3. Existe un tercero, como lo señala el autor, es un grupo al que no se le ha prestado la suficiente atención pero que poco a poco ha ido ocupando lugar en la literatura y ese grupo es el de niños superdotados y talentosos, que finalmente representan un desafío para todo educador, puesto que su abanico de posibilidades rebasa muchas veces el medio social.

Más adelante es el mismo Vygotsky especifica esta clasificación: "A los niños difícilmente educables, en el sentido estricto de la palabra, deben ser referidos los casos funcionales de desviación de la norma en la conducta y en el desarrollo. La naturaleza de tales casos consiste, la mayor parte de las veces, en un conflicto psicológico entre el niño y el medio, o entre los aspectos singulares y los estratos de la personalidad del niño. Por eso, el estudio de los niños difícilmente educables siempre debe partir de la investigación del conflicto fundamental."

Entonces, a partir de Vygotsky reconoceremos al niño como difícil de educar o difícilmente educable, y esto considerando que los educadores cuenten como las herramientas emocionales, así como la visión de lo que pretende la educación para realizar dicha tarea, lo que dejaría una vertiente más para aquellos que no cuentan con las disposiciones adecuadas para hacerlo debidamente ante las diferencias. Podemos reflexionar desde la psicología educativa que el niño difícil de educar puede ser por diversos factores entre ellos su temperamento.

Con frecuencia asisten a consulta pedagógica madres, incluso con formación pedagógica, señalando su preocupación, el no poder con la conducta de su niño o de un alumno en particular, que representa dificultades para alcanzar sus propósitos educativos, entonces, al activar mi escucha, encuentro varios elementos en común, le llaman niños con carácter fuerte, a disposiciones como niños que, incluso, en sus primeros años solían ser gritones, llorones, berrinchudos, agresivos, o porque se comportan de manera indeseable para los educadores. Además de explicarles que a lo que me hacen referencia no es al "carácter fuerte" sino que se refieren, en su mayoría, al temperamento y qué me interesa cómo eso les hace sentir pues antes de empezar a tratar los casos el aproximarnos a las preocupaciones de los adultos es factible orientarles en los procesos que buscan a través de la ontología del lenguaje.

Entonces, los papás expresan su preocupación por qué consideran que están haciendo algo mal y se sienten culpables por la conducta de los pequeños, sin embargo, en la mayoría de los casos no necesariamente es así, especialmente cuando los niños son muy pequeños, suelen preguntan por qué sus hijos son así, se inclinar por pensar que a sus niños les ha sucedido algo, o creen que son responsables de que el niño sea así.

Si bien es cierto que pueden ser diferentes factores, por lo regular empezamos el tratamiento de la información por uno de los elementos del carácter, primero para aclarar que no es el carácter lo que me describen y luego para que conozcan mejor a sus niños.

La primera razón por la que el niño puede portarse indebidamente o lo que los padres consideran como una conducta difícil, o un niño difícil de educar puede ser por el temperamento. El aspecto biológico qué define cómo actuamos, todas las personas somos diferentes, unos serios, otros alegres, otros más enojones, ya que nacemos con ciertas características, se deben a la herencia, es más una cuestión genética, entonces, no importa que sea bebé que recién haya nacido y aunque no tenga experiencia o se haya trabajado con él las conductas, de alguna manera ya cuenta con esta información es decir, ya nacemos con ciertas características que son heredadas. Esto hace que algunos niños sean más difíciles de educar que otros.

Por otro lado, es importante aclarar que la personalidad es el conjunto, la combinación de varios elementos emociones y aprendizajes que derivan en la reacción de cada persona ante una situación, también que esta situación es dinámica porque se va adaptando según las experiencias que se van viviendo contrario al temperamento que ya está prestablecido, en este caso se va construyendo la personalidad a través de las experiencias y obviamente la forma para lograrlo es la educación.

Por otra parte, el carácter a diferencia de los anteriores es esta capacidad que tenemos de decidir quién queremos ser, el carácter depende de la voluntad del individuo y nuestra conciencia. Aunque directamente no lo vamos a generar, el padre lo hace al darle valores y disciplina, elementos que van a ayudar al niño a que modele su carácter, ahí está el papel primordial de los padres de familia, pues a los niños se les puede ayudar a que generan un carácter fuerte, que no es lo mismo un temperamento fuerte, ya quedó aclarado anteriormente, la gente suele confundir estos dos términos y cuando una persona es enojona le describen como una persona de carácter fuerte, cuando en realidad es una persona con temperamento irritable.

Solo para dar una idea general, como ejemplo, tomaremos la clasificación de Hipócrates, que insisto, **no es nuestra base o algo que usemos**, solo nos servirá de referente para entender la existencia de diferentes temperamentos:

La clasificación de Hipócrates ofrece 4 tipos de temperamento. Es decir, clasifica el temperamento en cuatro tipos distintos según sus características. Los 4 tipos de temperamento son: temperamento sanguíneo, temperamento colérico, temperamento melancólico y temperamento flemático. A continuación, presentaremos cada uno de los tipos de temperamentos. Según el sitio psicología-online.com (Rodríguez, 2019)

1. Temperamento sanguíneo

El temperamento sanguíneo es considerado como el temperamento cálido y húmedo debido a un exceso de sangre. Este tipo de temperamento se basa en un sistema nervioso rápido y equilibrado, que fomenta que las personas posean un nivel elevado de sensibilidad, un grado bajo de actividad, poca concentración, una elevada flexibilidad ante los cambios, etcétera.

Este tipo de temperamento, es decir, el temperamento sanguíneo es propio de las personas cálidas, alegres, optimistas, extrovertidas, comunicativas, habladoras, entusiastas, sociables y de gran sensibilidad. Las personas con temperamento sanguíneo son personas emocionalmente inestables, egoístas, egocéntricas, indisciplinadas, con poca fuerza de voluntad, quieren ser el centro de atención y hacen lo posible por ello, son inquietas, despreocupadas, desorganizadas y, a pesar de ser extrovertidas demuestran ser personas inseguras. Suelen ser personas que anteponen los sentimientos a los pensamientos en los momentos de tomar decisiones, presentan una fácil excitabilidad de los sentimientos, y estos sentimientos no son profundos ni estables en el tiempo, emocionalmente necesitan mucho afecto y tienden a tener un humor muy variable.

2. Temperamento colérico

El temperamento colérico se define por un sistema nervioso rápido y desequilibrado, que se caracteriza por provocar que las personas posean un nivel elevado de sensibilidad, de actividad, de atención y de concentración y, son personas flexibles a los cambios.

Este tipo de temperamento, es decir, el temperamento colérico hace referencia a aquellas personas que demuestran ser rápidas, muy activas, audaces, excitables, irascibles, prácticas en la toma de sus decisiones, autosuficientes, independientes, extrovertidas (pero no tanto como las personas sanguíneas), se fijan metas y objetivos, son personas ambiciosas, intuitivas, calurosas, voluntariosas, decididas, de opiniones firmes, imponentes, dominantes, manipuladoras, creativas (tienen muchas ideas, planes, metas, objetivos…), se consideran a ellas mismas muy capaces de lograr lo que se proponen, entre otros. Además, cabe destacar, que se trata de personas con una gran facilidad para encender y descargar emociones con una gran intensidad.

3. Temperamento melancólico

El temperamento melancólico se caracteriza por un sistema nervioso débil, hecho que provoca que las personas con una predominancia elevada en este tipo de temperamento posean una elevada sensibilidad, un elevado nivel de actividad, de concentración y de atención, y un bajo grado de flexibilidad ente los cambios.

Además, las personas con un temperamento melancólico se caracterizan por ser introvertidas, poco expresivas, perfeccionistas, pesimistas, celosas, ansiosas, poco sociables, desconfiadas, excesivamente sensibles emocionalmente, propensas al sufrimiento, su estado de ánimo normalmente es una tristeza profunda y estable en el tiempo, le suelen dar mucha importancia a todo creando preocupaciones y dificultades innecesarias, etcétera.

4. Temperamento flemático

Se entiende por temperamento flemático a aquel que se basa en un sistema nervioso lento y equilibrado, que caracteriza a las personas por el hecho de poseer un nivel bajo de sensibilidad, una elevada actividad, concentración y atención, con una baja flexibilidad ante los cambios.

Las personas con este tipo de temperamento se caracterizan por ser introvertidas, tranquilas, de equilibrio emocional, apáticas, calmadas, serias, impasibles, racionales, calculadoras, analíticas, capaces, frías, firmes, son personas que casi nunca pierden la compostura ni se enfadan con frecuencia, se toman su tiempo para decir y pudiendo llegar a tener dificultades en la toma de decisiones, entre otros. Las personas con este tipo de temperamento acostumbran a ser las personas de trato fácil en comparación con los otros temperamentos, por lo tanto, también resulta ser el temperamento más agradable.

Hagamos un primer ejercicio para que esto se convierta en algo práctico. Para comprender un poco sobre tu temperamento y luego explicarte sobre el de tus hijos o estudiantes hagamos un ejercicio. La intención es acercarte a la comprensión del temperamento de una manera sencilla y divertida.

Cabe aclarar que, más que un recurso psicológico es una propuesta que, surge desde antes de la ciencia del comportamiento, digamos, desde los antecedentes, este tema de tratar de comprender la personalidad ya era de interés en épocas pasadas, se les adjudican los estudios del temperamento a filósofos como Hipócrates, en un intento por explicar los comportamientos y el carácter de los individuos.

Recordemos que el temperamento tiene una base biológica atribuida al sistema nervioso y endocrino. Sin embargo, a partir de la intervención del entorno, específicamente del trabajo de padres y maestros, es posible fomentar ciertas características y modificar otras.

También corresponde remarcar que la personalidad se conforma con el temperamento, el carácter y la conducta y este ejercicio solo es una aproximación para entender de manera un tanto práctica qué es el temperamento.

Por otra parte, conviene aclarar que una persona puede tener la combinación de varios temperamentos, lo que permite el equilibrio de la personalidad. Así que este ejercicio te permitirá aproximarte un poco a tus características personales, para trabajar en ellas y lograr una mejor versión de ti.

Actividad

Marca una de las cuatro letras de cada línea, debes seleccionar 1 de las cuatro palabras con las que te sientas más identificado. Debes obtener, al final del ejercicio, 40 respuestas.

Recuerda que intentamos determinar cuál es tu temperamento dominante, pero observarás que también hay el secundario que lo complementa. El dominante será el de mayor puntuación y el secundario corresponde a la segunda más alta puntuación.

¡Vamos a divertirnos!

FORTALEZAS			
a)	**b)**	**c)**	**d)**
1. Animado	Aventurero	Analítico	Adaptable
2. Juguetón	Persuasivo	Persistente	Plácido
3. Sociable	Decidido	Abnegado	Sumiso
4. Convincente	Competitivo	Considerado	Controlado
5. Entusiasta	Inventivo	Respetuoso	Reservado
6. Energético	Autosuficiente	Sensible	Contento
7. Activista	Positivo	Planificador	Paciente
8. Espontáneo	Seguro	Puntual	Tímido
9. Optimista	Abierto	Ordenado	Atento
10. Humorístico	Dominante	Fiel	Amigable
11. Encantador	Osado	Detallista	Diplomático
12. Alegre	Confiado	Culto	Constante
13. Inspirador	Independiente	Idealista	Inofensivo
14. Cálido	Decisivo	Introspectivo	Humor seco
15. Cordial	Instigador	Músico	Conciliador
16. Conversador	Tenaz	Considerado	Tolerante
17. Vivaz	Líder	Leal	Escucha
18. Listo	Jefe	Organizado	Contento
19. Popular	Productivo	Perfeccionista	Permisivo
20 Jovial	Atrevido	Se comporta bien	Equilibrado

Debilidades

	a)	b)	c)	d)
21.	Estridente	Mandón	Desanimado	Sosos
22.	Indisciplinado	Antipático	Sin entusiasmo	Implacable
23.	Repetidor	Resistente	Resentido	Reticente
24.	Olvidadizo	Franco	Exigente	Temeroso
25.	Interrumpe	Impaciente	Inseguro	Indeciso
26.	Imprevisible	Frío	No comprometido	Impopular
27.	Descuidado	Terco	Difícil comentar	Vacilante
28.	Tolerante	Orgulloso	Pesimista	Insípido
29.	Iracundo	Argumentador	Sin motivación	Taciturno
30.	Ingenuo	Nervioso	Negativo	Desprendido
31.	Egocéntrico	Adicto al trabajo	Distraído	Ansioso
32.	Hablador	Indiscreto	Susceptible	Tímido
33.	Desorganizado	Dominante	Deprimido	Dudoso
34.	Inconsistente	Intolerante	Introvertido	Indiferente
35.	Desordenado	Manipulador	Moroso	Quejumbroso
36.	Ostentoso	Testarudo	Escéptico	Lento
37.	Emocional	Prepotente	Solitario	Perezoso
38.	Atolondrado	Malgeniado	Suspicaz	Sin ambición
39.	Inquieto	Precipitado	Vengativo	Poca voluntad
40.	Variable	Astuto	Comprometedor	Crítico

RESULTADOS

Cada columna contiene las debilidades y fortalezas de cada temperamento.

La columna de las [a] = Sanguíneo

La columna de las [b] = Colérico

La columna de las [c] = Melancólico

La columna de las [d] = Flemático

La mayor puntuación en una de las letras determina el temperamento dominante, la letra que le sigue en mayor puntuación determina el temperamento complementario o secundario corresponde.

SANGUÍNEO

El extrovertido/ El hablador/ El optimista

FORTALEZAS Emociones: Personalidad atractiva, conversador, anecdotista, el alma de la fiesta, buen sentido del humor, ojos para los colores, toca a la gente cuando habla, entusiasta y democrático, alegre y burbujeante, curioso, buen actor, ingenuo e inocente, vive por el momento, carácter variable, en el fondo es sincero, siempre es un niño.

COMO PADRE Hace que la vida en casa sea divertida, los amigos de sus hijos lo quieren, convierte los desastres en situaciones divertidas, es el director del circo.

DEBILIDADES Emociones: Hablador compulsivo, exagerado, se entretiene en trivialidades, no puede recordar nombres, asusta a otros, demasiado feliz para otros, enérgico, jactancioso y quejumbroso, ingenuo, se deja engañar, se ríe y habla en voz alta, controlado por las circunstancias, se pone bravo fácilmente, para algunos parece insincero, nunca madura.

COMO PADRE Mantiene el hogar en estado de frenesí, olvida las citas de los hijos, desorganizado, no escucha el asunto completo.

COLÉRICO

El extrovertido/ El activista/ El optimista

FORTALEZAS Emociones: Líder nato, dinámico y activo, una necesidad compulsiva para el cambio, actúa con rapidez, quiere corregir las injusticias, impasible, no se desanima fácilmente, independiente y autosuficiente, confiado en sí mismo, puede manejar cualquier proyecto.

COMO PADRE Ejerce liderazgo sólido, establece metas, motiva a su familia a actuar, sabe la respuesta correcta, organiza el hogar.

DEBILIDADES Mandón, impaciente, temperamental, tenso, demasiado impetuoso, se deleita en la controversia, no se rinde a pesar de perder, inflexible, le disgustan las lágrimas y las emociones, no muestra simpatía hacia los demás.

COMO PADRE Tiende a ser dominante, demasiado ocupado para dar tiempo a su familia, contesta demasiado rápido, se impacienta con los que no tienen buen desempeño, impide que los hijos se relajen, puede hacer que los hijos se depriman.

MELANCÓLICO

FORTALEZAS Las emociones: Profundo y pensador, analítico, serio, determinado, propenso a ser un genio, talentoso, creativo, filósofo, poeta, aprecia todo lo bello, sensible a otros, abnegado, meticuloso, idealista.

COMO PADRE Establece normas elevadas, quiere que todo se haga correctamente, mantiene ordenada su casa, recoge el desorden de los hijos, se sacrifica por los demás, fomenta el talento y el estudio.

DEBILIDADES Emociones: Recuerda lo negativo, amanerado, deprimido, le agrada que lo hieran, falsa humildad, vive en otro mundo, tiene mala imagen de sí mismo, escucha lo que le conviene, se concentra en sí mismo, tiene sentimientos de culpabilidad, sufre complejos de persecución, tiende a ser hipocondríaco.

COMO PADRE Coloca metas demasiado altas, puede llegar a desanimar a los niños, puede ser meticuloso, se convierte en mártir, les echa la culpa a los niños, se enfada ante los desacuerdos.

FLEMÁTICO

FORTALEZAS Emociones: Personalidad tranquila, sereno, relajado, imperturbable, paciente, equilibrado, una vida consistente, callado, pero de buen humor, amable y compasivo, no muestra sus emociones, contento con la vida.

COMO PADRE Es buen padre, dedica tiempo a sus hijos, no tiene afán, no se inquieta fácilmente.

DEBILIDADES Las emociones: Apático, temeroso y preocupado, indeciso, evita tomar responsabilidades, voluntad de hierro, egoísta, tímido y reticente, se compromete demasiado, santurrón.

COMO PADRE Flojos en la disciplina, no organiza el hogar, toma la vida demasiado fácil.

Este ejercicio solo tiene el fin de aproximarnos a la comprensión del temperamento, puesto que pueden conjugarse, no son tan rígidos, o igual para todos. Sin embargo, nos ha permitido acercarnos desde un sencillo ejercicio a la comprensión de nuestras características y con ello a la comprensión de la diversidad de nuestros niños o alumnos.

Ahora intenta describir el temperamento de alguno de tus niños, busca sus características generales y observa cuáles son sus conductas naturales, sin juzgar.

_____

_____

Ahora revisemos en términos generales la importancia de considerar el temperamento en la educación de los niños, a partir de entenderlo, según Marina (2011) como el conjunto de pautas afectivas innatas que tiene el niño, es decir, su modo de interpretar y responder emocionalmente a los estímulos y cada vez es más atendido en los libros de psicología evolutiva y de psicología de la educación (Carranza & González 2003; Keogh 2006; Damon 1998) y aunque las correlaciones entre temperamento e inteligencia son muy débiles, cada uno tiene su aportación al aprendizaje (Matheny 1989).

Marina (2011) dice que el niño no es un receptor pasivo de la educación, sino que influye e incluso configura su entorno. Como dice Rutter, el temperamento del niño afecta al conjunto de sus experiencias. Un niño muy sociable buscará situaciones sociales y un niño retraído, la soledad (Rutter 1989). Cada uno de nosotros selecciona y moldea su ambiente, lo que puede acabar reforzando los rasgos temperamentales.

Conforme ha avanzado la biología evolutiva se ha dado más importancia a los cambios epigenéticos y al papel que el ambiente o la educación tienen en la expresión génica. La matriz personal funciona como fuente de posibilidades y preferencias, más que como un determinante rígido. Esto significa que unos comportamientos resultan más fáciles que otros y que, con frecuencia, el niño –y el adulto– eligen aquel que va más de acuerdo con su temperamento. Por ejemplo, los niños tranquilos prefieren la lectura a los juegos violentos.

Revisemos una situación común, los diferentes hijos de una misma familia, con el mimo padre y madre, actúan distinto desde su nacimiento, hay quien dice que los hijos son tan diferentes como los dedos de las manos y podemos empezar a distinguirlos por su temperamento.

En otro contexto, en el kínder, llegan los niños de cuatro años el primer día de clases, algunos se incorporan al ambiente del aula observando y siguiendo las indicaciones, interactúan con sus compañeros sin aparente conflicto, cuando salen al patio, a la hora del lunch, juegan entre ellos, exploran los juegos, corren por el patio, se integran, socializan entre ellos. Mientras otros, del mismo grupo, se muestran temerosos, nervioso, lloran, se aíslan, y poco a poco se van incorporando al resto del grupo a través de la intervención pedagógica de la maestra. A este segundo grupo a algunos les toma diferente tiempo en sentirse cómodos, algunos lloran durante varios días o simplemente no son tan participativos. Las respuestas iniciales plantean el tiempo que les llevará adaptarse a cada uno en el nuevo ámbito social de aprendizaje.

Es conveniente señalar que no se trata de cambiar el temperamento del niño, o el propio, sino de aceptarlo, porque es justamente eso lo que hace a cada individuo único e irrepetible. La ayuda que podemos dar es en forjar su carácter. Tanto el temperamento como la conducta, definen la personalidad de nuestros niños y de nosotros mismos.

En tal caso, a través de la educación se aspira a modular el carácter, lo que incluye los hábitos cognitivos, afectivos, ejecutivos y morales. John Dewey explicó que el objetivo de la educación es educar el carácter:

"El carácter está compuesto por los deseos, propósitos y hábitos que influyen en la conducta. La mente del niño, sus ideas y creencias son parte del carácter" (Hernández-Sampelayo, 2007; Ohlin 1990).

En el fondo, este principio se basa en el hecho del hábito, si interpretamos este hábito biológicamente. La característica básica del hábito es que, toda experiencia emprendida y vivida modifica al que actúa y la vive, afectando esta modificación, lo deseemos o no, a la cualidad de las experiencias siguientes. Pues quien interviene en ellas es una persona diferente. El principio del hábito así entendido es evidentemente más profundo que la concepción originaria de un hábito como un modo más o menos fijo de hacer cosas, aunque incluye a este último como uno de sus casos especiales. Aquél comprende la formación de actitudes que son emocionales e intelectuales; comprende nuestras sensibilidades y modos básicos de satisfacer y responder a todas las condiciones que encontremos al vivir. (Dewey, 2000)

Otra forma de aproximarnos al estudio de la personalidad y más específicamente al temperamento es a través del arte, encontramos un ejemplo muy puntual en la obra de Moliere: El avaro. Descubrimos en las letras de este autor un ejemplo muy puntual de las características de un individuo, en este caso, la conducta de este hombre está en función de su avaricia prefiriendo su dinero por sobre todas las cosas, incluso la felicidad y bienestar de sus hijos, a quienes limita para no gastar, sin tener un sentido específico de tal afán por cuidar su riqueza.

Ahora bien, desde el advenimiento de la psicología hasta convertirse en ciencia se han propuesto numerosas clasificaciones de los temperamentos (y de los caracteres). Reducir su clasificación solo a la propuesta de Hipócrates nos dejaría con una simple idea. La consideramos aquí porque aún se considera dado que contiene muchas intuiciones exactas, nos ayuda a comprender la individualidad y su importancia en entender la conducta de nuestros niños a partir de comprender nuestro propio temperamento y así justifica su pervivencia hasta hoy.

Más tarde, en la Edad media, Gall, otro médico, frenólogo, sostiene que las formas del cráneo reflejan entre otras cosas el carácter de los hombres. A esta propuesta se adhieren otros que serán sustituidos por la antropometría, quienes sostenía que las formas morfológicas se asociaban con ciertos rasgos de carácter e inteligencia.

Llegando, así, a la clasificación "componente" de Sheldon, de la que también aún se habla, la que precisa de las relaciones entre morfología y temperamento:

- El endomorfo, domina el desarrollo de las vísceras, especialmente el estómago, la parte del organismo que deriva del librillo embrionario endodérmico.

- El mesomorfo, en él dominan el sistema nervioso, los aparatos sensoriales, la piel que se desarrolla en el embrión a partir del ectodermo. El cuerpo es ligero y frágil.

- El ectomorfo, en el que claramente dominan los sistemas muscular y óseo, derivados del mesodermo embrionario. Correspondiendo al atlético, en cierto modo.

Del cual puedes encontrar test en internet y experimentar con ellos, a fin de comprender la postura de Sheldon.

Considero importante anotar también las aportaciones del fisiólogo ruso Pavlov, quien llevó a cabo estudios del sistema digestivo en perros, encuentró comportamientos característicos:

1. El excitable que comprende a los agresivos.
2. El inhibido, a los miedosos.

Dos tipos centrales que se agrupan en:

3. Reposados y equilibrados.
4. Despiertos y vivos.

Evidentemente estos tipos o clasificaciones son lo que llamamos temperamento, la característica más general de cada persona, la característica más fundamental de su sistema nervioso, que marca toda la actividad del individuo.

Estas experiencias de Pavlov reafirman las aportaciones de Hipócrates:

El excitable sería el colérico

El inhibido el melancólico

Y los dos centrales el flemático y el sanguíneo.

El interés particular sobre los trabajos de Pavlov consiste en que demostró cómo se articulan dos mecanismos antagónicos: excitación e inhibición, y todo ello a nivel cerebral.

En este recorrido histórico, que busca, como firme propósito, reconocer la importancia de nuestro sistema nervioso y endocrino como la responsable de nuestro temperamento, por lo que se precisa considerar la tipología de base psicoanalítica: Freud, Adler y Jung son algunos de los que sientas las bases en dicha clasificación:

Freud establece tres tipos psicosexuales principales: el tipo erótico, el obsesional y el narcísico, a partir de la caracterización El Ello, el Yo, el Super-Yo.

Para Adler el comportamiento nervioso es consecuencia del tipo de educación que se recibe, de los dones o deficiencias intelectuales, cada uno da sentido a la vida personal y propone la clasificación de las conductas inconscientes, basado en el complejo de inferioridad-superioridad. El de inferioridad, señala, se debe principalmente a una educación mal comprendida que hace al niño mimado o abandonado, por otro lado una inferioridad en el plano físico.

Por otra parte, el psiquiatra Carl Gustav Jung propone una tipología en dos extremos: los extrovertidos y los introvertidos. Los primeros se centran en el mundo y los otros en el yo. El extrovertido al atender el exterior corre el riesgo de descuidar su yo profundo, no activa la escucha de su inconsciente y por ello desconoce sus aspiraciones recónditas; el introvertido no se adapta fácilmente a la vida social, sin embargo, tiene una vida interior profunda e intensa.

A partir de esto es Hans Eysenck quien encuentra un sistema de análisis de la personalidad de los cuatro temperamentos de Hipócrates a partir de cálculos estadísticos y señala:

Introvertido-Inestable resulta el Melancólico.
Introvertido-Estable resulta el Flemático.
Extrovertido-Inestable resulta el Colérico.
Extrovertido-Estable resulta el Sanguíneo.

Hasta aquí la constante sigue dándole cierta razón a Hipócrates, por ello nos sirve para aproximarnos a la comprensión de las características específicas de nuestros niños, a fin de acceder al pensamiento científico en cuanto a la educación que ejercemos en ellos.

Recapitulando, la personalidad de los individuos se constituye de varios elementos, entre ellos el temperamento, el carácter y la constitución biológica. El primero es natural, puede ser hereditario, no influyen factores externos (excepto cuando son demasiado fuertes y constantes los estímulos), es espontáneo, mientras que el segundo es adquirido, puede modificarse, perderse, es influido por el ambiente y la educación, es decir, la inteligencia y la voluntad lo modelarán pues el ambiente influye para ello.

Y por constitución nos referimos específicamente la base orgánica, dos elementos la conforman: el sistema endocrino y el sistema neurovegetativo que abordaré en la parte de neurociencia de este capítulo.

El temperamento, desde la psicología, es la naturaleza general de la personalidad de un individuo basada en las características del sistema nervioso, de tendencia innata, no es aprendido, más bien espontáneo con base en el sistema nervioso, es la manifestación de las disposiciones psíquicas por ello se observa mejor en niños y animales. Ejemplo de temperamento puede ser su tendencia a ser más o menos activo o pasivo, agresivo o pacífico, tenso o relajado, impulsivo o reflexivo, afectuoso o frío, valiente o miedoso, etc.

Cabe resaltar que para la psicología pedagógica o de la pedagogía psicológica es de interés, en un primer momento, el gran tema del temperamento, y no el carácter, puesto que, si una persona es impulsiva, tendrá esa tendencia en su vida en general, sin embargo, si aprende a controlarse y a actuar reflexivamente su conducta superará dicha tendencia y con ello evitará las consecuencias de dejarse llevar por su temperamento.

Llegado a este punto, aunque merece un tratado completo por su actualidad y aportes en materia de temperamento, sus obras sirven de sustento a esta propuesta, toca el momento de reconocer el trabajo de la Dra. Stella Chess, quien ayudó a desarrollar la teoría que sostiene que los niños nacen con temperamentos distintos que pueden afectar fuertemente la perspectiva y relación con los padres. Junto con su esposo Alexander Thomas se dedicaron a estudiar el temperamento biológico natural de los niños, su propósito era comprobar como la naturaleza del niño reacciona con el ambiente para producir la personalidad. Su principal aportación fue reconocer la biología heredada que incluye el temperamento, naturaleza, constitución y rasgos innatos, como el factor más importante de la personalidad.

El 22 de marzo de 2007 el periódico norteamericano The New York Times dedicó un espacio exclusivo para informar el deceso de la Dra. Chess destacando su trabajo con los niños:

La Dra. Stella Chess, psiquiatra infantil que ayudó a desarrollar y popularizar la teoría influyente de que los niños nacen con temperamentos distintos que pueden afectar poderosamente su perspectiva y relación con sus padres...

La teoría surgió de una investigación innovadora sobre el desarrollo humano que comenzó en 1956, cuando la Dra. Chess y su esposo, el Dr. Alexander Thomas, ex director de psiquiatría del Centro Hospitalario Bellevue, iniciaron el Estudio Longitudinal de Nueva York.

El estudio siguió a 133 niños desde la infancia hasta la edad adulta y trató de observar patrones de comportamiento durante ese período. Trabajando con otros dos investigadores, Herbert G. Birch y Margaret E. Hertzig, el Dra. Chess y el Dr. Thomas examinaron nueve dimensiones de comportamiento y concluyeron que la mayoría de sus sujetos caían en tres amplias categorías.

Sus hallazgos, que los niños podrían describirse como "fáciles", "difíciles" o "lentos para calentarse", describieron aspectos de un temperamento inherente y adquirieron una importancia crítica cuando se combinaban con la personalidad de los padres, especialmente con la de la madre del niño. La teoría sugiere que el contraste entre la personalidad de la madre y el temperamento de su hijo puede provocar ansiedad o problemas de conducta. Los resultados iniciales del estudio se publicaron en el American Journal of Psychiatry en 1960. (Pearce, 2007)

La Dra. Chess nos dejó una advertencia muy importante:

"Si no se toma en cuenta el temperamento del niño, el maestro, el psicólogo y hasta los padres, pueden cometer equivocación en su crianza".

Son Alexander Thomas y Stella Chess quienes introducen el concepto moderno de temperamento, movidos por el fuerte interés por favorecer y mejorar los diagnósticos psiquiátricos y el tratamiento de habilidades. Actualmente, la importancia y la relevancia clínica del temperamento, está aceptada por psiquiatras, psicólogos, pediatras, pedagogos y otros campos dedicados a los niños y adolescentes.

Por su parte el carácter se puede modelar a partir de la educación, por ello, para iniciar la aceptación de nuestros niños, tal como son, sus características individuales el gran tema desde la psicología pedagógica o de la pedagogía psicológica ha de ser por consiguiente el temperamento y no el carácter.

Mariemma Martínez Sais Montserrat Molina Vives, en el Master en Paidopsiquiatria (Bienio 2007-2009) Sobre el gran tema temperamento exponen la actualidad del tratamiento del Temperamento y explican la clasificación de Thomas y Chess, además nos dan un contexto de lo que puede suceder en la escolarización de los menores:

1.- Nivel de actividad. El componente motor presente en el funcionamiento realizado por el niño y la proporción diurna de períodos de actividad e inactividad.

Es la cantidad de energía física que es evidente en las actividades y comportamientos diarios.

Energía baja <--------------> Energía alta

• En la escuela, los niños más activos tienen problemas tratando de ajustarse a un medio ambiente en el que se espera que ellos estén sentados, sin moverse. Su inquietud y agitación pueden perturbar la clase y hacer que les sea difícil mantenerse concentrados, pero el tener energía extra puede ser beneficioso si se canaliza en una dirección positiva.

• Los niños con bajos niveles de actividad se adaptan bien a la estructura del día escolar, pero pueden parecer desmotivados.

2.- Regularidad (ritmicidad). Lo predecible y/o no previsto en el tiempo de cada función. Puede ser analizado en relación al ciclo sueño/vigilia, hambre, patrón de alimentación o programa de eliminación.

Ritmo previsible de las actividades o rutinas diarias, hábitos personales o patrones de comportamiento después de la escuela.

Poca predictabilidad <-----> Mucha predictabilidad

• Los niños con alta regularidad disfrutan de las clases estructuradas, pero puede que tengan problemas adaptándose a los cambios en su rutina.

• Los niños con poca regularidad pueden tener dificultades adaptándose a la rutina escolar y causar disturbios en la clase, pero tienen menos problemas adaptándose a la situación.

3.- Acercamiento o retraimiento. La naturaleza de las respuestas iniciales hacia nuevos estímulos como pueden ser una nueva comida, un nuevo juguete o persona. Las respuestas de acercamiento son positivas si se observa un modo de expresión en el humor (ríen, verbalizan o les gusta) o a través de la actividad motora (tragando la nueva comida, llegar hasta el juguete nuevo, jugar activamente). Reacciones de retraimiento o retirada son negativas cuando se ven a través de la expresividad del humor (lloran, montan un número, mediante verbalizaciones, muecas) o con la actividad motriz (se mueven alejándose, escupen la comida, lanzan el nuevo juguete lejos).

Cómo reaccionan inicialmente en situaciones nuevas.

Retirada <---------------> Acercamiento

• Los niños más valientes se acercan a las situaciones nuevas con más curiosidad y con mejor disposición, pero pueden reaccionar impulsivamente.

• Los niños que dudan más al principio prefieren esperar y solamente mirar, antes de hablar con una persona desconocida o empezar una actividad distinta, lo que puede resultar en el perder oportunidades para tener experiencias nuevas.

4.- Adaptabilidad. Las respuestas ante situaciones nuevas o alteradas. Ésta no corresponde a la naturaleza de las respuestas iniciales, pero sí con la facilidad con la que éstas son modificadas.

Ajustarse a situaciones nuevas. El tiempo que se necesita para aceptar cambios en los planes o las rutinas.

Lento para adaptarse <------------> Se adapta fácilmente

• Los niños que se adaptan más rápidamente tienden a "seguir la corriente". En la escuela esto les permite ajustarse a los cambios, pero también puede que los haga aceptar y adoptar con más facilidad los valores y comportamientos negativos de sus compañeros.

• Los niños que son más rígidos, se adaptan más despacio, son menos susceptibles a las influencias negativas. Tienen más estrés y dificultades en situaciones nuevas, lo que es un problema potencial en la escuela donde los cambios son frecuentes y el número de transiciones aumenta con los años.

5.- El Umbral de Sensibilidad. El nivel de intensidad de la estimulación necesaria para evocar una respuesta discernible, sin tener en cuenta la forma específica en la cual responde o la modalidad sensorial afectada. Las conductas utilizadas son aquellas que conciernen a reacciones ante estímulos sensoriales, objetos del ambiente, o contactos sociales.

Cómo molestan al niño los cambios en el ambiente.

Sensibilidad baja <----------> Sensibilidad alta

Los niños que son muy sensibles tienen mucho en cuenta lo que pasa en su medio ambiente y se distraen fácilmente. Son buenos para percibir los pensamientos y sentimientos de los demás, pero su sensibilidad los distrae fácilmente de sus estudios, afectándoles a su rendimiento académico.

Los niños que son menos sensibles toleran más los cambios en el medio ambiente, pero tardan más en responder a las señales por ejemplo el timbre de la escuela.

6.-Intensidad de la Reacción. El nivel de energía de la respuesta sin distinción sobre su cualidad o dirección.

La cantidad de energía que se pone al reaccionar a las situaciones.

• Un niño intenso se ríe y llora ruidosamente, generalmente pone mucha emoción en sus reacciones, siendo fácil saber lo que opina y siente. Pero fácilmente acaba con los recursos de los padres y maestros, porque el nivel de intensidad de sus sentimientos es demasiado alto.

• Los niños que reaccionan levemente tienen las mismas emociones, pero no con niveles tan extremos. Son más fáciles de tratar.

7.- La Calidad del Humor. La cantidad de placer, felicidad, conductas amistosas se contrastan con las de desagrado, lloros, conductas no amistosas o placenteras.

Tendencia general a ser feliz o infeliz.

Negativo <------------------> Positivo

• Un niño negativo puede no ser aceptado fácilmente por sus familiares, maestros y compañeros, y los que cuidan de él pueden tener dificultades distinguiendo entre los problemas reales y su malhumor.

• Un niño que siempre está de buen humor es más aceptado por los demás.

8.- Distractibilidad. La efectividad de los estímulos ambientales extraños en interferir o alterar la dirección de una conducta en curso o en desarrollo.

La tendencia a desviarse de lo que se estaba haciendo como resultado de ruidos o interrupciones.

Mucha distracción <--------------> Poca distracción

• Distracción no es lo opuesto a persistencia. Un niño puede distraerse fácilmente y mostrar mucha persistencia volviendo rápidamente a lo que estaba haciendo antes.

• Un niño distraído se da cuenta de todo lo que pasa a su alrededor y hasta puede ser interrumpido por sus propias ideas y ensueños. El comportamiento opuesto a este en un niño sería el poder concentrarse a pesar de cualquier interrupción.

9.- El Span Atencional y Persistencia. El span atencional concierne al tiempo de duración que una actividad en particular es seguida por el niño. La persistencia se refiere a la continuación de una actividad no obstante los obstáculos que se presenten.

La habilidad de seguir haciendo algo a pesar de distracciones, interrupciones o frustraciones.

Poca persistencia <------------------> Mucha persistencia

• La alta persistencia está fuertemente relacionada con el éxito académico. Un niño demasiado persistente puede ser un perfeccionista no darse cuenta cuando un proyecto está acabado adecuadamente o negarse a entregar una tarea porque siente que no es lo suficientemente buena.

• El niño con poca persistencia puede tener dificultades en la escuela por su tendencia a irritarse fácilmente cuando le interrumpen o cuando las tareas son difíciles. Su inclinación a rendirse fácilmente o a pedir ayuda en vez de intentar las cosas por sí mismo. Presenta tareas incompletas o dificultades de mantener la atención en lo que debe hacer.

• Una persistencia alta puede ayudar a un niño distraído a concentrarse en lo que debe hacer.

- Un nivel alto de distracción combinado con alta actividad y poca persistencia está fuertemente relacionado con los problemas académicos, y se parece bastante a las características del TDAH.
- Problemas relacionados con el procesamiento de las cosas que escuchan empeoran con una baja sensibilidad.
- Se intensifican los problemas con cosas que se aprenden de memoria con una alta distracción.
- Pero una alta persistencia y baja distracción tienden a ser beneficiosas para la mayoría de los niños con o sin DA o TDAH.

Además, presentan el análisis de factores que permite formular tres constelaciones de temperamento realizadas a partir de varias combinaciones de categorías individuales. Estas son:

El temperamento fácil. Típicamente este comprende la combinación de la regularidad biológica, la tendencia al acercamiento hacia lo nuevo, una rápida adaptabilidad hacia el cambio y un humor predominante más positivo de mediana o moderada intensidad (aproximadamente el 40% de la población del estudio).

CLUSTERS DEL TEMPERAMENTO: Temperamento fácil.

- Humor positivo.
- Ritmos biológicos regulares.
- Adaptable.
- Baja intensidad en las reacciones.
- Acercamiento positivo hacia la novedad.

Los niños con un temperamento fácil típicamente se adaptan rápidamente y de forma positiva a las nuevas citaciones y peticiones, los niños con temperamento difícil en contraste frecuentemente encuentran la adaptación hacia lo nuevo como algo angustioso y estresante.

El temperamento difícil. Es lo opuesto al temperamento fácil, presenta una irregularidad biológica, tendencia al retraimiento hacia lo nuevo, baja adaptabilidad al cambio y frecuentes expresiones negativas emocionales de gran intensidad (aproximadamente un 10% de la población estudiada).

CLUSTERS DEL TEMPERAMENTO: Temperamento difícil.

- Humor negativo.
- Ritmos biológicos irregulares.
- Poco adaptable.
- Alta intensidad en las reacciones.
- Respuesta negativa hacia la novedad.

Los niños con temperamento difícil en contraste frecuentemente encuentran la adaptación hacia lo nuevo como algo angustioso y estresante.

El temperamento leve-moderado. Esta categoría comprende una tendencia hacia el retraimiento hacia lo nuevo, baja adaptabilidad hacia el cambio y frecuentes reacciones negativas emocionales de baja intensidad. Estos individuos son frecuentemente etiquetados como "tímidos" (aproximadamente un 15% de la población estudiada). Un 35 % de los niños no puntuaron en ninguna dimensión.

CLUSTERS DEL TEMPERAMENTO: Temperamento bajo-moderado.

- Adaptación gradual después de repetidos contactos.
- Moderada intensidad en las reacciones.
- Respuesta negativa hacia lo novedoso.

Los niños de temperamento leve-moderado pueden también presentar dificultades en el dirigirse, pero sus reacciones negativas hacia la comida, lugares o gente nueva son expresadas moderadamente, con una menor intensidad que la violenta expresada por los niños de temperamento difícil. Los cuidadores y profesores pueden frecuentemente tolerar esta leve-moderada conducta y dan al niño tiempo para que realicen una adaptación gradual hacia lo nuevo.

Por otra, parte el Dr. Cerdá, autor de Una Psicología de hoy, señala que el factor preponderante para entender el temperamento y su impacto en la funcionalidad de las personas es el concepto de buen y mal ajuste (Branstaetter y Eliasz, 2000; Eliasz y Ansletner, 2001).

Como lo interpretan Martínez y Molina (2009):

- Buen ajuste cuando las expectativas y peticiones de los padres o de los demás ámbitos están en consonancia con las características temperamentales del niño y sus capacidades. Con este estilo el desarrollo óptimo del niño se realza, mejora.

- Mal ajuste engloba las discrepancias y disonancias entre las oportunidades del ambiente y demandas, y las capacidades del niño, así como sus características temperamentales. El mal funcionamiento o distorsionado y la mala adaptación se potencian bajo estas circunstancias.

- El buen o mal ajuste se determina en términos de valores y demandas dadas por el grupo cultural y socioeconómico.

Ellas sugieren:

La alta actividad del niño que se desahoga al ejercitar los músculos es insuficiente para que sea inquieto, impulsivo o de difícil manejo.

El niño que es un fastidio en casa, con un problema de disciplina en el colegio. Es frecuente que un profesor agobiado lo critique. Intensificándose la alteración, se genera un desprecio hacia la autoimagen.

Esta secuencia es el resultado de un mal ajuste significativo. Esto no sucede si los padres y los profesores reconocen la necesidad del niño para adecuar su actividad motora como legítima.

- Los padres pueden buscar programas que enfaticen el juego activo.

- El profesor puede dar al niño responsabilidades en clase con cierta actividad motora.

Un frecuente temperamento de rabietas, berrinches y alta actividad causa mucha preocupación en los padres y el profesional puede caer en el error de dar importancia a estos rasgos etiquetando al niño como "difícil", esto causa problemas que pueden no mitigar e incluso incrementarse, acentuándose aún más o crear su propia naturaleza.

Por ello, es importante señalar que lo difícil está en el temperamento, nos hemos referido al niño difícil de educar, iniciando este análisis por el temperamento, y considerando la clasificación científica ya expuesta es el temperamento lo que podemos catalogar como difícil y su grado de dificultad estará en función de las habilidades de los padres, en un primer momento, luego de sus maestros y más tarde del entorno.

Actividad

A fin de repasar y reforzar los conceptos vistos anota lo que entiendes por:

Personalidad

Temperamento

Carácter

PERSONALIDAD

Como sabemos, la personalidad es la conjunción de varios factores, entre ellos las emociones, los pensamientos y aprendizajes que se van experimentando en la vida, por lo tanto, es dinámica, se va formando a través de la relación que establecemos con los niños. Así pues, se va adaptando según las experiencias de vida. Es la suma del temperamento con otros aspectos.

Así que conforme se trate a los niños, sea tu hijo o alumno, poco a poco construirá su personalidad.

A diferencia de la personalidad que se va desarrollando según la influencia que reciba el niño, el temperamento es genético, y de base biológica, preestablecido desde que nacemos.

Si el temperamento del niño es difícil y vive en un ambiente agresivo, lo más probable será que desarrolle una personalidad agresiva.

Por otra parte el carácter depende de la decisión personal, la personalidad evaluada, es en lo que cada uno decide en qué convertirse, depende de nuestra voluntad y conciencia, la disciplina y vivir en valores permitirán que los niños desarrollen un carácter fuerte, que no es la idea errónea como se usa el concepto, no es tener un carácter fuerte quien se deja llevar por su temperamento, sino quien a pesar de las circunstancias por más desfavorables que sean puede mantenerse firme.

Así carácter fuerte no es lo mismo a tener un temperamento difícil.

Recuerda:

No hay temperamentos buenos o malos, todos tienen beneficios que debemos ayudar a provechar y dificultades que debemos ayudar a superar ¡No se puede cambiar! El hecho de querer hacerlo implicaría anular parte de la personalidad del niño en cuestión. Nuestra misión es acompañar y ayudar.

NEUROCIENCIA

¿Sabías que...

Ben Carson, quien era llamado "tonto de la clase" en la educación primaria, es ahora uno de los prodigios de la neurocirugía a nivel mundial?

Ben Carson ha recibido algunas distinciones importantes a pesar de que en la infancia solo su madre creía en él. Además de ser apodado como el más tonto de su clase, tenía problemas con su temperamento.

Benjamin Solomon Carson médico neurocirujano pediatra retirado, psicólogo, filántropo, escritos y político estadounidense. Se reconoce su importante labor, entre lo que se cuenta:

- En 1987 dirigió un equipo de 70 cirujanos para realizar la primera operación exitosa de separación de gemelos unidos por la cabeza.

- Ha recibido más de 50 doctorados honoris causa.

- CNN lo reconoció como uno de los vente médicos y científicos más destacados de la actualidad.

Sin embargo, su historia nos dice que no siempre fue un prodigio. En quinto año de primaria, según narra en su obra Gifhed Hands: The Ben Carson Story, (Benjamin, 1990) su percepción era errática y muy dolorosa:

Mirando hacia atrás a todos esos años, casi puedo sentir de nuevo el dolor. La experiencia de mi vida escolar tuvo lugar en quinto grado, después de una prueba rápida de matemáticas. Como de costumbre, la señora Williamson, nuestra maestra, hizo que le pasáramos nuestro examen al alumno sentado detrás de nosotros para que lo calificara mientras ella leía las respuestas en voz alta. Después de la calificación, cada prueba regresaba a su dueño. Entonces la maestra nos llamaba por lista, e informábamos en voz alta nuestra calificación.

La prueba tenía treinta problemas. La muchacha que corrigió mi examen era la capitana de los que se burlaban de mí diciéndome que era tonto. La profesora empezó a mencionar nuestros nombres según la lista. Me quedé sentado en ese salón mal ventilado mientras mi mirada viajaba del brillante pizarrón a la pared y luego a las ventanas cubiertas con recortes de papel. El salón olía a tiza y a niños, y yo hundí la cabeza, aterrado de oír mi nombre. Fue algo inevitable. "¿Benjamin?" La señora Williamson esperó que informara mi calificación.

Entre dientes respondí: "¡Nueve!" Ella soltó el lapicero, me sonrió, y dijo con real entusiasmo: "¡Vaya, Benjamín, eso es maravilloso!" (Para mí, una calificación de nueve de treinta respuestas era increíble).

Antes de que me diera cuenta de lo que estaba sucediendo, la muchacha detrás de mí gritó: "¡No es nueve!" Entonces añadió burlándose: "Él no acertó ninguna. NO tiene ninguna respuesta correcta". Sus burlas recibieron eco de las risas y carcajadas de todo el salón.

"¡Basta!", dijo la maestra con voz firme, pero era demasiado tarde. La crueldad de la muchacha me había partido el corazón. Pienso que jamás me había sentido tan solo ni tan tonto en toda mi vida. Ya era lo suficiente malo haber errado casi toda pregunta en cualquier prueba, pero cuando toda la clase –o al menos parecía que todos los estaban allí – Se río de mí por ser tonto, quise que la "tierra me tragara". Las lágrimas hicieron que los ojos me ardieran, pero me negué a llorar. Moriría antes de dejarles saber que me habían lastimado. En cambio, esbocé una sonrisa que no demostraba que me importaba y clavé los ojos sobre el pupitre… y en el enorme cero en la parte superior de mi examen.

Con facilidad podía haber decidido que la vida era cruel, que ser negro significaba tener todo el mi contra, podía haber seguido ese camino, excepto por dos cosas que sucedieron durante quinto grado y cambiaron mi percepción del mundo entero.

Su madre, Sonya, una mujer de increíble entereza, afrontaba grandes dificultades para sostener a su pequeña familia, que incluía a sus dos pequeños hijos. Provenía de una familia de 24 hermanos, y solo asistió hasta tercer grado, no sabía leer, se había casado a los 13 años, se divorció cuando descubrió que su esposo tenía otra familia y negocios deshonestos. Así que, la pobreza la abrazo con tal fuerza, que tenía dos o tres trabajos mal pagados y sólo pudo ofrecer vivir en uno de los barrios marginales de Detroit. Toda esta situación tan estresante provocó la depresión en Sonya y con ello los chismes a su alrededor, las circunstancias eran tan complicadas que parecía que Ben y su hermano Curtis estaban destinados a convertirse en pandilleros.

Ben desarrolló un temperamento agresivo incontrolable, tras sufrir además de la pobreza, exclusión escolar, acoso, racismo, dificultades para leer y su bajo desempeño académico en general. Llegó a amenazar a su madre y casi apuñala a un compañero. Tras reflexionar sobre los hechos tomó una determinación y de ahí en adelante se enmendó.

Un día Sonya observó la vida de las personas exitosas, donde trabajaba limpiando, observó que tenían bibliotecas, entonces preguntó al dueño de la casa, un viejo profesor, si había leído todos esos libros, la respuesta que recibió fue "casi todos".

Llegando a casa apagó el televisor, indicó que ya no podrían ver más televisión sin antes leer dos libros a la semana de la biblioteca pública, y después escribir una reseña para ella. Aunque los hijos protestaron ella se mantuvo firme.

Pese a sus problemas con el temperamento, la disciplina impuesta por Sonya, la lectura diaria, hizo la diferencia en su vida, la firmeza e inteligencia de su madre ayudaron a la reflexión, exigencia y logros profesionales que más tarde alcanzarían a Ben.

Puesto que se ha demostrado que el cuerpo con sus órganos (aspecto estético) y sus funciones (aspecto dinámico) condicionan la psicología y con ello la conducta de la persona, sobre todo a través del temperamento, es obligado aproximarnos a su constitución.

Específicamente la psicobiología es la encargada del estudio de la forma en que los procesos biológicos, la actividad del sistema nervioso y el sistema endocrino, se relacionan con el comportamiento. Antes de que asumir una conducta, a través de la experiencia y la influencia del entorno, es importante señalar que el temperamento es el primer elemento a considerar para comprender y ayudar a nuestros niños. Desde la psicobiología sabemos que todo lo que pensamos, sentimos o hacemos, es resultado de la actividad fisiológica del cerebro. Así, nuestro cerebro es el órgano dónde se originan nuestras ideas y emociones, de nuestros miedos y esperanzas, el lenguaje o personalidad, por ello es importante e indispensable comprometernos en conocernos para ayudar a los niños a entenderse y potencializar sus cualidades.

Se señala que el temperamento se elabora en primer lugar alrededor de la afectividad y depende de un regulador nervioso, antes de abordarlo directamente, nos conviene reconocer dos grandes elementos, de dicha constitución, por una parte, el sistema endocrino y por otra el sistema neurovegetativo, no sin antes enfatizar la importancia de estos en materia de salud mental de la vida adulta y que está se establece en los primero años de vida.

Sistema endocrino

Como lo señala Marieb (2008): *los órganos del sistema endocrino son pequeños e insignificantes. De hecho, para recoger un kilogramo de tejido productor de hormonas se necesitaría recoger todo el tejido endocrino de 8 ó 9 adultos. Asimismo, el sistema endocrino carece de la continuidad estructural o anatómica típica de la mayoría de los sistemas orgánicos. En cambio, las partes del tejido endocrino se encuentran divididas por distintas regiones del cuerpo. Sin embargo, atendiendo a su función, los órganos endocrinos resultan impresionantes, y si tenemos en cuenta su papel de mantenimiento de la homeostasis corporal, se trata de auténticos gigantes.*

Es tan asombroso su poder que es el segundo mayor sistema de control de nuestro cuerpo pues dirige la actividad de las células del cuerpo junto con el sistema nervioso. La diferencia entre estos dos sistemas es que el SN es veloz en su respuesta, utiliza los impulsos nerviosos para generar una acción inmediata de los músculos o glándulas. El sistema endocrino actúa más lentamente, sus mensajeros son las hormonas que se liberan en la sangre y son transportadas a todo el cuerpo. Se dice que, si comparamos, el sistema nervioso manda correos electrónicos y el sistema endocrino un mensaje con una tortuga. Pero los mensajes endocrinos son muy importantes, pues sus efectos son más duraderos que los neuronales.

Ahora bien, el sistema endocrino está compuesto por glándulas que metabolizan el alimento que secretan, en otras formas de mensajeros químicos, a los que se les conoce como hormonas y algunas son químicamente idénticas a los neurotransmisores. Las hormonas se originan en el tejido y viajan a través del torrente sanguíneo afectando tejidos y el cerebro. Así, el sistema endocrino y el sistema nervioso están emparentados, pues activan receptores del cuerpo:

1. La glándula pituitaria o Hipófisis es la glándula rectora del sistema endocrino, se encuentra situada en la base del cerebro, está íntimamente ligada con el hipotálamo, que es una parte del cerebro con muchas funciones y se le considera una glándula endocrina primaria, porque secreta varias hormonas, la mayoría de las cuales afecta a la hipófisis, una estructura del tamaño de un guisante conectada al hipotálamo por un tallo hipofisario llamado infundíbulo.

La hipófisis segrega varias hormonas como la del crecimiento, la luteinizante (LH) encargada de estimular la maduración de los óvulos en las mujeres y encargada de la secreción de testosterona en los hombres; y la hormona folículo estimulantes (FSH) encargada de estimular los folículos ováricos de las mujeres y maduración espermática de los hombres.

2. La glándula tiroidea, encargada de la hormona del ritmo metabólico, determina cuando se tiene hambre o sed, actividad y la rapidez para ganar peso, transforma el alimento en energía. Está situada en ambos lados de la garganta.

3. Las glándulas paratiroides, que producen la hormona paratiroidea (PTH), un nivel alto provoca aletargamiento y uno bajo espasmos musculares, nivela los niveles de calcio en sangre y el funcionamiento de nervios y músculos.

4. Páncreas controla niveles de azúcar en la sangre produciendo insulina y glucagón, exceso de azúcar produce diabetes y escasez produce fatiga.

5. Glándulas suprarrenales se encuentran encima de los riñones, son las encargadas de producir adrenalina y noradrenalina, regulan el ritmo de los latidos del corazón, aumentan la presión sanguínea, estimulan la respiración y dilatan las vías respiratorias.

Así pues, el temperamento se elabora en un primer momento alrededor de la afectividad y depende del regulador nervioso llamado tálamo, que, como mencioné anteriormente, también regula las glándulas de secreción interna o constitución bioquímica y según las Dras. Martínez y Molina (2009) pponen de manifiesto disfunciones del sistema nervioso simpático y parasimpático, saturadas de una cualidad emocional constante que se mantiene casi invariable a lo largo de toda la vida. Cuando la corteza cerebral está perturbada aparece más pronto la emotividad y los sufrimientos. El individuo está sujeto a pulsiones, cóleras y agresividad. La emotividad es la desproporción entre la importancia objetiva de un suceso cualquiera y la reacción afectiva con que responde el individuo.

Actividad

La constitución somática, el temperamento y la inteligencia constituyen el substrato de la personalidad porque son elementos que se heredan, según afirma Gordon W. Allport. Este autor define así el temperamento: "El temperamento está constituido por el conjunto de fenómenos característicos de naturaleza emocional de un individuo, entre los que se cuentan la sensibilidad a la estimulación emocional, su intensidad y velocidad de la respuesta habitual, su estado de humor preponderante y sus fluctuaciones, la susceptibilidad, etc., dependientes de la estructura constitucional heredada".

Describe con todo detalle el temperamento del infante a tu cargo, ya sea que lo consideres difícil de educar o con temperamento difícil, intenta apegarte a la clasificación de Thomas y Chess, toma cada uno de sus elementos y observa cómo es la reacción del menor:

Intenta hablar sobre tu temperamento y el del menor, explicándolo como una parte que les identifica, como un sustrato de la personalidad, acepta las diferencias temperamentales entre el menor y tú. Toma consciencia si sus temperamentos no son compatibles y piensa en posibles estrategias para que te adelantes a sus respuestas. Conocerlo te permitirá amarlo desde otra perspectiva y posibilidades.

Ayuda a los menores, sea tu hijo o tus alumnos, a reconocer su temperamento, sus fortalezas y debilidades, a fin de que puedan crearse una autoimagen más justa, evitando "etiquetas" nocivas, aceptar y conectarse con sus sentimientos e idas, a hacerse responsables de sus conductas a crear mejores relaciones consigo mismos y con los demás.

Anota el nombre del mejor que apoyarás:

_____

Establece redes de apoyo entre educadores: padres y maestros. La escuela ofrece la oportunidad de abordar este tipo de temas, es importante ejercitarnos para reconocer el temperamento de los niños y saber que esto no influye directamente en su aprendizaje pero sí en su emocionalidad y en como establece relaciones sociales.

Anota que harás para crear una red de apoyo en torno al menor en tratamiento:

_____

Este capítulo nos ha servido para entender la estructura de la personalidad: temperamento, carácter y conductas.

Si el temperamento no lo podemos cambiar, si podemos incidir en forjar el carácter y por su puesto en las conductas, esto lo abordamos con los estilos de crianza.

Sugerencias

El primer paso para establecer estrategias educativas para atender a un niño difícil de educar o con un temperamento difícil consiste en reconocer nuestro propio temperamento como adultos educadores, padres o maestros, para después reconocer el de nuestro hijos o alumnos, esta identificación entre más pronto se haga es mejor, puesto que los niños no son solo receptores pasivos, ellos transforman el entorno e incluso a nosotros mismos, nuestras rutinas, nuestra percepción de la vida y nuestra manera de amar.

Entonces, toca en primera instancia a los padres reconocer el temperamento de sus hijos, ya para reajustar la culpabilidad sobre cómo es su hijo, ya para buscar el estilo de paternidad más conveniente para el temperamento de sus hijos. Por otro lado permitirá evitar etiquetar al niño como difícil, o cualquier tipo de juicio negativo que afecte la autoimagen del menor.

En segundo recurso educativo son los profesores, al comentar el tipo de temperamento del menor, podrán facilitar su propia valoración y adecuación de sus prácticas, respetando el estilo conductual de niño para darle confianza y generar que vaya dominando su particular conducta.

Ahora bien, cuando los padres no son conscientes de esta situación, que seguramente será algo común, pues en mi experiencia los padres se agobian, sin embargo, no conocen este tipo de temas, puesto que sus actividades o formación profesional no es acorde, serán los profesores quienes deben ayudarles a comprender el daño que se genera en materia de salud emocional al no considerar el temperamento como parte de la personalidad del niño y buscar alternativas para acercarse al conocimiento del temperamento propio y de sus hijos.

Elementos a considerar en el tratamiento del temperamento de nuestros hijos y estudiantes según las Dras. Mariemma Martínez Sais Montserrat Molina Vives, del Master en Paidopsiquiatria (Bienio 2007-2009):

- Etiquetar al niño por su temperamento, como "niño difícil" puede afectar su autoestima y autoimagen. Es el temperamento lo que nos dificulta su ajuste, sin embargo depende de sus educadores, padres y maestros, ayudarle a educar su carácter para que sea más fuerte que su temperamento, se hace con tolerancia y buscando ambientes más adecuados a su tipo de temperamento, así como buscando actividades que generen experiencias de aprendizaje sobre el manejo de su temperamento.

- En caso de que el menor sea muy activo, se mueva mucho, al describirlo como un niño "difícil" se puede generar una baja autoestima. Si el niño es percibido como un fastidio en casa y con problemas de disciplina en la escuela, debe evitarse la crítica pues se genera un desprecio hacia la autoimagen. Si se reconoce la necesidad del niño para adecuar su actividad motora buscando, los padres, programas que enfaticen el juego activo y el profesor, dar al niño responsabilidades en clase con actividad motora darán oportunidad de un buen ajuste.

- Catalogar a un niño como "difícil" puede desarrollar problemas de conducta. Si los educadores insisten en que el niño se ajuste rápido a la norma culturalmente esperada, se crea estrés y un mal ajuste.

- Entre menor edad es más fácil reconocer el temperamento de un individuo, ya que al nacer únicamente el temperamento conforma la personalidad. Si se respeta el estilo temperamental del niño, podrá aprender autoconfianza y ganar dominio en su conducta.

- Si el ambiente es permisivo (agresión, robo y mentiras) el niño con un temperamento propenso para una reacción de escaso miedo hacia la violación del estándar social es probable que incremente el riesgo hacia una conducta asocial, que otros chicos con un temperamento diferente que crecen en las mismas circunstancias.

- Factores del temperamento pueden contribuir como causa intrínseca en muchos trastornos: Trastorno Oposicionista Desafiante o T.O.I. Trastorno Explosivo Intermitente. Trastorno de Conducta. Trastornos de Ansiedad. – Cuadros de pánico. Fobias – Agorafobia. – Fobia Social.

- Entre más toleren los educadores a los temperamentos difíciles o leve moderado dan al niño tiempo para que realice una adaptación gradual hacia lo nuevo.

- Hay que anticipar cómo va a reaccionar el niño, según temperamento, aceptarlo y acompañarlo en su proceso de aceptación.

- Debemos adaptar las estrategias para cada niño.
- Se deben crear ambientes y situaciones para que el niño tenga éxito.
- Si el niño o adolescente se expone a un número no familiar de situaciones simultáneamente, entonces la conducta de retraimiento puede volver a ser evidente otra vez.
- Con familiarización, el humor negativo cambia de difícil hacia una aceptación positiva y entusiasta.
- La relación con la madre (o cuidador principal) puede reforzar o debilitar las predisposiciones temperamentales. Cuando la madre busca estimular a los niños a explorar el medio, aun cuando el menor sea inhibido, dará oportunidades para equilibrar la respuesta y la adaptación del niño.
- La sobreprotección aumenta la reactividad, la inhibición y el miedo infantil, mientras que poner límites firmes a los niños ayuda a disminuirlos (Kagan 1998).
- Una armonía entre las prácticas de crianza de los padres y el temperamento del niño produciría un desarrollo óptimo de éste y, en el caso de un niño propenso temperamentalmente a sufrir problemas de ajuste, le ayudaría a alcanzar funcionamientos más adaptativos. Asegurar un buen ajuste significa que el adulto debe crear un clima familiar que reconozca el estilo temperamental del niño y fomente su adaptación.
- No es lo mismo atención al temperamento que las inteligencias múltiples de Howard Gardner, o con las teorías de la inteligencia emocional de Daniel Goleman, quien considera que la educación emocional es reconocer y regular los sentimientos.

Nunca se debería tratar de cambiar el temperamento de un niño.

Un poema de Elizabeth Akers Allen:

Atrás, vuelve atrás, oh tiempo que vuelas,
Qué agobiada estoy de afanes y lágrimas...
Cansada de lo vano, lo vulgar y lo vil,
Madre, oh, madre, ¡mi corazón te anhela!...
Mi corazón, en los días pasados,
Amor como el maternal jamás ha abrazado;
Nadie cual madre desvanece angustias
Del espíritu afligido y del mundo hastiado.
La dulce calma del sueño mis ojos rendidos subyuga;
¡Arrúllame, oh, madre, mi sueño acuna!

(Rock Me to Sleep, *The Family Library of Poetry and Song*, editado por William Cullen Bryant, 1870, págs. 190–191; puntuación actualizada).

CAPÍTULO 9:
ETAPAS Y NECESIDADES DEL DESARROLLO

"No hay duda de que todo nuestro conocimiento comienza con la experiencia".

Emmanuel Kant

Mis hijos son muy diferentes entre sí, sus gustos, su forma de ser, sin embargo, es todo un deleite observarlos negociar, crear complicidad, incluso para hacerme frente o convencerme de su manera de ver la vida, me aportan; puedo enumerar lo que los hace distintos y como esas diferencias aportar a los demás, puedo distinguir con claridad cómo se construyen a partir de sus puntos fuertes y sus áreas de oportunidad. No dan lo que el otro necesita sino lo que ellos tienen y luego buscan como complementar lo que hace falta ¡Mis hijos me fascinan!

Sin embargo, aunque son diferentes tienen algo en común, todos transitan por las diferentes etapas del desarrollo. Conocer las teorías de las etapas del desarrollo me ayudó a plantearme la siguiente meta y a prepararlos para enfrentarlas, no siempre fue sencillo, sobre todo porque existen diferentes clasificaciones, por ejemplo, me gusta la clasificación de Erik Erikson con su perspectiva...

Tres son los dominios que podemos señalar como ejes para estudiar los procesos de cambio, a lo largo de los cinco periodos del ciclo vital que nos conciernen de la etapa prenatal hasta la adolescencia.

Los dominios son desarrollo físico, desarrollo cognitivo y desarrollo psicosocial (Papalia, Wendkos y Duskin 2009) están íntimamente relacionados, no debemos intentar verlos como unidades individuales o separadas, son parte del todo conjugado. Teniendo esto en mente, revisemos rápidamente a que se refieren cada una:

Desarrollo físico: Crecimiento, capacidades sensoriales, habilidades motoras, salud, cambios fisiológicos y hormonales.

Desarrollo cognitivo: Capacidades mentales básicas, capacidades mentales superiores como el aprendizaje, memoria, lenguaje, pensamientos, razonamientos, etc.

Desarrollo psicosocial: Personalidad, emociones, relaciones sociales.

Ahora bien, estos dominios se estudian a lo largo de las etapas de crecimiento de nuestros niños, sin embargo, quiero aclarar que no es posible saber el momento preciso en que se pasa de una a otra, pero nos permiten comprender las características generales que las caracterizan.

Prenatal: desde la concepción hasta el nacimiento.

Primera infancia: Del nacimiento hasta los tres años.

Segunda infancia: De los 3 a los 6 años.

Tercera infancia: De los 6 a los 12 años.

Adolescencia: De los 12 años a los 20 años aproximadamente.

En todas y cada una se requiere el apoyo de papá y mamá, la familia y de los maestros.

En nuestra cultura, por lo general, se asigna la responsabilidad a la madre, sin embargo, es imprescindible destacar el papel del padre como una figura principal en la formación del menor. Lamentablemente, el rol que se le ve desempeñar pocas veces es de afecto, responsabilidad y cuidado del menor.

Solo como información general, para comprender que este tema se puede abordar desde diferentes perspectivas y que cada una aporta conocimientos sumamente importantes te presento un panorama muy general sobre las perspectivas de estudio de las diferentes etapas del desarrollo del niño.

Perspectiva Psicoanalítica

Teoría psicosexual de Freud: La conducta está controlada por poderosos impulsos inconscientes.

Teoría psicosocial de Erikson: La personalidad se ve influido por la sociedad y se desarrolla a partir de una serie de crisis.

Perspectiva del aprendizaje

Conductismo: Las personas responden a una acción; el ambiente controla la conducta (Skinner, Watson).

Teoría del aprendizaje social: Los niños aprenden dentro de un contexto social mediante la observación e imitación de modelos. Los niños son contribuyentes activos al conocimiento (Bandura).

Teoría cognitivista

Teoría de etapas cognitivas de Piaget: Entre la infancia y la adolescencia se presentan cambios cualitativos en el pensamiento. Los niños son iniciadores activos del desarrollo.

Teoría sociocultural de Vygotsky: La interacción social es esencial para el desarrollo cognitivo.

Teoría del procesamiento de información: Conjunto de modelos psicológicos que conciben a los seres humanos somos procesadores de estímulos (Atkinson y Shiffrin; Craik y Lockhart; Rumelhart y McClelland; Baddley).

Perspectiva Evolutiva/sociobiológica

Teoría del apego de Bowlby: Los seres humanos tienen mecanismos adaptativos para sobrevivir, se enfatizan los periodos críticos o sensibles; las bases evolutivas y biológicas de la conducta y la predisposición al aprendizaje son importantes.

Teoría madurativa de Gessell: El proceso de maduración en los niños depende en gran medida del desarrollo de su sistema nervioso. Todos los niños pasan por un desarrollo normal, compuesto de patrones.

Abordar cada una de las perspectivas nos tomaría capítulos y capítulos al respecto, por lo que es conveniente señalar algunas cuestiones prácticas, utilizando la neurociencia como el eje articulador y la psicología como el puente para despertar de nuestro interés y solución de desafíos en la crianza.

En términos generales podemos decir que pasamos por diferentes etapas y que cada una es el soporte de la que sigue, que siempre existe la posibilidad de subsanar la etapa anterior, aunque cada vez más sea más complejo, no por la capacidad neuronal sino por los estigmas sociales, muchas de las cosas las hacemos por influencia social, por costumbre, por aceptación aunque esté en riesgo la salud emocional de madres e hijos. La terapia psicológica, el apoyo multidisciplinario poco a poco debe ocupar nuestra conciencia social como atención a nuestro bienestar.

Podemos decir, en un intento por concretar los elementos de análisis, que cada etapa tiene sus propias demandas, y que cuando no se atienden debidamente van dejando secuelas.

La etapa prenatal, la hemos abordado al comentar el desarrollo neuronal desde su génesis en los primeros capítulos, donde el cuidado de la mamá es fundamental, la influencia responsable del padre es insustituible, los círculos de apoyo social son indispensables. Desde esta fase inicial revisamos los trastornos de neurodesarrollo, su origen desde genético hasta social.

En términos generales podemos decir que se empieza a establecer un vínculo afectivo, cuando le hablamos, le cantamos, puesto que el primer órgano que se desarrolla desde el vientre materno es el oído. La alimentación de la madre, como su estado de ánimo, sentimientos y su medio son determinantes para el desarrollo neuronal del bebé.

En la primera infancia, de los 0 a los 3 años, tras el nacimiento el cerebro no ha madurado aún, antiguamente se decía que en estos años se lograba la madurez total, de tal suerte que a los seis años ya teníamos un cerebro viejo, hoy sabemos a través de la neurociencia que no es así, que el cerebro sigue madurando, y que contamos con la neuroplasticidad que nos permite aprender en las diferentes etapas que el cerebro se puede trasformar constantemente.

En este sentido promover actividades, experiencias donde nuestros tres dominios se vean fortalecidos es esencial y es responsabilidad directa de los padres, aunque se benefician de la influencia de los maestros, así que más allá de objetivos de aprendizaje deberíamos centrarnos en las experiencias de aprendizaje que promovamos a fin de que el cableado neuronal se fortalezca.

Cuando un bebé nace pasa por un proceso doloroso, desde ese momento es importante darle confianza con nuestra voz, nuestro calor físico y a través del contacto. Una actividad muy funcional es el dar masajes al cuerpo del bebé, en el día para darle confianza, antes de dormir para darle tranquilidad.

La confianza en estos primeros años será fundamental, es el sostén de las siguientes etapas, nuestro bebé quiere explorar el mundo, hasta comérselo –literalmente- todo se lleva a la boca, tiene necesidad de poner orden al mundo desde su interpretación, su propia comprensión.

Pero también será la etapa de encontrar su valía, su autodefinición, entonces encontrarás que empieza a tener conductas desafiantes, quiere hacerlo todo, es momento de estimularlo pero también de ponerle límites, reglas, de enseñarle a hacer ciertas cosas para su cuidado, entonces será importante que cuando demos una indicación supervisemos que se realiza, en tiempo y forma. Aquí es donde muchos caemos en el error de pedir que hagan algo y los dejamos, no damos seguimiento.

Entonces debes indicar, por ejemplo, antes de dormir recoge tus juguetes (su habitación debe estar limpia antes de dormirse) pero debes asegurarte que lo haga, sin gritar, sin amenazar, solo indica:

-Recoge tus juguetes y en cinco minutos te reviso para que vayas a la cama.

Y en cinco minutos debes revisar, yo suelo usar la frase:" te superviso", porque en realidad estoy atenta a lo lejos, tanto del tiempo que le di para realizar la tarea como de que la esté realizando.

Es la época en que no debes dejarle el celular o cualquier dispositivo electrónico, el bebé necesita experimentar por cuenta propia, interactuar con el mundo ¡Por favor! Evita darle dispositivos eléctricos o le acarrearás problemas escolares a futuro.

A partir de los cuatro años empieza a trabajar las relaciones sociales , sin embargo, no sabe cómo hacerlo, entonces empieza a identificarse con su progenitor del mismo sexo, el triángulo edípico, te sonara a Freud, pero lo importante aquí es darle la confianza, la aceptación no competir con el menor, pero si aclarar la importancia de la relación papá-mamá.

Desde los seis años se involucra en un mundo mucho más complejo, sistematizado, empiezan las obsesiones por lo que deberás controlar el uso del celular, en esta etapa, cada vez más niños están teniendo acceso a la pornografía y en edades más tempranas. El primer caso que atendí con esta problemática tenía ocho años de edad. Después he encontrado casos de menor edad ¡ten mucho cuidado! No deben irse a la cama con el celular y tampoco usarlo en la mesa, enfatiza la importancia de degustar los alimentos, saborearlos, tenemos problemas de obesidad porque gustan de alimentos poco nutritivos, por no decir que sin nutrientes que están incidiendo en su conducta, su nivel de atención y en problemas de obesidad.

En la tercera infancia empiezan a sentir atracción, se enamoran de su cuerpo, de ideales, quieren gustar a los otros ¡imaginas la influencia de las redes sociales a esta edad! Sufren acoso escolar, cuando lo que quieren es ser aceptados. Por ello es importante trabajar las etapas anteriores en su momento.

Llega el momento que necesitan su espacio, quieren alejarte pero te necesitan tan cerca como cuando eran bebés, es una etapa esencial para encontrar su pasión, necesitan tiempo y experiencias para experimentar en los deportes, el arte o la ciencia, debe descubrir y desarrollar sus talentos, es el momento de invertir en ello.

Ahora imagina que en lugar de descubrir su pasión se pasan horas en el celular, tienen problemas de lectura en la escuela, no se concentran, buscan la inmediatez y se rebelan con facilidad porque no tienen las estructuras básicas que sustenten su desarrollo potencial. Aquí es donde la mayor población (si no es que antes) caen en las drogas, sexo, diversión que solo tapa su necesidad de descubrimiento y desarrollo cognitivo y emocional.

¿Te diste cuenta del lugar tan importante que los padres jugamos en el desarrollo de nuestros hijos?

Ahora, con todo, debes saber que aunque estés ahí nuestros hijos cometerán errores, se equivocarán, se van a caer, y el que tú estés ahí para darle la confianza de que puede levantarse hará la diferencia en su vida. Una constante es la confianza primero en los padres y luego en sí mismo.

Por ello es tan importante estudiar para ser padre, conocer el proceso por el que pasan nuestros hijos, lo entendí hasta mi tercer hijo, entonces nos adelantábamos en lo que estaba por venir, las metas que debía cumplir. Llevamos un programa donde nuestro pequeño desarrollaba algunas metas. A los 16 años descubrió su pasión y ha sido increíble verlo desarrollar sus talentos a cierta distancia pues él trabaja por todas sus herramientas para seguir su pasión. La inversión fue encontrar un buen maestro después de iniciarlo en distintas actividades que veíamos que era muy bueno en ellas pero al fin encontró en lo que a él verdaderamente le apasionaba.

Seguimos preparándonos para la siguiente meta: Servir en una misión de tiempo completo a los 18 años, subsistir con los recursos esenciales, aprendiendo a administrarse fuera de casa y ayudando a otras personas.

Una de las teorías que me gusta más es "Las Etapas Psicosociales de Erik Erikson". Seguramente puedes verlas en tus hijos o algún bebé cercano a ti, Erikson toma como punto de partida la confianza, desde el nacimiento, la descripción general es la siguiente:

• Confianza contra la desconfianza abarca las edades de 0 a 1 años. Los niños de esta etapa son dependientes totalmente en todas sus necesidades y puede aprender a confiar de parte de la persona que lo cuida consistentemente. La desconfianza se desarrolla si las necesidades del niño o niña no se cumplen de forma consistentemente.

• Autonomía (Independencia) contra la inseguridad (vergüenza) abarca las edades de 1 a 2 años. Los niños a esta edad están aprendiendo a ser independientes, y si se le apoya positivamente, se convierten en individuos autónomos, de lo contrario los niños empiezan a dudar y a sentir vergüenza por sus actos.

• Iniciativa contra la Culpabilidad abarca las edades de 2 a 6 años. En esta etapa, los niños aprenden ya sea a través de su nueva independencia a descubrir y tomar la iniciativa en varias situaciones, o suelen sentir culpabilidad y vergüenza de hacer las cosas por su cuenta.

NEUROCIENCIA

¿Sabías que…

En 1958 Harry Harlow con su conferencia "La Naturaleza del Amor" abrió la puerta a importantes avances en materia científica con relación al apego, amor materno-filial y amor en general?

"El amor es un estado maravilloso, profundo, sensible y gratificante. Debido a su carácter íntimo y personal que es considerado por algunos como un tema inapropiado para la

investigación experimental. Pero, cualesquiera que sean nuestros sentimientos personales pueden ser, nuestra misión asignada como psicólogos es analizar todas las facetas del comportamiento humano y animal en sus variables componentes. Por lo que se trata del amor o afecto, los psicólogos han fracasado en esta misión. Lo poco que sabemos sobre el amor, no más allá de la simple observación, y lo poco que escribir sobre ella se ha escrito mejor por los poetas y novelistas [...]" p.673

Como hemos revisado en la línea conductora de esta reflexión personal, la exposición al estrés en la infancia tiene efectos en el comportamiento y función del nuestro sistema nervioso a largo plazo, incluso hasta desarrollar psicopatologías como ahora lo ha descubierto la ciencia del cerebro.

Hay quienes aún dicen que, al nacer el niño, "no se le acostumbre a los brazos", que se le deje llorar, cuando la evidencia científica muestra que es al contrario. Aunque hoy nos parezca obvio debido a los conocimientos obtenidos, en el siglo pasado se hacían operaciones a niños sin anestesia porque suponían que no sentían dolor, que el abrazarlos, al nacer, era hacerlo débiles.

El primer descubrimiento que hizo Harlow es que al nacer no requerimos a la mamá solo por alimentarnos. En ese tiempo se creía que los niños aprendían a amar a sus madres por la satisfacción de la necesidad básica como el hambre y sed. Con su estudio demostró que el afecto es más importante que el sustento, que los bebés necesitan confort y sensación de seguridad.

Hoy sabemos tras varias investigaciones que el contacto corporal provee el confort que une al bebé a la madre y que esto sentará las bases para la socialización.

Investigaciones posteriores han demostrado que cuando se recibe atención en la infancia al llegar a la vida adulta estamos más protegidos ante las situaciones de estrés.

Así, hoy comprendemos que para que el cerebro del bebé se desarrolle de manera saludable y sea el soporte de la salud del adulto debemos proveerle un medio nutrido, orgánica y emocionalmente. Entonces, si es importante amamantar al bebé tanto o más será mirar al bebé, hablarle, demostrarle afecto puesto que las experiencias que aporten sensaciones, percepciones permitirán que interprete, a futuro, sus sentimientos, y los de los demás, reconocer límites y expresar su sentir.

Desde la neurociencia entendemos que estas primeras experiencias de vida se conjugan con las bases biológicas de la salud, los arquitos de nuestro neurodesarrollo son esas vivencias que influyen en nuestro sistema inmunológico, en la respuesta de las hormonas que se secretan en periodos de estrés, en el aprendizaje y la inteligencia emocional.

Sugerencias

El primer contacto con el bebé que puede darle contención es el masaje, es un gesto que reconforta, es una caricia, el contacto más amoroso. Es una herramienta que permite la cercanía y da calidad a la relación, una práctica que hemos heredado, sobre todo cuando nuestros niños empiezan a crecer y se cansan o se sienten adoloridos de sus piernitas o sus pies. A nivel neuronal enriquece la comunicación entre neuronas, a través de sinapsis, por lo que ayuda al crecimiento cerebral puesto que aporta sensaciones gratas para el bebé.

Dar masaje a nuestro bebé implica mirarlo y que nos mire, tocar su piel para comunicar nuestro amor, está lleno de nutrientes emocionales, produciéndole bienestar y relajación.

Señala Christian (1974):

> La verdad es que la gente ha olvidado o bien ignora el mundo que tiene al alcance de sus manos. Con sus manos puede dar masaje y en ellas puede recibirlo. Es un hecho histórico que el masaje existía en la más remota antigüedad, y asimismo lo encontramos en ltosas las

grandes civilizaciones de la historia. El día de hoy el masaje parece ser una práctica olvidada.

El hecho es que el masaje es un arte terapéutico para el cual no se necesita más que aceite y una persona a quien darselo.

Por otra parte, también dar masaje al bebé es de beneficio para quien lo da, pues nos produce segregación de hormonas de placer y distensión, por ello es recomendable para las mamás que sufren depresión post parto.

Es fácil observar como afecta nuestro estado emocional cuando estamos cerca de un bebé, nos enternece, nos tranquiliza, por lo que es importante buscar prepararnos antes de darle el masaje a nuestro bebé, a fin de lograr la conexión con nuestro bebé.

Podemos hacer una cadena de masajes, donde se incluya al papá o un trenecito de masajes donde los demás hijos participen o podemos hacerlo de manera individual.

Nuestras manos tienen un enorme potencial de comunicar, trasmitir amor, generar afecto a través de las sensaciones y caricias. Nos conectamos con nuestro primer lenguaje. Adopta esta practica con tus hijos, tu familia, el grupo escolar, amigos.

Recuerda (Guevara, 2000): Los efectos del masaje son de diferentes tipos, olvidamos que nacemos envueltos en la piel, expuestos dentro de ella y a través del tacto podemos conocernos mejor y también conocer mejor a quien nos da o recibe el masaje, con ello se establece una relación de intercambio expresivo, sensible y desinteresado.

Actividades

¡A relajarnos un poco!

Organiza una sesión de masaje con quien prefieras, puede ser con tu familia o grupal. Puede ser en tu casa, jardín o patio; al esposo o esposa, a la novia o novio, a los amigos o compañeros, o con el grupo de niños, el masaje se puede practicar de todas las maneras.

La dinámica: Cadena de masajes.

Materiales: música para relajarse.

Selecciona música adecuada, que te invite a la relajación, opta por colocar aromatizantes si así lo dispones y prefieres.

Variante 1. De pie, colocados en círculo, al dar la indicación empiecen a darse masaje con las manos sobre los hombros, los dedos pulgares sobre la espalda y el resto de la mano por enfrente de los hombros. Primero suave y poco a poco subir la intensidad, hasta donde el que lo recibe aguante.

Cambian de masaje, ahora con la palma de la mano, haciendo círculos en la espalda primero de un lado con la mano derecha y luego del otro con la mano izquierda.

Cambio de mansaje con los codos, primero con el de la derecha y luego la izquierda sobre haciendo círculos. Incluso girar el sentido del círculo, ahora darlo a quien te lo daba.

Así sucesivamente, pueden cambiar de movimiento e incluso masajear el cuello, las sienes, la cabeza.

Variante 2. Para grupos grandes.

Organiza al grupo en dos círculos concéntricos de manera que queden en parejas. Todos miran al interior, al hacer sonar la música las personas del círculo externo le dan masaje a su pareja. A la indicación las personas se desplazan tantas personas a la derecha o izquierda, según indiques, de tal manera que el que recibe el masaje no sepa quién se lo da, esto le tranquilizará su atención sobre la persona que lo hace y se centrarán en el masaje.

Después repite con procedimiento invirtiendo las asignaciones de dar y recibir el masaje, que reciben el masaje quiénes los dieron.

Para completar la actividad puedes generar la reflexión con preguntas detonadoras, como:

¿Cómo se siente dar un masaje? ¿Cómo se siente recibirlo?

¿Qué es lo que más les llama la atención de esta práctica de dar y recibir masaje?

Recapitulando

Hoy en día, se sabe que la personalidad está en gran parte condicionada por el temperamento, pero es preciso que la genética, la bioquímica, la neurofisiología y la endocrinología progresen aún más para conocer las verdaderas causas de las formas de comportamiento temperamentales.

Sin embargo, nos conviene recordar que cada niño es diferente, cada uno tiene su temperamento y nuestro trabajo como educadores es ayudarles a adquirir carácter para poder alcanzar su potencial.

Tomar en cuenta su temperamento y el nuestro da la posibilidad de conciliar nuestros procesos para educar, conocernos nos ayuda a conocerlos y a que nuestros niños se conozcan, adquirir disciplina es esencial para forjar el carácter.

En ese sentido el trabajo de padres también les demanda educación constante, pues el desarrollo humano implica pasar por diferentes etapas de desarrollo, y en cada etapa sus demandas cambiaran, si no estamos sanos emocionalmente será una misión imposible educar en seguridad y respeto.

En cada etapa de la vida de los niños necesitan del apoyo de sus padres, necesitan sentir confianza para reconocer su pasión, su valía a través de la conexión que forjamos en nuestra relación cotidiana, este proceso se repite de formas distintas mientras ellos crecen. Tanto el papá, como mamá, maestros y sociedad en general tenemos que ver con la educación de los niños y el papel que cada uno juega es importante.

Una manera básica de fortalecer los lazos afectivos es a través del masaje, desde que nace el bebé y a lo largo de la vida, por ello podemos usarlo como una herramienta armonizadora y de amor para estrechar nuestras conexiones tanto neuronales como humanas.

PARTE V
"LAS HERRAMIENTAS PARA CONSTRUIR HUMANIDAD"

"Todo hombre puede ser, si se lo propone, escultor de su propio cerebro".

SANTIAGO RAMÓN Y CAJAL

CAPÍTULO 10:
PROYECTO LLAMADO HOMBRE

Entendemos que una herramienta es más allá de la definición etimológica del latín, *ferramata*, un instrumento que permite ciertos trabajos físicos, aquí nos referimos a los procedimientos que utilizamos para educar, es decir, todo lo que impacta en el desarrollo de las potencialidades de nuestros hijos. Señala Hiriart (2004) en su libro *Escribir para niñas y niños* lo siguiente:

> En la caja de herramientas del escritor para niños debería haber los más diversos utensilios para la construcción de textos. Algunos de ellos destinados al género particular que cultiva, pero otros, susceptibles de usarse en cualquier texto: un cuento, un poema o una obra de teatro. Son como el martillo y el clavo o los botes de pintura de distintas tonalidades, que lo mismo se utilizan para hacer una mesa que una catedral.

De manera similar, podemos señalar que la caja de herramienta de los educadores, llámense padres, maestros o cuidadores en general, debe estar llena de diversos utensilios para construir aprendizajes, en específico para educar, dado que su obra es realizada con los niños y entre más nos adentramos en su estudio, descubrimos la importancia y la trascendencia de esta responsabilidad de prodigar una posibilidad tan prometedora y delicada, nos empuja a reflexionar sobre la importancia de los primeros años.

Cabe resaltar que no me refiero a instrumentos, sino a herramientas, desde la concepción pedagógica; el primero se refiere a lo que cada uno necesita para aprender, sin embargo, las herramientas son lo que utilizamos para enseñar, lo que los educadores usamos para formar a nuestros niños, más adelante se abordará acerca de dichas herramientas.

No cabe duda que ser padre o madre es un desafío fuerte e importante, además, de buscar satisfacer las necesidades básicas de los niños, cuidar su desarrollo integral, sus emociones están de por medio, formar su carácter, posibilitar el desarrollo de las potencialidades que promete cada vida y respetar su personalidad, para más tarde desenvolverse en el mundo de manera responsable e independiente, en un entorno cambiante en el que los sistemas de producción son distintos a lo que es conocido en la actualidad. La pandemia generada por el COVID-19 lo ha dejado claro.

Sin embargo, tenemos que reconocer que para lograr la tarea se cuenta con profesionales dedicados al cuidado del menor y, en el primer lugar de la lista, están los maestros, quienes terminan por compartir más tiempo y enseñanzas que formarán el bagaje cognitivo para la vida. Convendría entonces aprender a hacer equipo, establecer una adecuada comunicación y relación que brinde seguridad a nuestros niños. Es lamentable que esto no siempre sea así. Es común escuchar que los padres se expresen mal de los maestros, incluso delante de los niños, al ignorar la fuerte carga emocional que esto puede conllevar para el menor. Por otro lado, es común escuchar cómo los profesores perciben el desarrollo de los niños faltos del interés de los padres, en específico en el cuidado y amor hacia ellos.

¡Basta de quejarnos unos de otros!, es tiempo de hacer frente de manera colaborativa al gran desafío de generar una nueva sociedad en la que nuestros hijos encuentren la seguridad, estabilidad, disciplina y apoyo para encontrar su pasión y desarrollar su potencial.

Entonces, la tarea de educar se complica cuando los niños empiezan a asistir a la escuela, muchas veces el origen es que no se convierte en una tarea compartida con los profesionales de la educación sino una competencia por falta de comunicación; las tareas son una carga que rebasa la comprensión en el aula y la explicación superflua sería que nuestro niño carece de experiencias previas, dado que en casa no hay un ambiente alfabetizador y, como ya abordamos antes, la preparación para incorporarnos a la vida académica inicia en el desarrollo embrionario, incluso, desde la concepción.

Al final de cuentas, entre el estrés de los padres y las demandas escolares, quien está en medio del campo de batalla es el niño, en "ese estira y afloja", a veces con incertidumbre, otras en soledad y otras veces confundido, por no mencionar las veces que se siente amenazado o agredido. Se suele romantizar la niñez, en especial en el día del niño, en las redes sociales es común encontrar publicaciones que hacen alusión a la maravillosa época de la infancia o se publicitan eventos para niños; pero se olvidan de que el niño lo es todos los días mientras está en esa etapa, esto transcurre y deja secuelas que se evidenciarán y maximizarán en la vida adulta, para más tarde, en el mejor de los casos, convertirse en el profesional que nos atenderá, por lo que necesitamos educar para la convivencia, así como para adquirir las habilidades y los conocimientos necesarios para alcanzar su potencial y convertirse en adulto.

Esta es una preocupación que ya manifestaba el padre de la pedagogía desde antes del año 1657, como se puede evidenciar:

Nadie puede creer que es un verdadero hombre a no ser que haya aprendido a formar su hombre; el decir, que esté apto para todas aquellas cosas que hacen el hombre. Esto se demuestra con el ejemplo de todas las criaturas que, aunque destinadas a usos humanos, no sirven para ello a no ser que nuestras manos las adopten. Por ejemplo: las piedras, que nos son dadas para construir nuestras casas, torres, muros, columnas, etc.; pero que no sirven para ello a no ser que nuestras manos las corten, las tracen, las labren. (Comenio, 1998, p. 20)

De esta forma se puede comprender que necesitamos poseer una caja de herramientas con los elementos a nuestra disposición para formar al hombre, para cualquier época y momento, es indiscutible que ese elemento es el de la educación, con todo lo que incluye, los tipos de educación, los niveles de educación y todo lo que de ahí se desprende, como lo señaló Kant (1983): "El hombre es la única criatura que ha de ser educada. Entendiendo por educación los cuidados (sustento, manutención), la disciplina y la instrucción, justamente con la educación" (p. 29). De esta manera, podemos sostener que nuestra caja de herramientas es la educación, también, Kant (1983) explicó más adelante: "Únicamente por la educación el hombre puede llegar a ser hombre. No es, sino lo que la educación le hace ser. Se ha de observar que el hombre no es educado más que por los hombres, que igualmente están educados" (p. 31).

Lo anterior quiere decir que para educar hay que estar educados, lo cierto es que para ser padre o madre, primeros educadores por excelencia, no existe aún una legislación o una escuela que nos obligue a estudiar para ser padres, antes de serlo o cuando ya se es, aunque la experiencia nos demuestre que necesitamos ser educados para educar a otros, hay una frase que se le atribuye a Napoleón Bonaparte que explica esta situación: "La educación de un niño comienza veinte años antes de su nacimiento, con la educación de sus padres".

Por consiguiente, nos queda claro que la educación no es solo asunto del sistema escolarizado, sino que debemos empezar por la familia. Desde los primeros teóricos de la educación, que escriben para los pedagogos, dan cuenta de la importancia de la primera educación, pues sus supuestos inician al reconocer que la primera educación viene de los padres, como se puede visualizar en las siguientes citas:

- Comenio (1998): "Corresponden, naturalmente, a los padres; los cuales, ya que fueron autores de la vida natural, deben también serlo de la vida racional, honesta y santa".
- Rousseau (1821): "La educación primera es la que más importa, y esta sin disputa compete a las mujeres; si el autor de la naturaleza hubiera querido fiársela a los hombres, les hubiera dado leche para criar a los niños".
- Kant (1983): "La educación física propiamente no consiste sino en los cuidados de los padres, nodrizas o niñeras. La leche de la madre es el alimento que la Naturaleza ha destinado al niño".

Con estos tres sencillos ejemplos se puede reconocer que las palabras que se le atribuyen a Napoleón no están lejos de la verdad, lo dice claro y contundentemente, la educación primero es responsabilidad de los padres y luego del sistema educativo.

Espero que hasta aquí la reflexión sea entorno a la importancia de educarnos como padres, de invertir en nuestra educación para asegurar una sana formación a nuestros hijos y, por supuesto, a los estudiantes, si el caso es que no tienes hijos y te dedicas a la enseñanza académica.

Así que la educación de los padres tiene una influencia importante sobre la que recibirán sus hijos en la escuela.

Ya vimos como el temperamento es determinante para esto, ahora veamos los tipos de educación y lo que concierne a cada persona. Por lo que podemos concederle un lugar privilegiado a las emociones como una herramienta para educar, otra puede ser las relaciones sociales o en específico el entorno social, una más que se adhiere durante el crecimiento de nuestros hijos es el sistema educativo. Abordemos cada uno de estos, como nos ayudan o nos limitan en nuestro desempeño como educadores.

Repasemos estilos parentales y posibles consecuencias: Hay estudios que nos muestran que existe una relación entre los estilos parentales y la inteligencia emocional de los padres con la de los hijos, como es el caso del informe de investigación *¿Influyen los estilos parentales y la inteligencia emocional de los padres en el desarrollo emocional de sus hijos escolarizados en el 2º. ciclo de educación infantil?*, se puede determinar lo siguiente:

> Los resultados mostraron que el estilo parental se relaciona con la Inteligencia emocional de los padres. Los padres/madres con mayor inteligencia emocional tienden a mostrar un estilo democrático. A su vez, el estilo democrático de los padres/madres correlaciona en mayor medida con la IE de los niños. Se encontró además que, dependiendo del estilo parental, los alumnos tienden a desarrollar más unas habilidades emocionales u otras, así, los niños con madres autoritarias tenían mayores habilidades interpersonales. (Ramírez-Lucas et al., 2015, pp. 65-66)

Es necesario que revisemos, desde la neuroeducación, es decir, a través del repaso con ejercicios distintos, hasta quedar impregnado en nuestra memoria, a fin de concientizar sobre nuestra conducta parental.

Entonces, los distintos tipos de educación que utilizan los padres, sin caer en el exceso de juzgar o emitir juicio sobre si estamos bien o mal, intentemos ser objetivos para reconocer la influencia que ejercemos sobre los menores y consideremos que estos pueden funcionar según el contexto, la cultura en el que se inserta.

Partamos, en este primer momento, desde la conceptualización de los estilos más importantes según el modelo de autoridad parental de Baumrind (1966), este ha sido ampliamente utilizado para abordar las consecuencias de la socialización familiar sobre la competencia de los niños, sus tipos de estilos educativos parentales son el estilo autoritario, permisivo y el democrático. Antes de introducirnos en la parte conceptual sobre la parentalidad, te pido que realices el siguiente ejercicio de la consejería de orientados, según se encuentra en Internet (Generalitat Valenciana, s.f.) con el propósito de iniciar la reflexión respecto al tema en cuestión.

Actividad

Cuestionario de estilos educativos

Responde las preguntas siguientes con sinceridad. Recuerda que no hay respuestas correctas. El objetivo de este cuestionario es conocer la forma habitual en que te relacionas con tu hijo/a. Reflexiona un poco antes de contestar y trata de que tus respuestas se refieran al último año. Si ninguna alternativa se adopta exactamente a ti, marca la que más se parezca a la realidad.

1. ¿Qué nivel de intimidad tienes con tu hijo?
   - Alto.
   - Medio.
   - Bajo.

2. Las muestras de cariño que le das a tu hijo/a suelen ser:
   - Frecuentes y directas.
   - Infrecuentes y directas.
   - Indirectas.

3. Dirías que la comunicación con tu hijo suele ser:
   - Fluida.
   - Irregular.
   - Mala.

4. Al establecer normas para el comportamiento de tu hijo/a, ¿sueles explicarle las razones?
   - Siempre.
   - A veces.
   - Nunca.

5. Tu hijo/a ¿considera que las normas están establecidas de manera clara y positiva?
   - Sí.
   - No lo sé.
   - No.

6. Cuando tu hijo/a comete un fallo:
   - Sueles castigarle para que sepa que lo ha hecho mal.
   - Esperas que lo resuelva solo.
   - Tratas de hacerle reflexionar sobre lo sucedido.

7. ¿Le has prometido a tu hijo/a alguna vez recompensas que no has cumplido?
   - No
   - Sí
   - No suelo ofrecerle recompensas por cumplir con sus obligaciones.

8. Lo más importante para ti en la educación de tu hijo/a es que aprenda:
   - A respetar a los demás.
   - A desarrollar todo su potencial.
   - A obedecer.

9. Lo más importante para tu pareja en la educación de tu hijo/a es que aprenda:
   - A respetar a los demás.
   - A desarrollar todo su potencial.
   - A obedecer.

10. Cuando surge un problema complicado en casa o en el trabajo:
   - Pienso que podré resolverlo y trato de pensar en todas las alternativas posibles.
   - Pienso en las alternativas, pero casi siempre lo dejo para el último momento.
   - No me gusta demasiado pensar en los problemas.

Respuestas al cuestionario de estilos educativos

Puntuaciones

Solo computan las preguntas de la 1 a la 8. La primera opción equivale a 2, la segunda a 1 y la última a 0. En total:

- De 0 a 4: Tu estilo es autoritario.
- De 4 a 8: Tu estilo es ligeramente autoritario.
- De 8 a 12: Tu estilo es bastante democrático.
- Más de 12: Tu estilo es democrático.

Para la pregunta 10, la primera equivale a 0, la segunda a 1 y la última a 2.

- 0: tu estilo de afrontamiento de los problemas es positivo.
- 1: tu estilo de afrontamiento de los problemas es postergador.
- 2: tu estilo de afrontamiento de los problemas es evitador.

En general, un estilo predomina en nuestra forma de enseñanza, aunque no debemos perder de vista que estos estilos pueden ser mixtos, es decir, cambian con el paso del tiempo por el desarrollo del niño, puesto que la relación entre padres e hijos es en dos direcciones, dado que los hijos también influyen en el comportamiento de los padres; además, hay otros factores que influyen, por ejemplo, el sexo del hijo y su posición en el número de hermanos.

Como señaló Jiménez (2010), es Baumrind (1966) quien aporta uno de los modelos pioneros y más elaborados acerca de los estilos parentales, según lo describió:

Dividió a los niños en tres tipos de estructura personal según su conducta para conocer el impacto de pautas de conducta familiar en la personalidad del niño:

I. Estructura I: eran los más competentes, contentos e independientes, confiados en sí mismos y mostraban conductas exploratorias.

II. Estructura II: eran medianamente confiados y capaces de controlarse a sí mismos y, en cierto modo, inseguros y temerosos.

III. Estructura III: se manifestaban inmaduros y dependientes, con menos capacidad de control y confianza en sí mismos.

Correlacionando estas características de personalidad con los métodos de crianza en la familia, obtuvo lo siguiente:

I. Padres del grupo I (en especial las madres). Ejercían un control firme, exigencias de ciertos niveles de madurez y buena comunicación con los hijos. Lo denominó comportamiento autoritativo parental.

II. Padres del grupo II. Menos cuidadosos y atentos con sus hijos en comparación con otros grupos. Son denominados padres autoritarios.

III. Padres del grupo III. Afectuosos y atentos, pero ejercían poco control y escasas demandas de madurez sobre sus hijos. Los denominó padres permisivos.

A partir de estos estudios se definieron los estilos paternos por consiguiente se determinó de forma hipotética que el estilo autoritativo es el de mejores resultados en la adaptación de los niños, se confirmó a través de las conclusiones:

• **Padres autoritarios**: valoran la obediencia como una virtud. Utilizan medidas de castigo o de fuerza y están de acuerdo con mantener a los niños en un papel subordinado y en restringir su autonomía. Se esfuerzan en influir, controlar y evaluar el comportamiento de sus hijos en función a unos patrones rígidos. No facilitan el diálogo, e incluso llegan a utilizar el rechazo como medida disciplinaria. Este estilo es el que tiene más repercusiones negativas en el desarrollo de los hijos, puesto que muestran falta de autonomía personal y creatividad, menor competencia social, baja autoestima y genera niños descontentos, reservados, poco tenaces, poco comunicativos, poco afectuosos y con tendencia a tener una pobre interiorización de valores.

- **Padres permisivos:** dotan al menor de gran autonomía, siempre que no esté en peligro su integridad física. Se comporta de una forma afirmativa, aceptadora y benigna hacia los impulsos y las acciones del niño. Lo libera de todo control y evita utilizar la autoridad, las restricciones y el castigo. No son exigentes respecto a la madurez y responsabilidad en las tareas. El problema viene dado a que los padres no son siempre capaces de marcar límites en la permisividad, pueden llegar a producir efectos socializadores negativos respecto a las conductas agresivas y logros de independencia. Tenemos a niños aparentemente alegres y vitales, pero dependientes, con altos niveles de conducta antisocial, bajos niveles de madurez y éxito personal.

- **Padres autoritativos o democráticos:** intentan dirigir la actividad del niño, pero utilizan el razonamiento y la negociación. Tienden a dirigir la actividad del niño de una manera racional, parten de una aceptación de los derechos y deberes propios, así como de los derechos y deberes de los niños, lo que Baumrind (1966) denominó como reciprocidad jerárquica, es decir, cada miembro de la familia tiene derechos y responsabilidades con respecto a los demás. Se caracteriza por la comunicación bidireccional y por el énfasis entre la responsabilidad social de las acciones y el desarrollo de la autonomía e independencia en el menor. Este estilo produce, por regla general, efectos positivos en la socialización: desarrollo de competencias sociales, elevada autoestima y bienestar psicológico, así como un nivel inferior de conflictos entre padres e hijos. Estamos hablando de niños interactivos, hábiles en las relaciones con los iguales, independientes y cariñosos.

Más adelante, Maccoby y Martin (1983) hicieron las adaptaciones al modelo de Baumrind, propusieron cuatro estilos de crianza al considerar dos dimensiones:

1. Afecto--------------------------------comunicación.
2. Control------------------------------establecimiento de límites.

El primero se refiere al amor, la aprobación, aceptación y ayuda que los padres dan a los hijos, a fin de que se sientan amados, aceptados, entendidos y atendidos.

Por otra parte, la dimensión de control se refiere a la disciplina que buscan los padres a fin de controlar o supervisar la conducta de los hijos y dan seguimiento riguroso a las normas que establecen.

A partir de estas dimensiones surgen los cuatro estilos parentales: autoritario, permisivo, democrático y negligente. Revisemos de manera general sus implicaciones, recodemos que no existen los estilos buenos o malos, su efectividad depende de la cultura donde se inserte. Revisemos, a continuación, cómo se genera:

Estilo autoritario

Los padres manejan importantes niveles de control restrictivo, bajos niveles de comunicación y afecto, los chicos funcionan con un fuerte control externo (Montero y Jiménez, 2009).

Características de los padres:

Los padres valoran la obediencia como una virtud, mantienen a sus hijos subordinados y restringen su autonomía (Torío López, Peña Calvo e Inda Caro, 2008).

Consecuencias educativas sobre los hijos:

Sus problemas se plantean a nivel emocional, escaso apoyo, consolidan en los niños una baja autoestima y una confianza en sí mismos deteriorada.

- Cuando hay castigo físico los niños manifiestan problemas de impulsividad y agresión con sus iguales.
- Los adolescentes caen en el abuso del alcohol.

- Mayor inadaptación personal y social, son tímidos, no expresan afecto a sus iguales, son irritables, escasa interiorización de valores, vulnerables a la tensión y poco alegres.
- Todo esto puede derivar tendencias a sentir culpa y depresión.
- En la etapa de la adolescencia terminan revelándose, buscan libertad y autonomía con el peligro a caer en drogas o al sexo por diversión.

Estilo democrático

Los padres demuestran afecto, control y exigencia de madurez, los hijos se observan con ajuste emocional y comportamental.

"Este estilo implica la combinación de tres elementos: el afecto y la comunicación familiar; el fomento de la autonomía por parte de los progenitores y el establecimiento de límites y la supervisión de la conducta de sus hijos" (Oliva et al., 2007 como se citaron en Capano y Ubach, 2013, p. 88).

Características de los padres:

"Son padres que estimulan la expresión de las necesidades de sus hijos, promueven la responsabilidad y otorgan autonomía" (Torío et al., 2008 como se citaron en Capano y Ubach, 2013, p. 87).

Los padres con estilo democrático trasmiten afecto, brindan apoyo, promueven la comunicación, establecen reglas a nivel familiar, procuran su cumplimiento al utilizar el razonamiento inductivo como forma de disciplina, logran autonomía y cooperación en sus hijos, se cuenta con una mayor probabilidad de que sus hijos ser sociables. (Alonso y Román, 2005; Lila y Gracia, 2005 como se citaron en Capano y Ubach, 2013, p. 88)

Consecuencias educativas sobre los hijos:

"El estilo democrático tiene un impacto muy positivo en el desarrollo psicológico de los niños, manifiestan un estado emocional estable y alegre, una elevada autoestima y autocontrol" (Arranz et al., 2004 como se citaron en Capano y Ubach, 2013, p. 87).

• Cuando llegan a la adolescencia muestran elevada autoestima, desarrollo moral y social.

• Tienen mejor desempeño académico.

• Sienten confianza para enfrentar nuevos retos.

• Tienen mejor relación con los padres, entre más afecto mayor grado de comunicación.

Estilo negligente

Es un estilo caracterizado por la indiferencia, la permisividad, la pasividad, la irritabilidad y la ambigüedad, no hay normas ni afecto (Montero Jiménez y Jiménez Tallón, 2009; Arranz, et al., 2004). Es un estilo que utiliza el castigo físico hacia los hijos como medida disciplinaria, predomina la falta de coherencia, mínimo control e implicación emocional (Arranz et al., 2004). En esta categorización de estilos se encuentran los padres con estilos educativos permisivos y autoritarios. (Capano y Ubach, 2013, p. 88)

Características de los padres:

"Los padres promueven una importante autonomía en sus hijos, los liberan del control, evitan el uso de las restricciones y el castigo" (Torío et al., 2008 como se citaron en Capano y Ubach, p. 88).

Consecuencias educativas sobre los hijos:

"Quienes han crecido y vivido en un ambiente negligente, presentan un sin número de problemas académicos, emocionales y conductuales" (Capano y Ubach, 2013, p. 88).

• Muestran falta de afecto, de supervisión.

• Sienten inseguridad.

• Dependen de los adultos.

• Baja tolerancia a la frustración.

- Pueden presentar conductas delictivas o abusivas.
- Dificultad en la interiorización de valores.
- Baja autoestima, falta de confianza, bajo nivel de control de sus impulsos.
- Corren el riesgo a caer en drogas.

El propósito de la educación

El uso de estos estilos tiene un fin en común, formar a los individuos para que puedan vivir en sociedad, el ser humano se desarrolla y encuentra su plenitud en sociedad, no puede ser sin esta, además, tiene capacidad de transformarla, de mejorarla, al menos eso se espera en la actualidad.

Pero si hablamos de herramientas para educar, la primera debe ser el amor. Ya Martí lo sabía, "el amor es el lazo de los hombres, el modo de enseñar y el centro del mundo" (Martí, 2011, p. 122), "la enseñanza, ¿quién no lo sabe?, es ante todo una obra de infinito amor" (Martí, 2011, p. 13).

De esta manera, podemos apoyar la idea de que la emoción va de la mano con la educación, al tener presente lo siguiente desde la perspectiva del Dr. Marina (2011): "El objetivo principal de la educación es ayudar a formar personalidades competentes, es decir, un todo complejísimo y complejísimamente integrado. Sin embargo, la neurociencia puede ayudarnos también a conseguir este objetivo" (párr. 1).

Las relaciones seguras con los padres crean un contexto favorable para el desarrollo temprano. Y da sustento a lo que continuará en la vida del infante, sobre todo, al incorporarse a la vida académica.

Entonces, tener relaciones sanas, primero con la madre, con el respaldo del padre quien poco a poco se hace presente, se involucra, es mucho más grande de lo que se pensaba en el pasado. Se puede pensar que el tipo de parentalidad determinará el cableado cerebral, puesto que todo lo que vivimos nos organizan psicológica y neuronalmente. Necesitamos amor, armonía y estabilidad.

Neurociencia

¿Sabías que...

Mario (1898-1982), el hijo de la Doctora María Montessori (1870-1952), cuidó de ella con amor y lealtad hasta su muerte, pese a que no fue criado por ella?

Tras la muerte de María Montessori, su hijo continuó con su obra, solo quienes se adentran en la filosofía de Montessori se aproximan al trabajo de Mario, quien estableció las pautas y lineamientos de la educación cósmica.

Pocos comprenden el dolor tan grande que sufrió María al ser separada de su hijo, ya llevaba una herida profunda con la traición de su amante, se habían prometido no casarse y él no solo la condicionó ante el nacimiento del bebé, sino que se casó con otra mujer. La pareja de María, el Dr. Giuseppe Montesano, condicionó a María para darle su apellido al bebé siempre y cuando se mantuviera en secreto.

Al parecer, Montesano y María no se casaron por la oposición de la madre de él, Isabella Schiavone, además el plan de mandar al niño con una nodriza fue de ella y de la madre de María, Renielde Stoppani. Por otra parte, el padre de María, Alessandro Montessori, militar de profesión, un hombre muy estricto, respetable, de tradición moralista y puritana tampoco ofreció apoyo, por el contrario, manifestó su repudio a la situación.

María, la primera mujer médica, luego atrapada por la psiquiatría, se enamoró de su colega y como fruto de ese amor nació Mario, a quien tuvo que renunciar, pero no del todo, puesto que solía visitarlo, incluso después de los siete años que fue internado para recibir educación, ella lo siguió visitando sin revelar su identidad, pero cultivando una relación materno-filial. Cuando Mario cumplió quince años le dijo a María que sabía que ella es su madre y que quería ir a vivir con ella, desde ese momento no se separaron. Muchos criticaron a María por dejar a su hijo, pero poco recuerdan la responsabilidad del padre. Las personas que mejor pudieron cobijar al pequeño Mario son los que lo abandonaron, al negar, no solo su existencia sino el privilegio de amarlo.

Sin embargo, en plena adolescencia, Mario prefirió a su madre y de ahí en adelante se da una asociación inigualable. A los 17 años la acompañó a Estados Unidos y la apoyó para sentirse tranquila en una experiencia que pudo ser muy dura para María, en lo que pudo ser el inicio de un proyecto trascendental, la Asociación Montessori Internacional (AMI).

Mario se casó con Helen Christie, tienen cuatro hijos: Mario Jr., Marilena, Rolando y Renilde quien le sucederá en la dirección de la AMI tras su muerte.

Así, Mario protegió a su madre de los que la buscaban para sacar provecho de su fama, la acompañó en sus giras y le ayudó en la realización de sus cursos, la supervisión de las actividades de las escuelas Montessori y la formación a los docentes. Le sirvió de traductor, mientras María daba cursos de capacitación en italiano, Mario las traducía al inglés.

Del él dijo Marilenan, su hija:

Mario Montessori - un hombre sencillo, un hombre inocente. Un hombre muy generoso, un hombre tímido, un hombre exuberante. Un hombre contemplativo, un hombre activo. Un hombre que amaba la vida con pasión y se mantuvo joven hasta el día de su muerte.

Él amaba la tierra, lo que se oculta en ella, lo que vivió y creció en ella. Le encantaba el cielo, el sol, las nubes, la luna y las estrellas. Amaba el viento, las tormentas y el mar. Amaba luchar contra los elementos. Le encantaba cabalgar, remar y nadar. Siempre impecablemente peinado, le gustaba la buena ropa y en su juventud se divirtió usando polainas y sombreros y chalecos de fantasía. Le encantaba dar regalos extravagantes - nunca una rosa, ¡al menos sesenta! Le encantaba la comida, le encantaba cocinar, le gustaba beber y fumar. Amaba a las chicas guapas, la música y el canto, no había nada ascético de él, aunque eligió vivir una vida ascética.

Era un maestro nato. Él amaba a los niños y especialmente los bebés pequeños a los que llamaba fabricantes de milagros y con quien mantuvo largas conversaciones, que los recién nacidos, mirando fijamente sus labios, siguieron con fascinación.

Pero todos sus amores eran nada comparado con el amor por su madre y su trabajo. Un amor que todo lo abarcaba que dominó toda su existencia. Su dedicación a ella fue una elección consciente y libre, no un resultado del apego madre / hijo. Podría haber habido ninguna duda a ambos lados de poder cortar el cordón umbilical. Él vivió para ella, con ella, pero no a través de ella. Lo sorprendente de este hombre sin escolástica real o formación académica era la claridad de su total comprensión del funcionamiento de la mente. Su inteligencia y su apertura de espíritu intuitivo le permitieron mantenerse al día con sus saltos espectaculares desde la primera a la novena dimensión - incluso a veces llegando justo antes que ella permitió que ella fuese quien llegara primero. Nada de lo que ella dedujo, desarrolló o declaró lo sorprendió nunca. Por su comprensión, su entusiasmo y su creencia en la importancia de su visión cósmica para el desarrollo de la humanidad, se convirtió en un pilar de su trabajo.

Continuó su lucha después de su muerte. Contra todo pronóstico, todas las luchas por el poder, todas las intrigas, continuó la lucha por el niño - el niño, el padre del hombre.

Al parecer algo hizo bien María en esas visitas a su hijo, tal vez sea la herramienta más poderosa: el amor y la distancia.

María, doctora en medicina, psiquiatra, antropóloga, apasionada por el estudio de los niños hace importantes aportes a la ciencia educativa. De no ser por la forma en la que se dieron las cosas en su vida, tal vez no tendríamos hoy acceso a unos de los sistemas pedagógicos más importantes en educación infantil. No lo sabremos.

De esta manera, María, tras formarse como médica, empezó a trabajar en una clínica psiquiátrica como ayudante de la catedra de psiquiatría, además, ya contaba con estudios de ingeniería y biología, entonces observó a los niños y adultos con problemas mentales quienes no tienen acceso a ningún tipo de actividad. Ese será el nacimiento de su propuesta pedagógica, diversificar el trabajo, generar la libertad máxima posible para que el niño experimente y aprenda al ritmo de su descubrimiento. El amor y el ambiente entre otros factores son determinantes para la educación, sostiene la Dra. Montessori al difundir su proyecto.

Primero con la experiencia adquirida con los niños del hospital, aprendieron a leer y escribir al presentar el examen que los niños típicos resuelven con resultados inferiores; luego, en la "Casa de los niños" Montessori tuvo la oportunidad de teorizar y organizar su método, este consistió en desarrollar la autonomía del niño, con materiales siempre a disposición para activar y ejercitar los sentidos, con objeto apropiados a las aficiones de los niños y de sus proporciones físicas.

En la "Casa de los niños" inició con la enseñanza del orden y la limpieza, dignificándolo para que después el niño trasformara su entorno, "los niños se construyen a sí mismos", sostuvo en sus teorías; se basan en la observación directa de los niños, detectó lo que pueden hacer sin ayuda de un adulto, con solo contar con materiales variados.

Conoce también la propuesta de Johann Heinrich Pestalozzi (1746-1827), quien hizo énfasis en la preparación de los maestros, sugirió que primero debe haber un cambio en la persona y sentir amor por su desempeño laborar, su docencia; para generar amor entre el niño y el maestro. Por lo que Montessori lo sumó a su naciente metodología de la instrucción a profesores.

En este contexto se puede comprender que Mario fue un niño independiente, debido a que su madre no estuvo siempre detrás de él sobreprotegiéndolo, ni resolviéndole la vida, o adivinando su pensamiento, sino con la libertad que una nodriza poco interesada puede dar, tan solo cuidar de que no se lastime, proporcionarle su alimentación y los lineamientos de comportamiento. Recibir las caricias y las palabras amorosas de una mamá como estímulo no tan constante, pudieron ser los factores que hicieron de él un hombre de bien, no lo sabemos, sin embargo, el método Montessori tiene su base científica y hasta hoy es funcional.

Otro de los pedagogos a traer a consentimiento, fue contemporáneo de María Montessori, perteneciente de la corriente llamada escuela nueva. John Dewey (1859-1952), importante en su tiempo dado a que impulsó la aplicación práctica de la psicología, estableció el primer laboratorio importante de psicología educativa, algunas de sus ideas principales que hoy las respaldan las neurociencias son las siguientes:

El niño aprende de manera activa y no en silencio, con un método repetitivo aburrido, Dewey, también asumió la idea de que el niño aprende mejor al realizar las cosas.

La educación debe enfocarse en el niño como un todo, no solo educar en temas académicos, sino aprender a pensar y adaptarse al mundo de donde viene el niño, aprender a resolver los problemas de manera reflexiva. Para lo que sistematizó su método, denominado método del problema, al seguir con los preceptos de método científico, compuesto por cinco fases:

1. Consideramos las experiencias del niño en su familia y su contexto social.
2. Identificamos algún problema o la dificultad derivado de la experiencia.
3. Revisar los datos disponibles, buscar soluciones viables, donde se consideran los materiales del programa escolar y recursos al alcance.
4. Plantear hipótesis de solución que nos servirán como hilo conductor para procurar la solución al problema en tratamiento.
5. La última fase se trata de la comprobación de hipótesis, en este caso, es la práctica que aunada a la reflexión permitirá la solución del problema.

Otra idea de Dewey, tan importante y vigente, consiste en que los niños merecen tener acceso a educación competente y que aquí podemos sugerir nuestra interpretación relacionada a que el niño tiene derecho a tener padres que se preparan para educar y maestros comprometidos con actualización constante, en ambos casos, educadores sanos emocionalmente.

Como estos pedagogos hay otras propuestas que consideran al niño en el centro de la educación y que ya han formulado metodologías para educar al interior de la sala de clase.

Las personas más inteligentes probablemente tengan mejores conexiones neuronales.

Sugerencias

Problemas comunes en la primera etapa que pueden volverse en problemas permanentes, te voy a proponer algunas herramientas prácticas que a mí me funcionaron, con cada hijo es distinto, por esto es importante el primer año de vida, te permite conocerlo y que te conozca:

Hablemos de los horribles berrinches. Es común que a partir de los 11-12 meses, o antes, nuestro bebé empiece a querer controlar el mundo, lo comenté con anterioridad, entonces las cosas empiezan a salirse de control, quiere hacerlo todo y no siempre puede. Usa gritos, pataletas, llanto, desplantes, ¡mucho drama! Solo está buscando manifestar su frustración frente a una diversidad de situaciones como su deseo de llamar la atención, por el hecho de que tiene hambre, sueño, está cansado o incómodo.

Lo conveniente es evitar esa situación, tener determinadas rutinas le ayudarán, sin embargo, si su temperamento es difícil se manifestarán los berrinches de un momento a otro, ajusta tu modelo parental para darle seguridad y ayudarle a adquirir carácter.

Lo primero es evitar el momento del berrinche, sin embargo, los niños a esa edad apenas están aprendiendo a hablar, no saben usar el lenguaje para expresar su emoción o su necesidad; esto es muy importante al considerar el tratamiento del berrinche, el niño aprenderá del adulto a manejar sus emociones conforme aparece el lenguaje, siempre y cuando el manejo haya sido adecuado o de lo contrario se hará parte de su forma de conocer y moverse en el mundo en que vive. ¡Así que mucho cuidado frente a su primer berrinche!

- **Intenta graduar los desafíos:** las rutinas, los límites le dan seguridad, sin embargo, poco a poco debes exponerlo a experiencias más complejas, por ejemplo, empezar a convivir con otros niños, al principio con uno en tu casa, luego más niños en lugares más concurridos, controla los tiempos de exposición. Explicarle las reglas de convivencia, aunque creas que no te va a entender, habla con él y anticipa lo que puede suceder, como el hecho de no querer prestar sus juguetes, debes comprender que su emoción y prepararte de forma emocional.

- **Esfuérzate por ser flexible**: va a explorar sus emociones a través de las tuyas. Cuando surja el berrinche no grites, no discutas con tu bebé, e intenta ser flexible con las reglas, está aprendiendo. No escuchará nada de lo que digas y puedes exponerte a perder el control de tus propias emociones, así que no es el momento de regañar.

- **Respira profundo y abrázalo:** deja que se calme en tus brazos, antes de que empiece a arrojar cosas, arañar o golpear, no lo abraces tan fuerte, no le digas nada hasta que termine de llorar. Hay niños que no les gusta ser sujetados, en este caso es mejor que le des espacio, pero cuida que no se lastime, es muy importante poner a tención a su primer berrinche, puesto que esto te ayudará a saber cómo debes actuar con tu hijo. Solo recuerda que es parte del proceso de crecimiento no te asustes ni te tenses, respira y cuida que no arroje cosas o se lastime.

- **Explícale:** hasta que termine de llorar explícale qué hizo mal y qué puede hacer en la siguiente ocasión que algo se salga de control, ya sea por el hecho de que hizo algo indebido o le hicieron algo. No tienes que regañarlo, solo explicar qué es lo que pasó, por qué se siente de esa manera y aprenderá a controlar lo que sucede a su alrededor, puesto que tú se lo enseñarás, además, él no tiene esas herramientas para confrontar el mundo que se expande a su alrededor.

• **No castigues ni des recompensas frente al berrinche**: no importa si es en público, no cedas con facilidad, por esto es importante tener reglas prestablecidas claras. Si tu hijo ve que sus berrinches te afectan, no dudes que lo usará como una herramienta para obtener lo que quiere de ahí en adelante. Si haces un manejo adecuado entre el año y los tres años, serán las crisis más severas, de lo contrario a los cuatro años ya sabrá manipularte. Si el niño quiere un juguete, el celular, un dulce o cualquier cosa, para obtenerlo hará un berrinche y tú cederás o te alterarás esto se repetirá, incluso, hasta la vida adulta. Por este motivo, encontramos adultos que se quejan mucho cuando algo se sale de su control, se molestan de manera exacerbada y no pueden controlar sus impulsos. Este es el origen.

Abordar los berrinches nos permite introducirnos al tema de los límites. Incluso, con mi hijo menor, cuando se suponía que tenía ya cierta experiencia, seguía siendo un tema de profunda consternación no poder consentirlo y mimarlo con todo lo que quisiera, puesto que uno quiere ver a su bebé siempre contento y seguro, poner límites implica hacerse el duro, tener disciplina sin caer en la frialdad, herramientas necesarias para la educación de los menores a partir de la salud emocional del adulto.

• **Pon reglas claras:** decirle al niño "pórtate bien" no significa nada para él si no incluyes la explicación de lo que esperas de su conducta, da instrucciones precisas, por ejemplo: toma mi mano al caminar por la calle o saluda en voz alta diciendo buenos días. Debes ser muy específico al principio y luego, aumentar las reglas y su complejidad. Las reglas para un niño de dos años son diferentes para uno de ocho o de doce.

• **Debes dar cierta libertad para elegir desde que son bebés:** por ejemplo, debes dar la oportunidad de elegir qué ropa o zapatos ponerse, incluso dejar que se vista solo, suelen hacerlo muy mal, pero entre más prologues esta oportunidad más tardará en saber tomar decisiones. Algunas veces podemos darles opciones para elegir sin que intervenga con la regla que hemos impuesto: ¿quieres que te bañe o prefieres hacerlo solo? Es un ejemplo de cumplir con la hora del baño, a propósito, esta es una actividad que nos da pauta a la diversión, el juego no tiene que ser una norma aburrida, acompañada de ¡es la hora de la diversión! Cambia la indicación de: ya es hora de bañarte. Procura momentos agradables y divertidos en las actividades que serán parte de la rutina diaria.

• **Debes ser firme**: las opciones que proporciones no den pauta a que el niño decida si lo hace o no, la firmeza no es ser autoritario, pero tampoco ser ligero. Si la hora de dormir es a las ocho no debes suponer que el lunes y martes exiges que así sea, pero el miércoles y jueves es un poco más tarde y luego el fin de semana que ya estás cansado pueden dormir a la hora que quieran. Debes ser constante, aunque estés cansado.

Un padre autoritario usará con mayor frecuencia el "no", en lugar de explicar o dar opciones, si te das cuenta podemos dar opciones en determinadas reglas, pero no en si se cumplen o no, sino en la manera en que se cumplirán, si cambias la instrucción de "quiero que te bañes ya" por "¡llegó la hora de la diversión acuática!" Además, de que le quitas tensión a la orden, estás posibilitando que la tensión sea entre el agua y el jabón con el niño, no entre tú y él.

• **Es el momento de estimular el desarrollo del razonamiento**: cuando le das grandes explicaciones sobre por qué has establecido cierta regla, lo que lograrás es que se distraiga, por lo que debes ser claro, concreto y sencillo: si te bañas descansas mejor. No desapruebes al niño, sino su conducta.

• **Trabaja tus emociones**: tendemos a repetir conductas aprendidas o caer en el extremo de no querer repetir lo que se hizo con nosotros, por este motivo, o somos muy severos, o muy blandos a la hora de educar, la firmeza se encuentra entre estos dos extremos, los padres que educan de forma autoritaria son muy severos, pero no creas que los que no tienen reglas o son sensibles al dolor de los niños les dan la seguridad que necesitan. Ni los gritos, insultos, o agresiones ayudan como la falta de reglas.

Si estás triste y tus hijos o estudiantes te observan triste o llorando, no niegues tu tristeza y di que todo está bien, si no lo haces estás enseñando que las emociones se deben ocultar, una emoción que se reprime fluye, no se va.

CAPÍTULO 11:
NEURO-DIDÁCTICA

"La letra con sangre no entra". El dolor es un refuerzo negativo que el cerebro trata de no repetir y olvidar pronto. Por el contrario, aprender con alegría es un refuerzo positivo que se trata de repetir y mantiene lo aprendido en la memoria más largo tiempo".

Francisco Mora

Con tantos años de experiencia docente en los diferentes niveles educativos, considero necesaria la formación permanente, incluso encontré en la educación en línea una respuesta más acorde con mis tiempos y actividades. En todos esos estudios encontré una constante, mi entusiasmo por aprender, aunque muchas veces los contenidos coincidían en algunos temas, el repaso servía para descubrir nuevas aplicaciones en el aula.

Mis estudiantes me conocen, saben que soy una entusiasta por la enseñanza, por lo que también me interesa aprender, en mi trayecto formativo tomé tantos cursos que ahora entiendo que muchas veces nos quedamos con una interpretación errónea que luego difundimos.

Así como la neurociencia ha hecho aportes respecto a cómo aprende el cerebro, también se han dado creencias que carecen de fundamentación científica, lo que, en 2002 en el proyecto *Brain and Learnig*, la OCDE definió como neuromitos. De esta manera, intenta localizar alguno que te parezca familiar y aprovecha esta oportunidad para recordarte la importancia de cuestionar la información que llega a tus manos en forma digital o física, pregúntate: ¿quién lo dijo?

Recuerda que los avances científicos tardan un poco en hacerse del dominio público y pasan por interpretaciones que van distorsionando la teoría expuesta, es mejor leer de la fuente original o en tal caso investigar quién promueve la información, ahora tenemos acceso incluso a la información en la obtención de cédulas profesionales haciendo un *click*.

¿Es de carácter científico o pertenece a las pseudociencias?

Los estudios científicos se publican en revistas científicas, por lo general son utilizados por los investigadores, para fundamentar tesis, quienes los consultan con mayor frecuencia son los estudiantes en formación profesional. Sin embargo, quienes se dedican a la pseudociencia hacen su interpretación, muchas veces, distorsionada o fracturada.

¿Se ha estudiado y comprobado?

Con la difusión del conocimiento, el acceso a las Tecnologías de la Información y la Comunicación (TIC) se promueven test, ideas, conceptos carentes de fundamento, por este motivo es importante ser críticos con la información que llega a nuestras manos (cabeza).

Neuromitos

Se puede aplicar el criterio anterior para los neuromitos, a continuación, te presentaré con base en el aporte de la OCDE:

1. La inteligencia es heredada. Algunos dicen que la madre o la abuela es la que hereda la inteligencia.

Esta idea es dañina en la generación de aprendizajes, limita la capacidad de los niños en el aprendizaje por una concepción errónea. La epigenética ha aportado el conocimiento sobre cómo el medio también es determinante en el desarrollo neuronal.

La neurociencia proporciona conocimiento respecto a la neuroplasticidad cerebral, esto es la capacidad del cerebro para generar nuevas neuronas y que la inteligencia sea maleable.

En educación, podemos adoptar la idea de una mentalidad en crecimiento cuando atendemos a los niños, concebirlos con infinitas posibilidades trasmitirá el mensaje a los menores, poder ofrecer un mejor entorno para su desarrollo mental.

2. Se debe priorizar la enseñanza según el estilo de aprendizaje del niño.

Una idea difundida y aceptada es que el niño le dará significado a la enseñanza cuando esta se presenta según su preferencia sobre alguna modalidad sensorial: visual, auditivos o kinestésicos. Utilizamos con frecuencia el test VAK, por ejemplo, para ubicar con mayor precisión su preferencia y entorno a esto planificamos las actividades de enseñanza.

La neurociencia nos aporta conocimientos en este sentido, todos los cerebros son distintos, parecidos en su arquitectura cerebral, únicos en su entramado neuronal, en el cerebro tenemos una compleja red de regiones interconectadas que desempeñan una función importante en el aprendizaje, no suceden en un solo lugar y lo conveniente es reconocer que activar todo el cerebro a través de la presentación de información al considerar todas las formas sensoriales a fin de generar una experiencia completa. Usamos todo el cerebro, usamos ambos hemisferios en los procesos de aprendizaje, estos se comunican y activan nuestras redes neuronales.

En educación, si cada cerebro es único, cada uno aprende de manera distinta, es conveniente primero trabajar en conocer a nuestro niño o niños, sus capacidades, conocimientos previos, sus aptitudes, tener siempre presente el tema de la plasticidad cerebral, evitar etiquetas que limitarían el desarrollo individual, desde el autoconcepto y la autoestima, para luego proponer actividades de aprendizaje al tener presentes múltiples canales sensoriales, recordar que, además, tenemos que atender factores que intervienen en el aprendizaje, desde lo cognitivo, emocional, psicológico, social, cultural, etc.

3. La predominancia hemisférica debe ser un referente para la enseñanza.

Es muy conocida la idea de que según la predominación del cerebro será la habilidad del niño, en ese sentido se pueden interpretar la teoría de las inteligencias múltiples, lo que favorece caer en etiquetas poco favorables, que ya mencionaba, hoy sabemos que la teoría modular que sostiene que los hemisferios cerebrales son independientes o que debemos potenciar la predominancia hemisférica, muchas veces en detrimento del otro para mejorar el rendimiento académico, no es del todo funcional.

La neurociencia ha demostrado que la idea modular del cerebro es insuficiente, si bien es cierto que existen áreas específicas para determinadas funciones, por ejemplo, el área de Broca, encargada de la producción del lenguaje, lo cierto es que está relacionada con otras, y aunque están localizadas en el hemisferio izquierdo en la mayoría de las personas, incluso de las zurdas, lo que nos da la idea modular, no es del todo aplicable en los procesos de aprendizaje. Todas las áreas del cerebro reciben flujo sanguíneo, indican con esto la actividad neuronal.

En educación sabemos en la actualidad que para alcanzar procesos cognitivos complejos la actividad neuronal es compleja y completa, puesto que entre más se integren diferentes redes neuronales más factible es el aprendizaje.

4. Se usa un porcentaje mínimo del cerebro. Hay quien dice que solo usamos el 10 % de nuestro cerebro.

Desde el cine, la parapsicología, publicidad y, en general, las pseudociencias se ha propagado esta idea que ha sido bien aceptada, sin embargo, hoy la tecnología aplicada a la visualización cerebral como la resonancia magnética o la tomografía por emisión de positrones (PET) ha permitido observar al cerebro activo durante la vigilia, al notar que la actividad cerebral es holística, se activan diferentes regiones que se comunican entre sí, a través de la red neuronal, incluso cuando dormimos, la investigación ha demostrado que el cerebro en general presenta actividad, de esta manera, todas las regiones del cerebro están activas.

La neurociencia aporta al conocimiento sobre el funcionamiento del cerebro, sabemos que diferentes regiones se encargan de procesar la información que recibimos y no se ha encontrado que exista alguna región sin función. Ahora bien, cuando aprendemos algo nuevo la energía que se invierte es mayor que cuando hemos dominado la tarea.

De forma neuropedagógica podemos decir que los alumnos pueden aprender todo lo que se propongan, implica un esfuerzo, es cierto, mayormente cuando es nueva la tarea, pero esto activará el cerebro en su estructura completa.

También, existen otros mitos que la neurociencia está desmintiendo, por ejemplo, se dice que el cerebro es viejo a la edad de 6 años y después de esto resulta difícil aprender, esta idea tiene que ver con la mielinización neuronal, sin embargo, es falso, en la actualidad sabemos que existe la posibilidad de la neurogénesis, dándonos una luz ante la posibilidad de nacimiento de nuevas neuronas.

En resumen, podemos concretar que el cerebro es estructural y funcionalmente complejo, moldeado por la selección natural para la supervivencia a través del aprendizaje, por lo tanto, es un órgano 100 % útil y que aún falta por conocer, lo que establecemos en la actualidad como una verdad científica puede cambiar en un futuro próximo, si esto es así, significa que no podríamos ni deberíamos casarnos con alguna metodología que nos funcionó con algunos estudiantes o con algún grupo para replicar con los otros, o en casa con un hijo aplicarlo al resto.

Abordo este capítulo con el tema de neuromitos, puesto que creemos muchas cosas que no tienen sustento o que en su momento nos dieron la posibilidad para el abordaje de situaciones que no entendíamos en la conducta de nuestros niños, esto apenas es una pequeña prueba de todo lo que el mundo neuropsique puede ofrecernos.

Ya la neuropsicología es una disciplina que ha despertado nuestro interés, profesiones como logopedas, terapeutas ocupacionales y pedagogos, entre otros, dado que la población infantil que nace con alteraciones del neurodesarrollo está incrementando, junto con su calidad de vida, sin embargo, observamos el alza también de los índices de fracaso escolar, en los que el diagnóstico neuropsicológico posibilita el desarrollo de una adecuación curricular con estrategias de intervención para este tipo de problemáticas que nos plantean los alumnos, ahora, con el acceso a la neuroeducación, podemos encontrar mayor certeza en los procesos de enseñanza.

Neurodidáctica de clase

Desde la propuesta neuro-pedagógica, también debemos incluir la didáctica desde la neurociencia, como eje articulador de los procesos de enseñanza-aprendizaje. Sin olvidar que los elementos primarios de la educación, como características de la pedagogía, sus referentes antropológicos, filosóficos y su psicología; hay que revisar la propuesta metodológica de la clase en el marco de la neurociencia, destacar cómo funciona el cerebro y qué actividades podemos realizar al interior del salón de clase y en familia.

Lo que caracteriza a la didáctica es que tiene tres momentos principales:

1. La organización grupal.
2. La instrumentación didáctica.
3. La orientación personal.

Con estos se busca apoyarnos en la realización del proceso de enseñanza-aprendizaje y generar el acto educativo, por lo que en un primer momento, las propuestas están centradas en lo que sucede en la escuela, en el salón de clase.

Organización grupal.

Empecemos por la organización grupal, en este sentido nos referimos a la disposición de los elementos que intervienen en el proceso educativo, desde las finalidades, metas y objetivos como la estructura pedagógica, contenidos educativos, la organización de los participantes del proceso de enseñanza-aprendizaje que incluyen a la familia, la escuela o el contexto social.

Muchos alzan la voz señalando lo que la educación del siglo XXI nos demanda a raíz de la cuarta revolución industrial, lo que no se debería hacer, lo que está mal desde su interpretación, desde su observador limitado, dado que a nivel general esas voces no vienen del interior de la docencia, con la pandemia generada por el COVID-19 ha quedado en evidencia que necesitamos repensar el rol del docente, concederle respeto por su trabajo y dimensionar la capacidad que tiene para generar una transformación social en función de potencializar los talentos y las capacidades de cada individuo.

Como padres, nuestra responsabilidad estriba en buscar el colegio acorde a las necesidades y características a nuestro estilo de crianza, nuestros valores y nuestra disposición para colaborar en la solución de problemáticas que competen al desarrollo de nuestros hijos, a fin de prepararlo para el futuro, por lo tanto, que corresponda a las características de nuestros niños, una clave en esta selección tiene que ver con la filosofía de la institución, nos hablará que sus características básicas, su metodología y sus principios activos en la construcción de la personalidad de nuestros niños, la filosofía es el eje articulador institucional, por este motivo se debe estudiar con relación a nuestra propia filosofía de vida.

Organización del espacio áulico

El modelo de enseñanza enciclopedista dictaba que los niños se acostumbraran a estar callados, pasivos, receptores del saber del maestro, tradicionalmente se sientan en hileras, uno tras otro, hay quien señala que es un buen grupo debido a que están callados y trabajan de forma individual.

Si la educación del siglo XXI pugna por construir una gran aldea, asociaciones para convertir el aula en una comunidad de aprendizaje, es lo prudente, tomar las aportaciones de Giacomo Rizzolatti, quien descubrió las neuronas espejo, al demostrar que nuestro cerebro es social, aprende con los otros y de los otros, tenemos una tendencia automática a imitar a los otros, correlacionamos acciones propias con la de los otros, dotándolas de significado en el aprendizaje por imitación y el procesamiento del lenguaje, es un recurso importante en los procesos de enseñanza-aprendizaje.

Creación de ambientes

Cuando el educador posee estas cualidades, hasta llegar al trabajo colaborativo, los ambientes se van organizando con la cooperación de la comunidad. Para crear el ambiente de cooperación, el docente debe tener experiencia previa, esto le da orientación para propiciar estas experiencias en su comunidad, sea de manera virtual o física.

No estoy invalidando el trabajo individual, sino que estoy enfatizando la meta, en mi experiencia frente a un grupo, suelo iniciar con la búsqueda de generar actividades individuales en un primer momento, después en binas o triadas, después entre equipos, hasta generar proyectos colaborativos.

Si lo que queremos es lograr el trabajo cooperativo, debemos considerar el trabajo en equipo, por supuesto que se debe hacer desde la individualidad, por lo que podemos organizar el espacio áulico de la siguiente manera, al considerar siempre las necesidades y propósitos de la actividad:

- **En filas horizontales.** Para mantener la atención de los niños y dar una explicación introductoria, una explicación de una actividad o hacer una ronda de preguntas y respuesta, buscamos estimular la concentración con margen a la interacción entre estudiantes, pero sin llegar al aprendizaje cooperativo.

- **En círculo o en forma de U.** Para propiciar la participación de todos, el docente puede ver a todos los niños y ellos pueden verse sí. Cuando se quiere poner un tema en discusión o realizar un debate, se fomenta el trabajo individual con apoyo en el contexto grupal.

- **En pequeños grupos de parejas o de cuatro. Para** trabajar en proyectos en equipos, facilita la comunicación, el intercambio de ideas, compartir materiales, fomenta la interacción social de los educandos.

- Otras disposiciones:
  - o Como en el pasillo, situar a los estudiantes en dos hileras de pupitres enfrentadas separadas por un corredor, para llevar a cabo debates o plantear juegos entre los equipos formados por las filas separadas.
  - o En ágora: recuerda a las escenas de películas de universidades donde se disponen los lugares de forma de foro, centrando la atención al frente, sirve para cuando se van a dar explicaciones.
  - o En grupos para organizar trabajos colaborativos.

Antes de disponer de la organización de tu aula pregúntate ¿qué tipos de actividades vas a realizar con tus alumnos?

Actividad

Reflexiona y responde

1. ¿Cuáles son los factores que influyen en el clima de tu grupo escolar?
2. ¿Tienes una disposición del aula preferente, qué te caracteriza?
3. ¿Haces cambios de manera sistemática?, ¿por qué?

La instrumentación didáctica

Este aspecto es muy interesante, puesto que ofrece el apoyo directo a la tarea educativa, vamos a partir de los momentos didácticos y siempre con una filosofía humanista:
1. Diagnóstico de necesidades.
2. Planificación de actividades.
3. Realización y evaluación.
4. Evaluación.

Y consideremos los elementos implicados en el proceso:
1. Educando-educador.
2. Objetivos educativos.
3. Contenidos educativos.
4. Metodología.
5. Recursos

El trasfondo de las propuestas neurodidácticas ha sido la investigación de los últimos años en materia de los problemas de aprendizaje, con frecuencia a consulta llegan los padres que ya no saben qué hacer para que sus hijos aprendan en clase. En resumen, tras trabajar en el diagnóstico me han quedado claras las enseñanzas en mis clases en la Normal Superior, bajo la dirección del maestro Ignacio Salgado: no hay maestros malos, no hay niño que no aprenda, sino que hay metodología poco funcionales o inservibles. Hoy sabemos que la aparición de los trastornos de aprendizaje en niños con síndromes del neurodesarrollo tiene que ver con la metodología, cuando hay cambios adecuados resulta que no tiene porqué aparecer la expresión del síndrome en problemas de aprendizaje. El cambio de metodología no solo beneficia a los que presentan un síndrome, sino que afecta de manera positiva al resto del grupo. De ahí que sea replicable en los diferentes escenarios.

La neurodidáctica no es una metodología, sino que marcará la pauta sobre los conocimientos que aporta las neurociencias sobre cómo funciona el cerebro; la psicología, el estudio del pensamiento y cómo todo esto interviene en la pedagogía, lo que se refiere a la selección de los métodos de enseñanza y el diseño de escenarios que favorezcan el aprendizaje; lo que permite postular nuevos principios pedagógicos, esta es la clave principal en la elección de métodos de enseñanza, la promoción de actividades y la relación educador-educando.

Lo que me lleva a pensar en temas de didáctica que revisaba en mi formación profesional inicial y que me marcaron para siempre, en palabra de Zarzar (1994):

El curso de la bicicleta

El director escolar le preguntó al profesor si podría impartir un curso para enseñar a un grupo de niños a andar en bicicleta. El profesor aceptó gustoso, no sólo porque era un fanático de las bicicletas, sino también porque se sentía un experto en el tema. En efecto, había estudiado mucho sobre las bicicletas y asistía a todas las carreras que podía. Cuando no podía trasladarse al lugar en que se realizaban, las seguía por la televisión. Conocía las marcas, tipos y modelos de todas las bicicletas existentes en México y la mayoría de los modelos extranjeros.

El mismo había patentado un diseño aerodinámico de bicicleta, cuya construcción sería de bajo costo. En fin, era todo un experto en el tema.

El director de la escuela quedó satisfecho con su elección. Se despreocupó del curso, pensando que quedaba en muy buenas manos.

Nuestro profesor, con 15 años de experiencia docente, se puso afanosamente a preparar el curso. Lo primero que hizo fue elaborar el temario del curso.

El primer tema que debía tratar era, por su puesto, historia del transporte. Este tema lo dividiría en tres grandes épocas: antes de la invención de la rueda, después de la invención de la rueda, y los tiempos modernos con sus grandes inventos.

Una vez que los alumnos dominaran este panorama del transporte, podrían entrar al segundo tema: historia del transporte rodante. Este tema se le ocurrió que lo podría dividir en tres grandes rubros: el transporte rodante de tracción animal, el de tracción a motor y el de tracción humana.

Ahora sí, los niños estarían preparados para entrar de lleno al tema central del curso: la bicicleta.

De esta forma, el tercer tema de su programa sería la historia de la bicicleta. Para enriquecer este tema, iría relacionando la bicicleta con sus parientes cercanos: el monociclo, el triciclo y la motocicleta (ésta última, de dos, de tres y de cuatro ruedas).

A continuación, nuestro profesor pensó que sería adecuado tratar los siguientes aspectos: Tema 4: tipos de bicicleta; tema 5: marcas y modelos de bicicleta; tema 6: usos de la bicicleta. Este último tema era tan extenso, que decidió dedicarles especial atención a los usos más importantes de la bicicleta. Así en el tema 7, trataría la bicicleta como instrumento de trabajo. En el tema 8, la bicicleta como instrumento recreativo. Y en el tema 9, la bicicleta de carrera. A su vez, este último tema serviría de introducción para tratar una serie de puntos que le interesaban sobre medida a nuestro profesor. Por lo que continuó con su programa de la siguiente manera: tema 10: las carreras de bicicleta en México; tema 11: las carreras de bicicleta en otros países; tema 12: las carreras de bicicleta internacionales o trasnacionales. Las carreras de maratón requerirían un tratamiento especial, por lo que decidió tratarlas en el tema 13.

Llegado a este punto, nuestro profesor pensó que sería conveniente que los niños supieran que en estas carreras se maneja mucho dinero. Por lo que decidió dedicarle el tema 14 al análisis de la economía y su relación con la bicicleta. Aquí podía aportar información sobre los premios de cada carrera, los patrocinadores de las mismas, los costos de los diferentes tipos de bicicleta, etc.

Para no quedarse en el nivel general, nuestro profesor pensó que era el momento de entrar al estudio concreto de una bicicleta. Así, el tema 15 trataría de las partes de la bicicleta, tanto las esenciales como sus aditamentos. Se acordó de una nota que había leído en una revista, acerca de una bicicleta con televisión y aire acondicionado.

Para que los niños supieran cuidar sus bicicletas, tocaría a continuación los siguientes puntos: tema 16, el cuidado de la bicicleta; tema 17, problemas más comunes de la bicicleta; tema 18, compostura y reparación de la bicicleta. El tema 19, consistiría en una síntesis o recapitulación de todo lo visto en el curso.

Nuestro profesor estaba contento y se sentía realizado. Había terminado ya su temario o programa del curso. Lo que hizo a continuación fue buscar y seleccionar materiales de apoyo para sus exposiciones. Lo difícil fue seleccionarlo, porque tenía una gran cantidad de revistas, carteles, fotografías, audiovisuales, películas, vídeos, folletería, etc. que había ido coleccionando a lo largo de casi 20 años de afición a este deporte.

Las 45 horas del curso (dos clases por semana) apenas le alcanzarían para revisar todo el material y ver todos los temas.

Lo único que le faltaba al profesor para terminar de preparar su curso, era redactar los exámenes que aplicaría para calificar a sus alumnos. Nuestro profesor era organizado y previsor y no quería dejar este detalle para el último momento. Así, organizó sus 19 temas en tres grandes bloques: tema 1 al 6, tema 7 al 14 y el tema 15 al 19. Al final de cada bloque aplicaría un examen con pruebas objetivas. Entre éstas, las que más le gustaban a nuestro profesor eran las de opción múltiple y las de verdadero-falso.

Después de 15 años de aplicar este tipo de pruebas, no le costó ningún trabajo redactar los tres exámenes que aplicaría en su curso de bicicleta. Ahora sí, estaba listo para iniciarlo.

El curso fue todo un éxito. El profesor se lució como experto, e hizo gala de todos sus conocimientos sobre las bicicletas. Los alumnos quedaron extasiados y "maravillados" por la sabiduría de nuestro profesor. Lo vieron a éste tan entusiasmado con el tema, que no pudieron menos que poner su máximo esfuerzo para preparar los exámenes.

Así, gracias a los copiosos apuntes que tomaron en clase y a las sesiones de preparación ("macheteo") de los exámenes, el promedio general del grupo fue superior a nueve.

El director felicitó a nuestro profesor y le dio la titularidad de ese curso. Así mismo, le solicitó que preparara otros dos cursos para el siguiente ciclo. Profesores como él daban prestigio a la escuela y una formación sólida a los estudiantes.

Nuestro profesor, sobra decirlo, estaba más que contento. De nuevo, la dedicación y el profesionalismo que lo caracterizaban habían rendido frutos.

Post Scritum:

Nuestro profesor se asombró mucho cuando, a los pocos meses del curso de bicicleta, le informaron que Luis, el alumno más sobresaliente del mismo, se había fracturado un brazo a caerse de una bicicleta, la primera vez que intentó subirse a ella. Pero más se asombró cuando leyó en el periódico que Pedro, el alumno más retrasado de su curso, había conquistado ese año el primer lugar en la mini-maratón ciclista de su colonia.

"¡Qué cosas tiene la vida!" Pensó nuestro Profesor, y siguió disfrutando en paz de sus éxitos docentes.

Moraleja: De muchos cursos de redacción, los estudiantes salen sin saber redactar. De muchos cursos de matemáticas, los estudiantes salen sin saber razonar un problema. De muchos cursos de... Aunque saquen nueve y dieces en los exámenes.

De esta historia podemos concluir en un primer momento que sin práctica no hay aprendizaje. Por este motivo, es tan importante que en los primeros años se le permita al niño experimentar, evitar la sobreprotección o adivinar lo que el niño quiere, pues le estaremos limitando su desarrollo, en todos los sentidos.

Esto en el aula se traduce como la necesidad que tiene el niño de aprender procedimientos y mecánica de los procesos, dado que el cerebro necesita herramientas para poder operar. Los alumnos realizan tareas de forma fundamental de tipo mecánico, repiten los ejercicios, matemáticos, por ejemplo, sin llegar al razonamiento y la evaluación está por lo general en función de la capacidad de observar si el niño es capaz de repetir esas mecánicas procedimentales. Entonces, es necesario trabajar información que el alumno analice, reflexione, razonar y comprender la mecánica que utilizará en la solución de problemas de su vida.

La propuesta va en función de que en el sistema educativo promueva los medios para entrenar las funciones mentales superiores y las operaciones mentales.

Funciones mentales superiores como las gnosias, son las que nos permiten la captación de los estímulos, nuestros sentidos: vista, oído, tacto; las praxias que se refieren al sistema motor, el lenguaje y las funciones ejecutivas. Las funciones ejecutivas permiten el autocontrol, la planeación y la organización de la acción, la perseverancia de la voluntad y la concentración; es indiscutiblemente, como es sabido, iniciamos cada ciclo escolar con el diagnóstico de nuestro grupo.

Organización de contenidos por bloques

- ¿Cómo aprende el cerebro?
- Formulación de objetivos.
- Tareas de enseñanza y aprendizaje.
- Estrategias de enseñanza.
- Hacer acuerdos al inicio del ciclo escolar: reglamento de clase.

Actividad

Describe cuáles procesos educativos viviste en tu infancia, primero en casa y luego en la escuela.

- ¿En qué se parecen?
- ¿En qué son diferentes?
- ¿Qué mejoras has visto en la educación formal?
- ¿Necesitan mejorar los procesos de enseñanza?

Neurociencia

¿Sabías que...

Hoy sabemos que todas las tendencias pedagógicas miran hacia la comprensión de nuestros hijos, niños y jóvenes que la capacidad de aprender es personal, indispensable y que se aplica a todos los ámbitos de la vida, en todo el desarrollo humano, ya sea como niños o como jóvenes, en la escuela, en la casa o el trabajo, solos o acompañados?

Alcanzar el objetivo de que todos aspiren al aprendizaje permanente nos permite ver desde otra óptica los desafíos de la vida, no solo los exámenes escolares, puesto que, al confrontar los desafíos de la cotidianidad, nos permite plantearnos preguntas y buscar respuestas, adaptarnos a otras posibilidades de mirar el mundo, entenderlo y mejorarlo, gracias a la neuroplasticidad de nuestro cerebro.

Las neurociencias nos explican que el aprendizaje es el proceso por el cual las experiencias modifican nuestro sistema nervioso y este, nuestra conducta. Las neuronas se activan frente a situaciones nuevas, ya sea, circunstancias externas o internas del organismo, se puede decir que son estimuladas. Ahora bien, ante estímulos conocidos y constantes, se pierde la respuesta; en cambio, cuando algo es nuevo las estimula.

De manera muy general se puede decir que así funciona nuestra mente, frente a cambios nos mostramos atentes, nos invitan a acceder a nuestra conciencia, por otra parte, cuando mantenemos una constante realizamos las cosas de manera no consciente.

Entonces, el cerebro da prioridad a aprender lo que nos estimula, que cambia y nos ayuda a sobrevivir.

El comportamiento humano es reflejo directo de la anatomía y la fisiología del sistema nervioso central.

Gracias a las neuorociencias sabemos que el aprendizaje sí ocupa un lugar en nuestro cerebro, son las dendritas, o como Santiago Ramón y Cajal las nombró: espinas dendríticas, que se extienden para alcanzar otra neurona, se fortalece ese encuentro entre neuronas que no se tocan, se comunican a través de la sinapsis. Cuando reforzamos una conducta, esta se fortalece al afianzar la comunicación, o cuando se practica sobre lo que queremos aprender, por ejemplo, en las artes, en la práctica constante con nuestro instrumento musical tendemos puentes de comunicación entre neuronas y estas experiencias de práctica persistente modifican nuestro sistema nervioso y nuestra conducta. A estos cambios en el sistema los llamamos recuerdos.

Memoria

Aprendizaje y memoria son "dos caras de una misma moneda", van de la mano, no hay uno sin el otro, no podemos hablar sobre algo que aprendimos sin acudir a nuestra memoria, nuestros recuerdos son la evidencia de lo aprendido.

Cuando nos sucede algo que nos impresiona de tal manera que se quedan en nuestras memorias de impacto, se fijan de forma inmediata y son a largo plazo, como el nacimiento de nuestro bebé, o algo negativo como un choque de auto, nos quedamos con esas sensaciones y recuerdos de manera prolongada. Sin embargo, no todo el tiempo activamos nuestra memoria de esta manera, con frecuencia la memoria se genera en dos fases consecutivas:

Primero, recibimos estímulos que se almacenan de manera relativa, de una manera limitada de información durante un corto periodo de tiempo, es frágil, transitoria y vulnerable a las interferencias, lo que conocemos como memoria a corto plazo.

Con la repetición de la experiencia, al usar de forma continua las redes neuronales que se crearon persistes, se manifiestan y comienzan a producirse cambios estructurales a nivel neuronal, como precedente de la memoria a largo plazo.

La memoria a largo plazo es estable, duradera, poco vulnerable a las interferencias, almacena de manera indefinida cuando usamos de forma continua las redes neuronales que se han creado con la experiencia de la repetición y el uso de la información.

Esta breve y sencilla explicación es tan importante y la clave para la enseñanza, tanto familiar como académica, dado que se aplica a todos los contextos de la vida.

Hipocampo

Ahora bien, una de las estructuras más importante en la construcción de la memoria es el hipocampo, almacena distintos tipos de memorias. Sin embargo, no todo se queda ahí, las memorias emigran a diferentes áreas de la corteza cerebral y luego, ante situaciones diferentes se activan, entrelazan las diferentes zonas que aluden a las memorias y otras estructuras como el hipocampo y la amígdala, que son parte del cerebro límbico.

Memorias

En función de sus características conductuales y de las estructuras cerebrales implicada, tomamos aquí la clasificación que se hace de las memorias en los siguientes aspectos:

• **Memoria implícita o procedimental**: es la que nos permite hacernos de hábitos perceptivos, como reconocer a un amigo; motores, como andar en bicicleta y cognitivos, como leer.

Nos permiten los condicionados clásicos instrumentales como salivar ante la comida favorita o ajustarnos a las normas sociales. Está ligado a la adaptación y supervivencia de la especie que se adquiere de manera gradual a partir de la práctica, la usamos en cosas rutinarias, lo que hacemos con frecuencia.

Es una memoria rígida, inconsciente, automática y difícil de verbalizar. Cuando la adquirimos se convierten en hábitos, es muy difícil de cambiar y por lo que puede llegar a dificultar nuevos aprendizajes.

Adquirimos hábitos, al hablar desde el ámbito neuronal, cuando obtenemos resultados esperados, se libera dopamina (la dopamina me anima), lo que refuerza la sinapsis existente y hace que las neuronas se activen al realizar la misma actividad, al reforzar el patrón neuronal. Por ejemplo, cuando le enseñamos al niño a cepillarse los dientes, no lo hace bien la primera vez, pero en la constancia de la repetición conforme realiza de forma adecuada el movimiento, en la medida del logro, se libera dopamina, lo que refuerza la comunicación neuronal que se genera en la constancia un patrón neuronal, para que después el niño, sin que se le diga, sabe cepillarse los dientes y en qué momento.

• **Memoria explícita o declarativa**: puede expresarse de manera escrita o verbal, de forma consciente, se crea a partir de nuestras experiencias vividas que consideramos importantes y nuestro conocimiento del mundo, tienen que ver con eventos emotivos, trágicos; esto es muy flexible y muy cambiante. Se divide en los siguientes campos

- ○ Semántica: almacenamiento de aprendizajes de conocimientos generales o de nosotros, no implica acordarse con precisión de un hecho de forma detallada, una regla o una instrucción concreta.
- ○ Episódica: memoria de aprendizaje relacional, puesto que el recuerdo de un momento único asociado a un lugar y un tiempo concreto lo genera. Es más complejo, nos permite comparar e integrar diferentes tipos de información procedente de varios canales sensoriales, la memoria sobre el qué, cómo y cuándo, de los momentos especiales. No se guarda todo en este sector, por este motivo, es importante trabajar desde las emociones, para potenciar este tipo de memorias. Una forma de activar esta memoria es cuando llevamos a nuestros niños a excursiones, a visitas a espacios fuera de casa o del salón de clase.

- **Memoria de trabajo u operativa**, es consciente y funciona siempre, la usamos para tener acceso a la información que nos acaban de dar, los pensamientos o situaciones que acabamos de presentar para usarlas en tiempo real y realizar operaciones cognitivas complejas como comprender el lenguaje, hablar, reflexionar y razonar, imaginar, calcular; es información transitoria que se está generándose y borrándose de forma continua, es información transitoria, pero la necesitamos para dirigir nuestro comportamiento. No se debe confundirla con la memoria de corto plazo, puesto que, utilizan diferentes procesos mentales, pero podemos decir que complementa la memoria operativa, puesto que esta tiene mayor duración, implica manipulación de la información que nos permite actualizarla. Una forma de activarla es, por ejemplo, cuando usamos material didáctico audiovisual, no abundantes o fijos, para no saturar la memoria.

Sugerencias

¡Vamos a activar la memoria!

Recuerda: los contenidos no son lo más importante sino los procesos que activan la corteza prefontral y lóbulo temporal medial como el razonamiento, a través de la enseñanza.

Vamos a ver cómo podemos activar esto en el aula:

Para que nuestra enseñanza sea efectiva vamos a promover aquí la propuesta del modelo básico de Robert Rosler, de la asociación Educar. Yo lo encontré hace algunos años y me di cuenta que ya lo usaba desde que mis hijas eran muy pequeñas: para la hora de dormir, para hacer que la lectura les gustara, a la hora de la comida, en cada oportunidad quería dejarles bonitos recuerdos y siempre sentí que la escuela se interponía en mis deseos y empeños, debido al exceso de tareas y toda la frustración que nos acarreaba.

Como maestros tenemos que revisar la lista de tareas que dejamos a los niños, ¡les robamos su infancia! Si los padres dejan de esperar que sus hijos sean una calificación, los directivos y administrativos pueden revisar los excesivos materiales y lista de contenidos por cumplir.

Los pasos para consolidar el aprendizaje en la memoria de largo plazo, según el modelo de Rosler son los siguientes:

Activar las memorias sensoriales:

A pesar de lo agotada que estuviera me gustaba leerles las escrituras a mis pequeñas hijas antes de dormir, solía intentar hacer diferentes voces, movimientos, llevarlas al lugar con nuestra imaginación.

Esto también aplica para el aula, usar materiales didácticos audiovisuales, ahora, con el uso de la tecnología, podemos hacer material divertido: viajes interactivos en mapas de buscadores, mapas mentales, incluso videos sencillos en una sola diapositiva de PowerPoint, hasta vídeos o historietas. Hacer proyectos colaborativos,

¡a los niños les encanta!, usar música, objetos, promover el uso de los sentidos.

Hace años tuve un compañero de trabajo, dábamos clase en el mismo grado de primaria, me enseñó cómo el uso del video atrapaba la atención de sus alumnos, en su clase de historia los niños hacían títeres y contaban la historia, para lo cual debían leer, escribir sus diálogos y dar vida a sus títeres, mi compañero ya tenía cierta experiencia así que no le era tan complicado.

En ese año, me animé a enseñarles a mis niños a tocar la flauta y cantar un himno acorde con la temporada que presentaron en la ceremonia cívica al principio de año, mi compañero quedó fascinado, me comentó que había pensado hacerlo, pero temía que los niños no aprendieran a tocar el instrumento que les asignaría, poco después, sus niños presentaron una canción con un acompañamiento de guitarras.

Es importante sorprender, despertar la curiosidad, incluso con los estudiantes de universidad, me atrevo a llegar con algún atuendo representativo de alguna época a revisar, o algún objeto extraño, una vez llegué con mi teclado y me puse a cantar, además de obtener su atención al cien por ciento también obtengo su cariño y respeto.

Usa historias, datos curiosos, preguntas que los desconcierten.

Puedes iniciar tu clase o conversación con tu pequeño con un, ¿sabías que...?

Recuerda que la atención no se pide, se gana y ese es el trabajo de los educadores. Usa el aprendizaje contextualizado, esto consiste en utilizar los problemas que enfrentan los niños para buscar posibles soluciones y manejar los contenidos a tratar.

Einstein nos diría: "No tengo talentos especiales, pero sí soy profundamente curioso".

Pensar sobre la información-generar la reflexión:

Cuando el cerebro recibe una información nueva, en este caso, apelamos a las memorias sensoriales al promover el uso de los sentidos, debemos dar tiempo al pensamiento para buscar esas conexiones establecidas en la memoria de largo plazo.

Primero recibir la información a través de las memorias sensoriales, luego pasa a la memoria de trabajo, entonces el cerebro hará una búsqueda, creará conexiones con su memoria a largo plazo para usar las estructuras preestablecidas y darle sentido a la nueva información.

¿Has visto la cara de tus alumnos cuando han entendido algo? Entre sorpresa y felicidad, sentimos que el rostro se ilumina y nos da una agradable sensación de éxito compartida.

Busca generar la reflexión desde este momento de aula especial desde los primeros grados de educación básica, desde la reflexión se aprende y en la universidad ya no será tan complejo para nuestros estudiantes.

Dos condiciones son importantes en ese momento:

• Tiempo: proporciona a tus alumnos hasta cinco minutos para que el cerebro busque y relacione las conexiones que se estarán generando.

• Espacio: silencio para favorecer el pensamiento.

Después de este, se debe usar la estrategia del método socrático, hacer preguntas exploratorias, esto permite que los niños razonen y expongan su aprendizaje o su comprensión, al monitorear de esta manera puedes detectar si ha quedado claro o qué hay que reforzar del conocimiento.

Einstein nos diría: "La cosa más bella que podemos experimentar es lo misterioso. Es la fuente de toda verdad y ciencia".

Recodificar-apropiación de la información:

Es necesario que cada alumno tome control de la información que recibe, que la haga suya, por lo que es necesario que trabaje sobre la información para que se transforme en conocimiento.

Puesto que, un material que se genera de manera personal se recuerda mejor.

Es común escuchar a los padres usar frases como las siguientes:

"Ya te dije no sé cuántas veces y no me entiendes".

"¿Cuántas veces te lo tengo que explicar?".

"¿En qué idioma te tengo que hablar?".

"¿A caso lo dije en chino que no me entendiste?".

Cuando dan una información, explican un procedimiento o dan indicaciones y los niños no devuelven la acción que se espera, entonces, cabe la interrogante:

¿Papá o mamá te aseguraste que el niño comprendiera lo que dijiste?

Antes de finalizar cada sesión de la materia a tratar, nos conviene permitir que nuestros niños hagan suya la información, de lo contrario se perderán muchos datos y la oportunidad de generar conexiones neuronales efectivas.

Lo que está sucediendo en su cerebro es que se recupera la información de la memoria de corto plazo y se puede empezar a trabajar sobre esto.

Al cerebro le gusta la organización como algo básico para la buena memoria, según lo explicó la neurobiología. Entonces, le damos el control al cerebro de organizar la información de manera personal, puesto que cada cerebro le da un formato particular.

Algunas de las estrategias funcionales pueden ser las siguientes:

- Interpretar, hacer esquemas, resúmenes, conclusiones, mejor si lo hacen por escrito.

- Ejemplificar, una forma de asegurarnos de que algo ha quedado entendido es pidiendo ejemplos.

- Clasificar, organizar la información, usar esquemas, colores, formas.

- Inferir, hacer juicios para determinar cómo usar la información, vincularla con el aprendizaje situado, traer casos de vivencias de los alumnos para que estos infieran su solución.

- Representaciones no lingüísticas, estrategia que incluye imágenes mentales, organizadores gráficos, fotos, modelos físicos y digitales, incluso, actividades que incluyan movimiento, a fin de fomentar el conocimiento previo, por ejemplo, podemos pedir de forma pedagógica que visualicen de forma mental, creen una imagen, para ir a lo concreto antes de pasar a lo abstracto, tomaremos como base para la representación lingüística que después pueden manifestarse en el rol *playing* entre alumnos para ejemplificar o explicar su comprensión sobre el tema en turno.

El punto de esto consiste en autogenerar el material-mejor memorizado.

Einstein nos diría: "Si no lo puedes explicar de forma simple, no lo entiendes suficientemente bien".

Realimentar, evaluar lo que se ha aprendido:

No se trata de hacer un examen para asentar una calificación, se trata de una evaluación sin valor numérico, no es una evaluación del aprendizaje sino una evaluación formativa para el aprendizaje, buscamos obtener información sobre lo que los alumnos han comprendido y ofrecerles, de ser necesario, realimentación (sin pretensión de entrar en debate sobre el término de retroalimentación, según se ha traducido el vocablo *feedback*, solo aclaro que prefiero llamarle realimentación cognitiva).

Es importante realimentar de forma cognitiva a nuestros alumnos inmediato a la evaluación, para fortalecer las conexiones neuronales y con la memorización, esta información debe ser alentadora para nuestros niños y también para nosotros, puesto que miramos hacia la eficacia, una especie de recompensa por lo que nos permite mantener la motivación en el aprendizaje, desde la perspectiva del circuito neurobiológico de la motivación, la realimentación es un indicador de logro que da paso a la fase de satisfacción.

En ese sentido, podemos apelar incluso al *feedforward*, como complementario o sustituto del *feedback*, en la medida de lo posible, según la edad de los alumnos, la idea es aspirar a un futuro aún no definido en términos prácticos y funcionales.

Esto se puede explicar desde lo que sucede a nivel neuronal, diremos que este proceso permite a nuestros alumnos hacer los ajustes en la memoria de trabajo, antes de ejercitar y pasar la información a la memoria de largo plazo, de tal manera que, la información que se guarde, sea lo más oportuna posible. Por este motivo, la realimentación es esencial para el aprendizaje y es un medio para mejorar.

En este paso, se trata también de revisar nuestras estrategias de enseñanza, puesto que, si el tema no se ha comprendido como se esperaba, se harán las modificaciones oportunas, al buscar la manera de enseñar como el niño aprende.

Una estrategia de realimentación consiste en usar distintas alternativas desde la que ofrece el profesor, reforzarla en pares, tríos, en rueda común, la posibilidad de depender de la creatividad del facilitador.

Einstein nos diría: "Locura es hacer lo mismo una y otra vez esperando obtener resultados diferentes".

Practicar:

Llevo muchos años intentando aprender a tocar el piano, entiendo una partitura, puedo leer la nota, no con buena velocidad, sin embargo, la puedo leer, no fue sino hasta que tuvimos uno que pude ver avance en mis intentos, ahora hasta puedo cantar sencillas obras mientras toco, aunque estoy en el primer nivel con la práctica pronto alcanzaré avanzar.

Para que se produzcan cambios permanentes en las redes neuronales, una manera efectiva es la práctica, sin embargo, para salir de la escuela tradicional que solo aprovecha la memoria episódica y semántica, nos conviene ejercitar en formas variadas para que la información se guarde en diferentes áreas cerebrales.

Por este motivo, la propuesta consiste en volver a trabajar los contenidos con intervención de todas las memorias.

Hemos visto cómo pasamos de la memoria sensorial a la memoria de trabajo, ahora pretendemos llevarla a la memoria de largo plazo, para generar esto, debemos usar la memoria implícita o procedimental, de la memoria explícita, episódica y semántica.

La estrategia se basa en repetir, a través de múltiples ejercicios, lo que nos permitirá crear sellos corticales, eso implica generar múltiples experiencias que derivarán en memorias sólidas.

La práctica nos exige constancia, generar hábitos, disciplina del adulto para incidir en el menor.

Para activar la memoria procedimental, el puente entre la memoria de trabajo y la de largo plazo, podemos promover dinámicas como rol *playing*, juegos, gamificación, usar cuentos, canciones, bailes, movimientos, música, tarjetas didácticas, como se puede observan en las clases de las maestras de inglés, en concreto el arte, en particular el teatro es el más completo para activar esta memoria.

Activar la memoria explícita, episódica y semántica implica activar las distintas áreas cerebrales con salidas didácticas, líneas del tiempo, *visual thinking*, debates, posters, decoraciones, mapas mentales y las disposiciones del aula.

A mí me gusta utilizar la didáctica del aprendizaje situado, utilizo el método de John Dewey, así como el aprendizaje cooperativo, de ser contenidos teóricos pasan a ser prácticos.

Einstein nos diría: "En medio de la dificultad yace la oportunidad".

Repasar:

Parecería que ya hemos terminado el proceso de enseñanza, pero no es así, ahora toca tomar la información que ya está en la memoria de largo plazo y volverla a la memoria de trabajo para manipular la información, reorganizarla para evitar con la poda neuronal, fortalecer los circuitos y generar aprendizajes permanentes.

Ahora volvemos a trabajar los contenidos de forma diferente, después de un tiempo.

Por lo general, en mi caso, inicio mis sesiones pidiendo el repaso de los temas aprendidos, les llamo a los participantes relatores, quienes nos dan cuenta de sus aprendizajes, nos permite reorganizar y aumentar las conexiones neuronales.

Nuestros objetivos en función del repaso son los siguientes:

El repaso debe coincidir con la enseñanza y con la evaluación, puesto que evaluaremos lo que enseñamos.

Verificar que la memoria guarde la información con precisión.

Dar a los alumnos la posibilidad de usar sus conocimientos y desarrollar habilidades cognitivas de orden superior, como analizar, evaluar y crear posibles soluciones a situaciones diferentes. Es decir, es la oportunidad de generar competencias.

Crear productos para dar soluciones a determinadas problemáticas desde el trabajo colaborativo, esto me parece una propuesta funcional que con frecuencia trabajamos en la universidad.

Einstein nos diría: "Si Dios creó el mundo, su mayor preocupación no era desde luego facilitarnos su comprensión. Lo siento claramente desde hace 50 años".

Recordar:

Ahora podríamos decir que estamos terminado el circuito de Rosler, solo nos queda recordar que es recuperar la información, se trata de tener a la mano la información para resolver los problemas que se nos presentan.

Para recordar es importante contextualizar, por este motivo volveríamos al primer paso: activar las memorias sensoriales y estamos listos para seguir nuestra construcción cognitiva.

Einstein nos diría: "La imaginación es más importante que el conocimiento. El conocimiento es limitado, la imaginación rodea el mundo".

Como puedes ver estos pasos, yo los interpreto como un circuito, se repiten con cierto sentido de renovación, puesto que, en realidad, nunca dejamos de aprender, aplicable en la casa y en la escuela, es justo lo que voy a proponer, practicar el modelo de Rosler.

Actividad

Planifica un proyecto sencillo, una propuesta curricular o una actividad educativa, es preferible si puedas compartir con compañeros, padres de familia o maestros en bienestar de tu clase o si es el caso, la clase de tu hijo.

- Nombre del proyecto:
- Edad o ciclo escolar al que va dirigido.
- Establece un objetivo.
- Determina el tiempo que consideres que llevará el proyecto o la actividad.
- Materiales.
- Actividades a realizar.
- Indicadores de resultados y resultados esperados (o comprobados).
- Elabora un cronograma, establece fechas para llevarlo a cabo.

En el proceso observa tu desempeño y comparte la experiencia con tu equipo de trabajo o tu familia. Explica por qué es una propuesta neurodidáctica. en función de las aportaciones revisadas en este breve escrito.

Educar

Gabriel Celaya

Educar es lo mismo
que poner un motor a una barca...
Hay que medir, pensar, equilibrar...
y poner todo en marcha.
Pero para eso,
uno tiene que llevar en el alma
un poco de marino...
un poco de pirata...
un poco de poeta...
y un kilo y medio de paciencia concentrada.
Pero es consolador soñar,
mientras uno trabaja,
que ese barco, ese niño,
irá muy lejos por el agua.
Soñar que ese navío
llevará nuestra carga de palabras
hacia puertos distantes, hacia islas lejanas.
Soñar que, cuando un día
esté durmiendo nuestra propia barca,
en barcos nuevos seguirá

CAPÍTULO 12:
EDUCACIÓN EMOCIONAL

"Uno puede fingir muchas cosas, incluso la inteligencia. Lo que no puede fingir es la felicidad".

Jorge Luis Borges

Para cerrar esta reflexión neuro-pedagógica, no quiero dejar pasar de manera específica la importancia de educarnos en lo emocional. Sin lugar a dudas, la educación emocional es una de las herramientas más importantes, sino es la más importante, a tomar en cuenta a la hora de educar.

Puesto que el momento idóneo para facilitar la mayor cantidad de herramientas a nuestros hijos es en la niñez, considerar la educción emocional como el hilo conductor de esta obra no es mera casualidad, de ahí el planteamiento y la importancia de los ejercicios presentados, como las reflexiones que se buscan propiciar en el lector-educador para confrontar nuestras emociones y prepararnos para cambiar el panorama de nuestros niños.

Durante la pandemia, justo en el tiempo en el que me enfoqué a escribir sobre algunas de mis reflexiones plasmadas aquí, aunque era un proyecto que había planificado con antelación y nunca imaginé las circunstancias que revestiría mi experiencia, muchas consultas fueron oportunas para sustentar este proyecto.

Con las medidas educativas tomadas como consecuencia del COVID-19, consideré solidarizarme, entonces abrí espacios en línea para acompañar a padres y maestros, dar asesorías desde la pedagogía, seguir la invitación de mis amigos psicólogos en diferentes partes del mundo para acompañar a resolver inquietudes, de forma evidente colaboré a través de los recursos tecnológicos a mi alcance.

Ahora, la urgencia de difundir el conocimiento adquirido en mi formación y en el empeño por apoyar a otros a través de diferentes medios, es la impronta por cambiar una realidad evidente.

Diferentes casos llegaron, aunque la intención era favorecer el desarrollo de los niños, el trasfondo siempre era la salud emocional de los adultos, de los educadores. Incluso, profesionales sin hijos en edades escolares tomaron turno para ser escuchados y asesorados. Esto debido a que, en realidad, en todos los procesos de la vida hay aprendizaje, este es el eje central de la pedagogía.

Entonces, observé que hay una constante en la mayoría de los casos atendidos, cuando la atención era solicitada para favorecer a los niños, las razones principales eran situaciones como la falta de atención, el bajo rendimiento, el ánimo decaído y problemas conductuales, con el encierro quedó en evidencia, entre otras cosas, el tipo de relación en el seno familiar y que esta entraba en tensión con el paso de los días, semanas y meses.

Sin embargo, considero que una variable importante, en general, encontraba su origen en el autocuidado, noté la falta de ser escuchados, las personas tenemos necesidad de poner en palabras nuestras emociones, cuando lo hacemos nos escuchamos y florece la solución de nuestros conflictos. Suena sencillo aquí, lo que en realidad es un proceso metodológico de escucha activa, en mi caso, a través de la entrevista desde la ontología del lenguaje y la devolución de lo que el otro está diciendo sobre sí mismo y de su emocionalidad o de sus vivencias.

La reflexión, tras un diálogo marcado por mi escucha activa, de los educadores, padres y educadores implicados, en términos generales coincide con lo relejado en la siguiente cita: "Entonces depende de mí (el rendimiento académico, la conducta, la falta de interés del niño) lo que pasa".

En realidad, todos al llegar a consulta podían encontrar la manera de culpar a otros, cosa que cambiaba tras la entrevista, revisemos la situación que revistió este proceso de asesorías pedagógicas, para entender la oportunidad de la importancia de la educación emocional en todo proceso de formación:

Para los maestros fue un desafío incorporar la tecnología en su práctica laboral, para algunos parecerá una tarea sencilla, conviene de entrada, hacerte saber que cambiar estrategias de enseñanza presenciales a en línea es un trabajo por demás demandante y agotador. En primer lugar, implicó una doble tarea para el ciclo escolar, sin una oportunidad de formación acorde, por una parte, la educación a distancia no se parece a la educación presencial, los modelos instruccionales tienen importantes diferencias y no es factible realizar ese ajuste sin preparación previa.

Llevar la educación a distancia implica partir de un diseño instruccional que considere la planificación de metodologías de enseñanza que promuevan la emoción, para que los procesos de atención, motivación y concentración sean funcionales para el aprendizaje, la elaboración de materiales que promuevan el aprendizaje, la realización de procesos monitorizados de forma permanente y en constante evaluación, de hecho, es un formato de educación para adultos, puesto que al no considerar las características y necesidades cognitivas de cada una de las etapas de desarrollo del individuo, las acciones educativas carecen de fundamento, los objetivos no quedan claros, por lo tanto, los resultados dejan mucho que desear.

La solución nunca fue, ni será, colocar al maestro frente a la pantalla para que replique el modelo de enseñanza presencial. La situación exige innovación educativa, no se trata de copiar y pegar contenidos, o de dar conferencias que parecen interminables para los niños. Todo esto atentó contra el aprendizaje de maneras diversas.

El acompañamiento uno a uno, característico de la educación presencial, se perdió, solemos dar esa atención de manera individual a nuestros alumnos, acorde con las necesidades de cada uno, sin importar el grado o nivel educativo, nos mantenemos al tanto y procuramos un seguimiento a fin de realimentar de forma cognitiva siempre que es necesario; para los maestros que no habían tenido la capacitación, ni las herramientas acordes, fue imposible, frustrante y desmotivador, por lo que la salida consistió en intentar seguir sus estrategias y planeaciones iniciales con algunos matices tecnológicos.

En mi experiencia, he sido testigo o víctima de cómo se venden cursos que carecen de diseño e instrucciones acordes, son faltos de una pedagogía que responda a nuestras necesidades, si esto sucede con la andragogía, es comprensible que el tránsito a la educación en línea para los maestros de educación básica y media, incluso superior, se convirtiera en un verdadero reto de innovación educativa, más allá de sus propios recursos competitivos.

Así que, por supuesto, implicó desafíos para los padres, debido a que desde casa debían ocuparse de atender los procesos educativos de sus hijos, sin conocimiento pedagógico y, sobre todo, con carente educación emocional, la tensión creció mucho más, dado que, como vimos con anterioridad, en los países de América Latina la violencia infantil está normalizada y es el recurso principal de los padres para educar. La queja de los padres en contra de los maestros siempre se hizo presente.

Por otro lado, la educación sistematizada de los niños responde a diversos factores, entre estos la etapa de desarrollo, tanto biológico como psicológico y neuronal, los contenidos demandan tratamiento desde lo lúdico como práctica, a menor edad mayor manipulación de materiales, de reconocimiento e incentivos, el movimiento, la emoción y el contacto son indispensables en el tratamiento escolar.

Maribel Ramírez

Todo esto que sucedió me motivó para abrir canales de comunicación con los diferentes actores educativos, incluso con los menores a través de Internet. Escuchar cada caso, como maestros o profesionales, incluso en otras áreas, padres o estudiantes, observé una constante, la reflexión final, en general, giraba en torno a la responsabilidad de cada uno frente a un desafío de orden mundial y que, sin embargo, abrió la puerta, no solo al aprendizaje, sino a revisar lo que estamos haciendo en los diferentes espacios de desarrollo y nuestras maneras de asumir el reto.

No podemos negar que los índices de violencia y tensión familiar crecieron y quienes más sufrieron la situación han sido los niños y las mujeres, en particular, mi atención está centrada en los primeros, por mi profesional, no por el hecho de que el resto sea menos importante, puesto que considero que se ha convertido en un círculo vicioso.

Sin el conocimiento del manejo de nuestras emociones, los espacios familiares se tornaron en lugares de tensión, solo basta con digitalizar en los buscadores de Internet títulos como crecimiento de la violencia intrafamiliar durante la pandemia, para constatar esta situación expuesta.

Así, la pandemia visibilizó más que nunca la violencia intrafamiliar, los recursos con los que educamos, nuestra poca salud emocional como sociedad, cuando la oportunidad de enseñar se maximizó como nunca.

Es necesario recordar lo siguiente:

Las personas no nacen con repertorios prefabricados de conducta agresiva; deben aprenderlos de una u otra manera. Algunas formas elementales de agresión pueden perfeccionarse con un mínimo de enseñanza, pero las actividades de índole más agresiva [...] exigen el dominio de destrezas difíciles que a su vez requieren de extenso aprendizaje. Las personas pueden adquirir estilos agresivos de conducta, ya sea por observación de modelos agresivos o por la experiencia directa del combate.

[...] Las conductas que las personas muestran son aprendidas por observación, sea deliberada o inadvertidamente, a través de la influencia del ejemplo. Observando las acciones de otros, se forma en uno la idea de la manera cómo puede ejecutarse la conducta y, en ocasiones posteriores, la representación sirve de guía para la acción La investigación de laboratorio se ha ocupado principalmente del aprendizaje por observación de acciones agresivas específicas; sin embargo, los modelos pueden enseñar también lecciones más generales. Observando la conducta de los demás, puede uno aprender estrategias generales que proporcionen guías para acciones que trasciendan los ejemplos concretos modelados. (Bandura, 1973)

"La nueva normalidad", a la que me gusta llamarle "el futuro ya está aquí", nos da la oportunidad de promover una educación para la vida, para esa vida de nuestros niños que enfrentarán retos como este, inimaginables. La pandemia nos está dando la oportunidad de observar de forma cuidadosa lo que no hemos atendido con la importancia y compromiso que amerita.

No es suficiente darle importancia a los conocimientos curriculares, como nos anticipaban las estadísticas sobre esta situación tan delicada, se puede comprender con lo expuesto a continuación:

• Según la ONG Bullying Sin Fronteras, en sus estudios 2019-2020, México ocupaba el primer lugar a nivel mundial en casos de acoso escolar.

• La UNAM reportó alrededor de 2.5 millones de jóvenes entre los 12 y 24 años con depresión (octubre 2018).

• La presidenta de la Asociación Mexicana de Psiquiatría Infantil en 2017 informó que el 12 % de la población infantil padece algún trastorno de ansiedad.

Innovar la educación implica, en primera instancia, apuntar a una educación emocional que promueva el bienestar emocional de nuestros niños, buscar la prevención de las acciones en salud mental que podrían desencadenarse a partir de esta contingencia.

Al hablar de educación emocional de los menores, de forma indiscutible tenemos que empezar a abordar la de nosotros, los educadores. Hacer un acercamiento a nuestra infancia dará cuenta de nuestras creencias y de nuestras emociones, si crecimos en un entorno deficiente o violento no es nuestra culpa, sin embargo, es nuestra responsabilidad educarnos al respecto, para educar en ese sentido.

Inteligencia emocional

Sin embargo, no podemos abordar la salud emocional sin citar a Daniel Goleman (1995), autor de *La inteligencia emocional*, aunque antes de él, ya había otros que abordaban su importancia, fue hasta este *best seller* que empezó a tomar relevancia para la educación, en el que dejó clara la importancia sobre el cociente intelectual, qué son las emociones y cómo se construyen:

> Para rendir al máximo en todos los trabajos, en todos los campos la competencia emocional es el doble de importante que las aptitudes puramente cognitivas." –Entonces, señaló– "todas las emociones son impulsos para actuar, planes instantáneos para enfrentarnos a la vida que la evolución nos ha inculcado." –Y reconoce– "estas tendencias biológicas a actuar están moldeadas además por nuestra experiencia de la vida y nuestra cultura.

Encontramos muchas definiciones sobre las emociones, de una manera u otra nos acercan a lo que sentimos, por ejemplo, las emociones son descritas en la obra *Las cuatro emociones básicas* de esta manera:

> [...] una emoción es información. Información «íntima», podríamos decir, un aviso respecto a qué me está pasando en este momento; un toque de atención que sitúa a cada uno en el presente, pues —como acabamos de señalar— está referida a lo que vivimos y sentimos ahora, en este instante concreto.
>
> La emoción es, en consecuencia, lo que nos indica el ahora del tantas veces mencionado «aquí y ahora» (el aquí es el cuerpo).

Es un aviso primario con importantísimas funciones en la conservación, la relación y la socialización del individuo. Una información que también recibimos internamente, desde nosotros mismos.

Constantemente nos estamos percibiendo los unos a los otros. Puede que incluso interpretemos de manera errónea lo que el otro esté sintiendo. Pero más allá de ese acierto o error de lectura, es como si poseyéramos un código de especie que nos hace percibirnos: las emociones siempre están presentes en las interacciones.

[...] La emoción —en suma— es una guía de cómo estoy.

Una guía u orientación relativa a la autoconservación, a la reproducción y a la relación. Y también acerca de cómo está el otro. (Antoni y Zentner, 2019)

Por otra parte, en el diccionario de neurociencia de Mora y Sanguinetti (2004) encontramos que la emoción es "una reacción conductual y subjetiva producida por una información proveniente del mundo externo o interno (memoria) del individuo. Se acompaña de fenómenos neurovegetativos. El sistema límbico es parte importante del cerebro relacionado con la elaboración de las conductas emocionales".

Por otro lado, Francisco Mora (citado por Bisquerra, 2012) explicó que la reacción conductual se refiere a las respuestas del organismo ante las situaciones que son un peligro o son estímulos placenteros. Nos da como ejemplo una situación de peligro, vernos frente un perro que muestra los dientes, con disposición a mordernos, nuestra rección emocional de peligro o dolor nos aprestará a huir o denfedernos. Por otra parte, si tenemos tanta hambre, al ver un plato de comida nuestra reacción emocional de placer nos llevará a acercarnos al plato para comer.

En el caso del enfrentamiento con el perro es una situación externa y la de sentir hambre se refiere a una situación interna, un desequilibrio en nustro organismo y la consecuente repercusión en el cerebro.

Nos explicó Mora que la emoción es una reacción inconsciete, se pone en marcha de manera automática, prepara a nuestro cuerpo para huir frente al peligro o lanzarse sin ser apenas consciente como una forma en que la naturaleza encontró la manera de asegurarnos la supervivencia biológica.

Ahora bien, cuando hace alusión a los fenómenos vegetativos, se refiere a que la reacción emocional es acompañada por una actividad de una parte específica del sistema nervioso autónomo (vegetativo), activan a la vez la subdivisión, el sistema simpático o parasimpatico, según sea el caso de dolor o de placer.

Por ejemplo, ante el ataque del perro, se activa el sistema nervioso simpático, este libera hormonas, se produce una contracción muscular potente para correr o atacar, aumenta los latidos del corazón, debido a que bombea más sangre para facilitar el movimiento, también, los vasos sanguíneos responden con el aumento del flujo sanguíneo, los pulmones aumentan el volumen por la cantidad de aire, etc. Sucede lo contrario cuando se activa el sistema nervioso parasimpático.

Nos queda claro que todos poseemos emociones, las sentimos, las vivimos a diario, son necesarias para nuestra supervivencia, pero sentirlas no es igual que poseer inteligencia emocional, se hace necesario desarrollar conciencia emocional, para alcanzar la inteligencia emocional requerimos contar con recursos que nos permitan el manejo de las emociones y no que las emociones nos manejen a nosotros.

En este contexto, Bisquerra, uno de los referentes más importantes en mi formación docente, explicó lo siguiente:

¿Qué es la inteligencia emocional? A grandes rasgos podríamos decir que es la habilidad para tomar conciencia de las propias emociones y de las demás personas y la capacidad para regularlas. La conciencia emocional es el requisito para poder pasar a la regualción. La autorregulación emocional consiste en un difícil equilibrio entre impulsividad y la represión. Ambos extremos pueden ser igualmente perjudiciales. También existe la regualción de las emociones de los demás, en el sentido de que el comportamento de cada peronsa influye en las emocinoes de los demás y por tanto en su comportamiento. Conciencia y regulación emocionales deben considerarse competencias básicas para la vida, ya que la persona que las ha adquirido está en mejores condiciones para afrontar los retos que plantea la vida. En último término, son elementos esenciales en la construcción del bienestar personal y social.

Entender nuestras emociones, con nombre y características, además, de reconocernos, nos permite reconocer a los otros, reconocernos en los otros, sensibilizarnos y por lo tanto humanizarnos. También, encontrar el lugar o lugares de desarrollo personal y sentirnos cómodos, encontrándonos con la felicidad, no como un fin, sino como parte del trayecto de vida de cada uno. Implica la observación de nuestro comportamiento y el de los otros, aprender a distinguir entre prensamiento y emoción, que dan lugar a las acciones, además, comprender qué los originan y en qué derivan, la intensidad, comunicarlas de manera verbal y no verbal. De esta manera se puede traer a colasión lo siguiente:

No se trata de reprimirlas sino de regularlas, como explica Bisquerra:

[...] La regulación consiste en un difícil equilibrio entre la represión y el descontrol. Son componentes importantes de la habilidad de autorregulación la tolerancia a la frustración, el manejo de la ira, la capacidad para retrasar gratificaciones, las habilidades de afrontamiento en situaciones de riesgo (introducción al consumo de drogas, violencia, etc.), el desarrollo de la empatía, etc.

Algunas técnicas concretas son: diálogo interno, contro de estrés (relajación, meditación, respiración), autoafirmaciones positivas; asertividad; reestructuración cognitiva, imaginación emotiva, atribución causal, etc. El desarrollo de la regulación emocional requeire de una práctica continuada…

Es importante desarrollar la inteligencia emocional, puesto que permitirá que nuestros hijos estén mejor preparados frente al consumo de drogas o asumir conductas de riesgo, como la violencia o conductas temerarias, entre más temprano empecemos a hablarles de emociones, incluso desde el embarazo, más tanquilidad y seguridad podremos tener respeccto a su conducta y la convivencia con su entorno.

Inteligencia emocional, educación emocional

Por este motivo, es tan importante educarnos y educar a los menores en emociones, encontramos la inspiración en Céspedes (2013): "Educar las emociones es el arte de enseñar a ser humano".

Como hemos revisado, le toma al cerebro dos décadas madurar, por lo que se convierte en el momento ideal para llevar a cabo dicha actividad artística, que, por supuesto, supone una obra de amor: amor propio y amor a los niños. Primero el amor propio, dado que en la práctica de autoamarse se adquieren las habilidades que requiere educar a nuestros niños.

Con Goleman (1995) quedó fundamentado que, no solo en la casa se debe educar en lo emocional, sino que debe ser una práctica llevada a la escuela, puesto que forma parte del bagaje educativo del individuo y, sobre todo, debido a que , como decíamos, nuestro cerebro no termina de configurarse sino hasta después de los primeros veinte años, este nos dará la información y la formación para enfrentar eventos de la magnitud, como es la consecuencia de una pandemia.

Cuando Goleman (1995) escribió su obra no existían los avances en materia neuronal como ahora, por supuesto, seguirán avanzando, haciéndose mayores contribuciones en esta y otras materias que nos posibilitaran aprovechar mejor nuestro cerebro, por ahora solo podemos acudir a los descubrimientos más recientes para fomentar la competencia emocional, por este motivo, la propuesta de *La teoría de la emocion construída* será nuestro principal referente.

En materia de neurociencia no todo está escrito, eso es lo que me atrapa, dado que los científicos del cerebro expresan sus descubrimientos con la aclaración de que falta mucho por avanzar y enfatizan el hecho de que todavía estamos lejos de leer sobre leyes en materia neuronal, consideran a sus descubrimientos como teorías, en este caso, lo que se refiere a emociones no es la excepción.

Neurociencia

¿Sabías que cada vez que mordemos un melocotón jugoso o masticamos el contenido crujiente de una bolsa de patatas fritas, no solo reponemos nuestra energía?

Estamos teniendo una experiencia que es agradable, desagradable o algo intermedio. No tomamos un baño solo para no ponernos enfermos, sino también para disfrutar del agua caliente en nuestra piel. No buscamos a otras personas para estar en un grupo que nos proteja de depredadores, sino para sentir la calidez de la amistad o desahogarnos cuando nos sentimos agobiados. Es evidente que el sexo sirve para algo más que solo para la propagación de nuestros genes, según lo indicó la psicóloga y neurocientífica Lisa Feldman (2019).

En una ocasión, mientras planificábamos nuestra propuesta para la jornada académica de la universidad, mi compañera y amiga Mary Carmen, psicóloga comprometida y excepcional profesional, propuso una actividad que me pareció muy interesante, se trataba de que los estudiantes corroboraran la lectura de emociones a través de fotografías, un estudio clásico con el que se ha abordado la generalidad de las emociones. Entonces, me explicó la falla del ejercicio. Lo que despertó mi inquietud en profundizar sobre el tema desde la óptica de la neurociencia y me encontré con Lisa Feldman.

En este contexto, Feldman explicó la relación entre lo físico y lo mental, cada vez que realizamos una actividad física supone una actividad mental y viceversa, por lo que nos aclara que podemos usar esa conexión para dominar nuestras emociones, aumentar nuestra resiliencia y ser mejores individuos, incluso, cambiar nuestro concepto de quienes somos, tarea que no resulta sencilla y que, para generarla, contamos con los especialistas en materia emocional, aunque aún resulte complicado aceptar ayuda de tipo psicológica, puesto que sí acudir al médico general parece que resulta complicado, nuestro autocuidado no forma parte de nuestra educación, lo que hace imprescindible enfatizar esta formación desde el centro escolar.

Como parte de una familia de médicos por generaciones, no me es ajeno enterarme que los pacientes acuden cuando las cosas se salen de control, a veces tarde para librar su situación. Mi mamá con experiencia en farmacia solía contarnos cómo las personas prefieren comprar una pastilla para aliviar el dolor, pero no evitan comprar gaseosas, frituras o cigarros, lo que aumentaba el riesgo de salud, se alude a la idea de que si se morían que fueran felices.

Aprendemos con el cuerpo, en particular cuando nos emocionamos, por otra parte, nos impacta más lo que nos provoca miedo, por este motivo, la epigenética se abordó en los primeros capítulos, puesto que el ambiente juega un papel fundamental en nuestra construcción como seres humanos, así que, somos producto del constructo social y cultural. En definitiva, nuestra primera infancia nos define, sin embargo, siempre podemos buscar opciones de salud, sin importar nuestra edad para procurar nuestro bienestar.

Sugerencias

Si llegaste hasta aquí espero que hayas comprendido que nuestro cerebro y cuerpo son una unidad, que nuestros sistemas forman un todo y que no podemos disociarlo en la vida cotidiana, como lo hacemos para su estudio académico, en particular, para comprender nuestras emociones.

El estilo de vida durante la pandemia dejó en evidencia nuestro autocuidado cotidiano, antes de la pandemia y la importancia de hacer las correcciones para cuidar nuestra salud emocional.

Algunas recomendaciones, que incluso hemos revisado en este texto, encontramos su fundamento en la teoría de la emoción construida de Feldman, una propuesta neurocientífica que rompe con los paradigmas clásicos de la emoción, puesto que su teoría de las emociones está impulsando la comprensión sobre la mente y el cerebro desde la concepción de que las emociones se construyen en el momento, mediante sistemas centrales que interactúan en todo el cerebro, gracias a los aprendizajes de toda la vida.

El primer elemento para mejorar nuestra salud emocional consiste en cuidar nuestro presupuesto corporal, como hemos señalado, la mente y el cuerpo están relacionados de forma íntima, así que, el primer paso, no por sencillo, sino debido a que es el medio para transformarnos o al menos, para iniciar nuestro cometido, puesto que es básico para sentirnos mejor en general.

Comer sano parece hoy día un enorme desafío, en lo particular, me gusta la comida mexicana, pero prefiero una buena ensalada con vegetales que he cosechado, es en verdad satisfactoria, tanto emocional como físicamente.

Es común que la comida mexicana se caracterice por ser excesiva en porción y en grasas saturadas, sobre cocida y muy condimentada, apuesto por una comida en casa sin abusar de todo esto y siempre acompañada con vegetales, una tradición muy maternal en mi vida.

A mi hijo le asombra observar que la gente apenas recibe su plato y le agrega sal sin saborearla, creo que es otra costumbre muy popular en nuestro medio.

Hacer ejercicio y dormir lo suficiente no es novedoso, pero sí esencial para el cuidado de nuestro presupuesto corporal.

Otras medidas que parecerían novedosas, señal la neurocientífica Feldman, son recibir un masaje tras hacer deporte, practicar yoga, buscar espacios sin ruidos, plantas en el interior de nuestro hogar, leer novelas, un almuerzo con amigos, dar y agradecer, adoptar un animal de compañía, dar paseos por el jardín, tejer, además probar actividades diferentes que nos ayuden a evitar el estrés.

Así pies, mantener presupuesto corporal equilibrado es el inicio, porque nos permite sentirnos bien, después debemos buscar desarrollar un buen conjunto de conceptos, lo que nos facilitará tener "una buena caja de herramientas para conseguir una vida con sentido", como señaló Feldman (2019).

Reforzar nuestros conceptos es mejorar nuestra inteligencia emocional:

> Después de ocuparnos de nuestro presupuesto corporal, lo segundo mejor que podemos hacer para nuestra salud emocional es reforzar nuestros conceptos, lo que también se conoce como «mejorar nuestra inteligencia emocional». Las personas de mentalidad clásica consideran que la inteligencia emocional es «detectar con precisión» las emociones ajenas o sentir alegría y evitar la tristeza «en el momento oportuno». Pero la nueva comprensión de las emociones nos permite concebir la inteligencia emocional de otra manera. La «Alegría» y la «Tristeza» son poblaciones de casos diversos. Por lo tanto, la inteligencia emocional es hacer que el cerebro construya el caso más útil del concepto emocional más útil en una situación dada (y también se refiere a cuándo no construir emociones, sino casos de algún otro concepto). (Feldman, 2019, p. 228)

Además, la capacidad de categorizar nuestras emociones está en función de nuestra inteligencia emocional; observa cómo te sientes y cómo describes tu emoción, si solo vas de un "me siento muy bien" (o sus equivalentes) a un "me siento muy mal" te hace falta desarrollar significados más sutiles dentro de cada uno de los extremos.

Tanto predecir como categorizar las emociones nos permiten adaptar mejor nuestros actos a nuestro entorno, para lo cual necesitamos apropiarnos de conceptos emocionales nuevos y pulir los que poseemos. Ahora bien, podemos probar cosas nuevas, se trata de coleccionar experiencias, no me refiero a inversiones económicas importantes para buscar dichas experiencias, hoy el mundo está al alcance de nuestras manos, experimentar con libros de autores diferentes a los que estamos habituados, intentar recetas de otros países, probarnos ropas distintas, incluso ver otro tipo de cine o simplemente hacer excursiones sencillas que nos faciliten un paseo; el bosque es mi favorito, por ejemplo.

Otra forma de aumentar nuestros conceptos para categorizar mejor nuestras emociones que sugiere la neurociencia es aprender nuevas palabras, dado que estas originan conceptos, los cuales determinan nuestras predicciones y estas regulan nuestro presupuesto corporal, que a su vez determina cómo nos sentimos. Entonces, entre más rico sea nuestro vocabulario más preciso será nuestro cerebro para hacer las adaptaciones a las necesidades de nuestro cuerpo.

De acuerdo con lo anterior, ante la pregunta: -¿Cómo estás? La respuesta va más allá de un: ¡Bien! Con posibilidades de un dichoso, feliz, alegre, inspirado, agradecido, eufórico... De tal manera que encontremos palabras más concretas para expresar nuestra emocionalidad. Cuanto más y mejor podamos categorizar nuestras emociones más lejos nos mantendremos de médicos, fármacos y hospitales, en caso de necesitarlo la recuperación será más corta y efectiva, pero sobre todo nuestra vida se adaptará mejor a nuestro entorno.

Aprender palabras nuevas, incluso de otros idiomas o lenguas, tal vez suene extraño que palabras nuevas ayuden en la salud emocional, por ejemplo, cuando escuché por primera vez la palabra "ikigai" se amplió mi propia visión de mi vida, no solo de mi emoción. Esta palabra es entendida como "sentido de vida", "lo que quiero morir haciendo", "propósito de vida" o "la razón de mi existencia" en la cultura japonesa; no había pensado en ello como tal, en una sola palabra o que la palabra se enriquece a través de las experiencias individuales.

Así, en la medida en que vamos adquiriendo nuevas palabras generamos nuevos conceptos o estos se amplían, construimos nuevas experiencias que podemos expresar con mayor puntualidad, al mismo tiempo que estas palabras nuevas nos invitan a construir experiencias más enriquecedoras. Asimismo, se nos invita a crear nuestras propias palabras para describir emociones personales y practicar la categorización de emociones, imaginando escenas ficticias en nuestra vida, que nos posibiliten, más tarde, ser empáticos o expresar nuestra emocionalidad.

Por otra parte, además de contar con un importante bagaje de conceptos emocionales, la inteligencia emocional también es saber cuál concepto usar y cuándo usarlo. Es tan importante expresar nuestras emociones que se vuelve el sostén de nuestro presupuesto físico.

Un ejercicio común, que también ya te he propuesto, es escribir pero ahora con el enfoque de encontrar lo positivo de cada día, escribir sobre nuestras vivencias diarias, atendiendo lo que nos agrada de cada día, poniéndole nombre a esas emociones utilizando distintos conceptos, porque las experiencias son diferentes y la emoción también, el uso de conceptos tan variados y específicos nos permiten dominar nuestras emociones.

Actividad

Según Feldman, como padres debemos ayudar a nuestros hijos a desarrollar aptitudes para la inteligencia emocional. Es una tarea que requiere autoevaluación y trabajo en equipo: mamá y papá, padres y maestros, padres y otros que intervienen en la educación de los niños; por lo que muchas veces implicará tomar una formación al respecto, sobre todo cuando venimos de familias disfuncionales. Pedir y recibir ayuda siempre será la mejor posibilidad para educar.

A los educadores:

Indiscutiblemente es necesaria cierta formación emocional, en algunos más que en otros. También, hacer una revisión constantemente sobre nuestra salud emocional nos viene bien a todos.

Te propongo algunos sencillos ejercicios que te darán la pauta para fortalecer tu inteligencia emocional:

A los maestros:

Céntrate en tus puntos fuertes como maestro, en eso que haces bien, que incluso tus compañeros y familia reconocen en ti; también los alumnos nos hacen saber nuestras fortalezas. Siempre encontraremos áreas de oportunidad mientras tengamos vida y estemos activos, sin embargo, alcanzar nuevos objetivos o pulir algunas habilidades son procesos que nos demandan sentirnos bien para empeñarnos en ello, y ese entusiasmo lo podemos encontrar en lo que ya hacemos bien.

Igualmente, elabora una lista con tus fortalezas, enfócate en lo que más disfrutas, reflexiona y redacta como te has convertido un as en aquello que destacas.

Una vez que te sientas tan satisfecho enfócate en hacer una revisión de tu estado de salud, primero físicamente, así que examínate, tómate en serio. Si tu físico no está bien será muy sencillo que te molestes por el estrés que vives, pues ser maestro es una de las profesiones más exigentes y devaluadas que existen, y digan lo que digan, es la profesión más indispensable, así que necesitamos estar y sentirnos bien.

Ahora que ya sabes cómo estás físicamente, empieza a revisar tus sentimientos, es decir, la interpretación más común de tus emociones. En contraste con las emociones que no podemos calificarlas como buenas o malas, los estados emocionales son positivos o negativos, si con mayor frecuencia te sientes molesto, triste, culpa, etc., empieza por entender tus emociones y no las juzgues, no dependen de ti, a diferencia de los sentimientos que duran más, son la interpretación de los primeros. Para tomar conciencia empieza por pasar tiempo contigo, en sesiones cortas de yoga o mindfulness puedes empezar por hacer ejercicios de meditación, busca algunas sesiones en internet, hay aplicaciones para ello, que son muy funcionales.

En la formación como maestros, nivelación académica o cualquiera que quiera incorporarse a la docencia debe ser consciente de la importancia de la conciencia de lo emocional, incluso buscar terapia psicológica. Empecemos por hacerlo más común, por nuestro bienestar.

En momentos de mucha tensión tómate unos minutos y desenfócate, tómate tu tiempo 15 minutos para respirar, concéntrate en ti, luego ya vuelves a lo que tengas que realizar con tus niños o en cualquier actividad. Esos 15 minutos son tuyos, te permite ubicarte en el aquí y en el ahora, en lo que realmente te importa y en la razón por la que elegiste esta profesión, solo otro maestro te entenderá, no obstante, hay que hacer una cosa a la vez, y en este caso primero tu salud emocional te permitirá atender a los demás. Una vez más, la recomendación será hacer yoga o mindfulness, se trata de estar presente de corazón, con todo tu amor a lo que haces, te necesitamos bien, porque eres muy importante para toda la sociedad.

Celebra tus logros personales, lo que dedicas para ti, el tiempo para meditar, para respirar, para aceptar lo que sientes sin juzgar. Yo suelo ponerme metas cortas y me premio cuando alcanzo una pequeña meta o una más grande, me celebro y celebro mi vida, me hace generar más emociones agradables. Haz una lista de todo lo que has logrado y agradécete: mírate al espejo y agradece esas 10 cosas, especialmente por el bien de tu salud y que eso da bienestar a tu entorno.

Por otra parte, atiende lo que te está molestando, otra vez la invitación a atender tus pendientes, si tienes problemas de pareja o con tus hijos ve a terapia.

Busca relacionarte con la gente que te genere emociones positivas, desayuna con tus amigos, es el mejor regalo que te puedes dar; yo suelo buscar a mi amiga Araceli, aunque no vivimos cerca es un deleite estar juntas nos contagiamos alegría y cariño. Vale la pena invitar a comer a un amigo, maestro o familiar que nos da alegría, a mí me encanta celebrarlos con un platillo preparado por mí, me hace feliz y comparto mi cariño de esa manera, inclusive a mis estudiantes suelo prepararles pastelillos para agradecer su disposición al aprendizaje, eso me hace feliz.

Como señala Baltasar Gracián: "De nada sirve que el entendimiento se adelante si el corazón se queda atrás"

Actividades para trabajar inteligencia emocional con los niños:

Aunque suene trillado: léele a tu hijo.

No había noche en que mis hijos se fueran a la cama sin que les leyera o les inventara un cuento, con tareas por hacer, a veces excesivas, tanto de casa como de mi profesionalización, pero no quería perder la oportunidad de trasmitir mis convicciones y mi emoción, usaba mi voz para comunicar no solo la idea sino mis sentimientos y amor por mis hijos. La voz es un primer vehículo para transmitir emociones, incluso antes de que nuestros niños aprendan significados.

Desde el embarazo empieza a leer a tu bebé, luego tras el nacimiento continúa. Cuando cuidé de mis "gemelas" –mi sobrina y mi hija de la misma edad- solía poner el libro frente a mí, mientras en cada brazo sostenía a una de las pequeñas de a penas de unos meses. Al principio era bastante complicado pero no se me ocurrió otra manera de demostrarles mi amor al mismo tiempo a ambas, sabía que en algún momento esa escena me haría sonreír, porque en esos días era bastante complicado intentar alimentar, arrullar o calmar; la voz fue lo más funcional.

- A los pocos meses notarás que el bebé empieza a mostrar su enojo, no pierdas el control, aquí funciona la respiración, el mindfulness o el yoga, permite que manifieste su emoción, y cuando se le pase explícale qué sucedió, sin juzgar.
- Poco a poco, mientras va creciendo, sobre todo a los dos años, podrás hablar de las emociones básicas: miedo, enojo, alegría y miedo.

Usa fotografías de rostros o dibujos que muestren las emociones y explica por qué se puede sentir así, pídele también que identifique la emoción, que explique por qué alguien puede expresar de esa manera su emoción. Ayúdale a identificar su emoción y la de los otros, y así también estarás trabajando la empatía.

• A partir de los tres años ya podemos tener actividades sistematizadas que nos permitan trabajar emociones, escolares o en casa, las cuales pueden enmarcarse en secuencias que el niño pueda identificar como un momento especial, por ejemplo, iniciar con una canción en particular, una breve explicación de lo que se trata, un saludo especial, tras lo que se pueden hacer ejercicios de mindfulness o yoga para niños. A ellos les encanta pasar tiempo al aire libre, movimientos dirigidos, sobre su tapete en el pasto al iniciar el día.

• Hagamos una actividad con nuestros hijos, una caminata, recostarnos para mirar el cielo o jugar lo que más divierta a nuestro hijo. Miremos a los niños a los ojos y abramos con cierta exageración los nuestros para captar su atención, luego hablemos de sus emociones, de su estado mental relacionándolo con los movimientos y sensaciones corporales. Entre más pronto mejor, incluso en el embarazo o en la etapa de desarrollo que se encuentre. Nunca es demasiado temprano, tampoco tarde, empecemos por hacerlo como una práctica cotidiana.

• Aprovecha cuando vean a otro niño llorar o reír y entonces ayúdale a entender el porqué de la reacción, si es necesario explícale qué le ha sucedido al niño antes de su manifestación emocional, tal vez se ha caído, o está muy divertido por el juego.

Existen libros y programas que pueden ayudarte, como "Emocionario", para leerlo a los niños y luego hablar sobre las seis emociones básicas de Paul Ekman: alegría, asco, ira, miedo, sorpresa y tristeza, mientras muestras una careta que represente las emociones. De igual forma, "Educar las emociones en la primera infancia. De los 3 a los

6 años de edad", donde se explican algunas actividades que se pueden realizar de forma secuencial con los escolares.

O tal vez has escuchado sobre "el monstruo de colores", que hace referencia a las emociones, donde a partir del cuento se generar una serie de actividades, en las que el pequeño es el protagonista, a fin de entender sus emociones.

En resumen, muchas son las posibilidades y mi intención ha sido compartirte algunas ideas. Espero que las lleves a cabo y lo disfrutes porque de ello depende la salud emocional de tus niños.

Gracias por este viaje, quería profundizar más y aprovechar todas mis experiencias, pero me ha resultado imposible resumir mi increíble viaje como madre y maestra, mi intención ha sido servirte.

Te deseo un maravilloso viaje en tu vida.

REFLEXIONES FINALES

Para abordar a la educación desde la neurociencia es importante conocer el funcionamiento y estructura del cerebro, reconocer que está íntimamente relacionado con el desarrollo del cuerpo y las emociones, con frecuencia solemos detectar problemas de aprendizaje o problemas en la educabilidad cuando el niño ingresa al sistema educativo, pero no siempre se acepta la condición que presenta el menor y tampoco que fue ahí donde tiene su origen, en muchos de los casos.

Entender que el desarrollo cerebral viene preprogramado en una serie de eventos desde la etapa embrionaria, conocidos como neurogénesis y migración; diferenciación y maduración de las conexiones, mielinización, poda sináptica y muerte neuronal. Posteriormente, las neuronas comienzan a establecer conexiones y se produce el crecimiento de árbol dendrítico, esta maduración comienza antes del nacimiento, empero, sigue en etapas posteriores, la formación de sinapsis necesita de la presencia de ciertas experiencias por una parte las sensoriales que son estimulaciones comunes a todos como el movimiento, color, luz, etc.; y por otro lado, de experiencias únicas para cada individuo como la exposición a la fonética o rasgos faciales particulares según el origen.

Ahora bien, identificar los periodos críticos del desarrollo neuronal nos permite prevenir los trastornos del neurodesarrollo, puesto que los cambios que suceden durante el desarrollo embrionario y fetal en las fases mencionadas nos predicen las secuelas sensoriomotoras y neuropsicológicas, específicamente en la fase de neurogénesis y migración, que pueden derivar en casos como la agenesia del cuerpo calloso, como la ausencia del fascículo arqueado en el síndrome de Angelman o las anomalías en el fascículo longitudinal superior en el autismo; esto es cuanto más temprana y extensa la lesión mayor la discapacidad intelectual.

Cabe aclarar que, como he venido señalando, el neurodesarrollo inicia en la etapa embrionaria y se extiende hasta el final de la adolescencia. Esto quiere que, incluso, en el nacimiento, o posterior a este, pueden darse también alteraciones o agresiones que pueden producir problemas, como los traumatismos, trastornos metabólicos, tumores, etc. Si bien es cierto que al principio es esencialmente genético, el ambiente es cada vez más determinante en resultados estructurales, neuroquímicos y funcionales. Así, podemos ver que el proceso de formación y maduración del sistema nervioso es delicado y conlleva tiempo, el cual es muy importante y definitivo.

Al parecer los factores que más atención han cobrado para explicar estas alteraciones mencionadas son los de tipo genético, ambiental y social, de los cuales podemos mencionar, de manera general: el componente hereditario, que conforman el grupo heterogéneo de síndromes; la edad de la gestante; la alimentación; enfermedades maternas; infecciones; consumo de alcohol, tabaco; fármacos o drogas; exposición a otros tóxicos y radiaciones. La genética y el ambiente juegan un papel preponderante hasta llegar a producir cambios en la estructura anatómica o en el patrón de conectividad, derivando hasta trastornos del aprendizaje, en las que por lo general se catalogan alteraciones en procesos como el lenguaje, la lectoescritura o el cálculo, aunque hoy sabemos que presentan múltiples funciones afectadas.

Tomar nota de datos como estos permiten disfrutar conscientemente el proceso de ser padre o madre y recibir o dar la atención oportuna, pues en el neurodesarrollo influyen tanto factores biológicos como ambientales y sociales, de modo que favorecer el óptimo desarrollo garantiza una vida plena. Nos da pie para más adelante explicarnos cómo somos, tras considerar también la suma de nuestros componentes genéticos y del entono en el que nos desarrollamos.

En tanto, debemos considerar que el desarrollo estructural del cerebro está íntimamente ligado con el desarrollo cognitivo, emocional y conductual, puesto que nos permite sobrevivir y adaptarnos al entorno que nos rodea, de tal forma que primero maduran las áreas más antiguas (vistas desde la filogénesis) después las sensoriales, motoras, de aprendizaje y emocionales, por último, las de asociación parietales y frontales. Este es un punto clave para el desarrollo de estrategias de enseñanza, que abordaremos más adelante, ¡tómalo en cuenta!

Indiscutiblemente, la neurociencia y las tecnologías médicas están revolucionando el abordaje los trastornos del neurodesarrollo, y aunque no es la naturaleza de este libro, sí considero importante mencionarlo, dado que entre más lo hablemos más posibilidades habrá de incluirlos y con ello dar un tratamiento oportuno, siempre desde la teoría, metodologías y resultados empíricos neuropsicológicos, así el tratamiento de problemas de las alteraciones en la infancia y la adolescencia con estos orígenes deben abordarse desde la multidisciplinariedad y de manera temprana, trastornos que van desde problemas del aprendizaje como la dislexia hasta trastornos graves del desarrollo, trastornos psiquiátricos, incluidos el déficit de atención con hiperactividad, los trastornos obsesivo-compulsivos, los trastornos emocionales y las alteraciones de la conducta implican un evaluación neuropsicológica para una mejor comprensión de las dificultades y llegar a las pautas de actuación más adecuadas en la intervención en la familia y la escuela.

Hoy en día las tecnologías médicas como la resonancia magnética, por ejemplo, nos revelan la relación entre el cerebro y la conducta, ahora sabemos que los trastornos psiquiátricos infantiles y las alteraciones del comportamiento, tienen una base neuroquímica o están relacionados con el desarrollo neuronal, sobre lo que antes se creía, suponiendo que tenían un carácter mental y se relacionaban con la falta de contingencia en los programas de refuerzo y otros factores ambientales. Por citar un caso, los niños y los adolescentes con trastornos por déficit de atención con hiperactiviad (TDAH), actualmente sabemos que tienen disfunciones de distintas vías corticales en función de las manifestaciones conductuales del trastorno, exceso de actividad, falta de inhibición, o deficiencias cognitivas que se relacionan con las dificultades de lectura relacionadas, en algunos casos, con la disfunción de regiones corticales específicas del hemisferio izquierdo, que median en el conocimiento de fonemas y el proceso lingüístico y semántico, según lo cita Semrud-Clikerman y Teeter (2011).

Por tales razones es importante el seguimiento prenatal y prediátrico, debido a que serán los referentes para la remisión hacia los especialistas indicados.

La educación no termina con la escuela, ni la jornada académica, ni la profesionalización en algún área. La educación es un proceso permanente.

El hogar, la familia es la primera institución donde se inicia el proceso educativo y pervive en la formación permanente.

El afecto, la seguridad y el ambiente sano hacen posible la conectividad neuronal y con ello el aprendizaje, el desarrollo neuropsicológico, además proporciona herramientas psicológicas para toda la vida.

No se puede negar que las actividades artísticas están arraigadas en el propio desarrollo del ser humano desde su nacimiento y que constituyen una recompensa cerebral natural necesaria para el aprendizaje. Esto porque la práctica de cualquiera de las manifestaciones artísticas lleva asociada un componente emocional que nos motiva y que nos permite contemplar el mundo que nos rodea desde una perspectiva diferente, más estética, más profunda. La Educación Artística resulta imprescindible porque permite a los alumnos adquirir toda una serie de competencias socioemocionales básicas para su desarrollo personal y que, además, les hacen más felices; ese es el verdadero aprendizaje, el que les prepara para la vida. El cerebro humano, que es un órgano complejo en continua reestructuración, agradece los retos y necesita el arte.

Partiendo de la premisa de que es en el contexto educativo dónde se empiezan a destacar los problemas de conducta, que presentan los niños, es imperativo señalar algunas de las herramientas con las que se cuentan para determinar tanto las deficiencias como las potencialidades.

Así pues, determinar algunas de las diferencias, por ejemplo de las formas orgánicas y funcionales, debe considerarse el tipo de desarrollo y de conducta, de acuerdo con los rasgos generales e integrales de la personalidad del niño y no precisamente con base en los síntomas y los defectos tomados separadamente. Debe incluirse para su apoyo la consideración de los procesos compensatorios, pues cuando se carece de alguna cualidad orgánica se crean estímulos para la compensación.

En las primeras etapas de desarrollo del menor podemos considerar, desde el espacio escolar, como medio para el acercamiento al conflicto, lo que constituye la base de su difícil educabilidad, observar durante el proceso educativo, me refiero a una investigación de carácter pedagógica, al revisar los productos de la creatividad del juego, y en todas las facetas de la conducta del niño, podemos distinguir tres tipos de dificultades que los niños pueden presentar: el niño con alguna deficiencia orgánica, el niño que ha sido afectado por el medio o inclusive los niños superdotados, en este último caso, la distinción de ellos viene impuesto por consideraciones ideológicas, por el ritmo veloz de su desarrollo, en especial del aprendizaje escolar, además no debemos olvidar que los factores ambientales juegan un papel determinante en el desarrollo del carácter del niño y sus conductas.

Con base en metodologías bien elaboradas se parte desde el estudio de la infancia difícil, y se pueden tomar el esquema de división propuesto por los teóricos de la conducta:

1. Casos de educación difícil condicionados por influencia traumatizantes del ambiente.
2. Casos determinados por factores psicológicos interiores en el desarrollo del niño.
3. Casos heterogéneos, los cuales se dividen a su vez en dos clases, de acuerdo con la significación dominante de tal o cual factor; los factores psicológicos internos no denotan inclinaciones patológicas.

Por cuanto cada conflicto que provoca la dificultad o difícil educabilidad tiene sus raíces en condiciones peculiares, personales y particulares de la historia del desarrollo del niño y para entrar en contacto con ellos conviene emplear los métodos desde la neuropsicología, y en la escuela considerar las aportaciones de la neurociencia, buscar en la neuroeducación aportaciones, modificar la práctica pedagógica desde la neurodidáctica, entre otros, como métodos que permitan entrar en contacto con nuestros niños.

Buscar ayuda siempre que lo necesitemos, como educadores, considerar que la naturaleza en los casos de niños difícilmente educables, consiste por lo general en el conflicto psicológico entre el niño y el medio, considerar tanto los aspectos singulares o los estratos de la personalidad del niño, a decir de Vygotsky, considerar lo cualitativo y no lo cuantitativo del defecto tanto en su diagnóstico, tratamiento, y el diseño de herramientas pedagógicas a la hora de pretender educar.

BIBLIOGRAFÍA

Antoni, M., & Zentner, J. (2019). *Las cuatro emociones.* Barcelona: Herder editorial.

Bandura, A. y. (1975). *Modificación de la conducta. Análisis de la agresión y la delincuencia.* México: Trillas.

Baumrind, D. (1966). Effects of Authoritative Parental Control on Child Behavior. *Child Development, 37(4)*, 887-907.

BBC. (4 de Mayo de 2019). *BBC NEWS* . https://www.bbc.com/mundo/vert-fut-48073817

Benjamin, C. (1990). *Manos prodigiosas. La historia de Ben Carson.* Florida: Editorial Vida.

Bisquerra, R. (2012). *Orientación, tutoría y educación emocional.* Síntesis.

Bluestein, J. (2010). *Lista de Padres Que hacer y qué no .* Buenos Aires: Lumen .

Botero Gómez, P. -A., Salazar Henao, M. -A., & Torres, M. (02 de julio de 2009). *Prácticas discursivas institucionales y familiares sobre crianza en ocho OIF de Caldas.* Revista Latinoamericana de Ciencias Sociales, Niñez y Juventud (Vol. 7 no. 2 jul-dic 2009) : http://biblioteca.clacso.edu.ar/Colombia/alianza-cinde-umz/20131115105607/art.PatriciaBotero.pdf

Cajal, S. R. (2018). *Los tónicos de la voluntad .* Madrid: Gadir .

Calderón, A. C. (2013). *Educar las emociones* . Santiago: Ediciones B Chile.

Capano, Á., y Ubach, A. (2013). Estilos parentales, parentalidad positiva y formación de padres. *Ciencias Psicológicas, 7(1)*, 83-95.

Céspedes, A. (2012). *Educar las emocioens. Educar para la vida* . Santiago: B de Books digital .

Christian, G. (1974). *El libro del masaje sensual.* México: Editorial Posada S.A.

Clark, D. B. (2012). *El cerebro y la conducta. Neuroanatomía para psicólogos.* México : El Manual Moderno .

Comenio, J. A. (1998). *Didáctica Magna* . México : Editorial Porrúa.

Dewey, J. (2000). *Experiencia y Educación* . México : Océano de México

De Saint-Exupéry, A. (1993). *El Principito.* Fernández Editores.

Henriques, M. (2019). *Qué es la Epigenética y cómo explica que los hijos hereden los traumas de los padres.* BBC News. https://www.bbc.com/mundo/vert-fut-48073817

Inkiow, D. (1987). *Matrioska.* SM.

Kant, I. (1983). *Pedagogía.* Akal.

Kolb, B., y Fantie, B. (1997). Development of the child brain and behavior. En C. Reynolds, y E. Fletcher-Janzen, *Handbook of Clinical Child Neuropsychology.* Plenum Press.

Marcus, G. (2003). *La mente algebraica.* MIT Press.

Mardomingo, M. (2015). *Epigenética y trastornos psiquiátricos.* https://pediatriaintegral.es/wp-content/uploads/2015/xix08/01/n8-524-531_20aniv.pdf

Nadeau, J. (2020). *Nadeau Lab.* s/e.

On Being. (2015). *Cómo el trauma y la resiliencia cruzan generaciones.* https://onbeing.org/programs/rachel-yehuda-how-trauma-and-resilience-cross-generations-nov2017/

Sousa, D. (2018). *Implicar al cerebro reconectado: efectos de la tecnología en la reconexión.* SM.

Stiles, J., y Jernigan, T. (2010). The basics of brain development. *Neuropsychology Review, 20(4),* 327-348.

Unicef. (2020). *Protección contra la violencia.* https://www.unicef.org/mexico/protecci%C3%B3n-contra-la-violencia

Eisner. (2004). *El arte y la creación de la mente.* Barcelona : Paidós.

México : Fernández Editores .

Febo, M. (2012). *CIENTÍFICOS DE AQUÍ: MARCELO FEBO Y LA NEUROQUÍMICA DEL AMOR MATERNO.* Puerto Rico: CienciasPR.

Feldman, L. (2019). *La vida secreta del cerebro.* España: Paidós.

Fullat, O. (1993). *Filosofía de la educación.* España: CEAC.

Gardner, H. (1995). *Mentes creativas. Una anatomía de la creatividad.* Barcelona : Paidós .

Gargantilla, P. (2018). *ABC Ciencia .* https://www.abc.es/ciencia/abci-mentira-madre-sobre-nota-colegio-pudo-cambiar-destino-edison-201811170150_noticia.html

Generalitat Valenciana. (s.f.). *Cuestionario de estilos educaitvos.* (G. Valenciana, Ed.) http://www.ceice.gva.es/orientados/familia/descargas/Dscargar_cuestionario%20estilos%20educativos.pdf

Goleman, D. (1995). *La inteligencia emocional .* México : Ediciones B México .

Guevara, I. G. (2000). *Las maravillas del masaje.* México: Grupo Editorial Tomo, S.A de C.V.

Harlow, H. (1958). La Naturaleza del amor. *American Psychologist*, 673-685 .

Hiriart, B. (2004). *Escribir para niñas y niños.* México : Paidos .

Imbernon, F. (21 de 12 de 2018). *¿Neuropedagogía, neuroeducación? ¿Moda o realidad?* (JOUR, Ed.) http://diposit.ub.edu/dspace/bitstream/2445/166073/1/701881.pdf

Inkiow, D. (1987). *Matrioska .* Madrid : SM.

Jensen, E. (2010). *Cerebro y aprendizaje. Competencias e implicaciones educativas.* Madrid: Narcea.

Jiménez, M. J. (2009 - 2010). *Estilos Educativos. y su implicación en diferentes trastornos.* https://www.fapacealmeria.es/wp-content/uploads/2016/12/ESTILOS-EDUCATIVOS.pdf

Kant, I. (1982). *Pedagogía .* Madrid : Ediciones Akal.

Klaric, J. (2014). *Véndele a la mente, no a la gente .* Lima-Perú : Litografía Dinamica .

Kolb, B., & Fantie, B. (1997). *Development of the Child's Brain and Behavior.* Boston: Springer, Boston, MA.

Kotulak, R. (13 de abril, 1993). "Research Discovers Secrets of How Brain Kearns to Talk". *Chicago Tribune*, pp. 1-4.

Lavados, J. (2012). *El cerebro y la educación. Neurobiologìa del aprendizaje.* Santiago de Chile: Aguilar Chilena de Ediciones S.A. .

López, S. (02 de mayo de 2018). *El tiempo.* https://www.eltiempo.com/salud/test-descubra-cual-es-su-temperamento-segun-psicologos-212592

Maccoby, E. E., y Martín, J. A. (1983). Socialization in the context of the family: Parent-child interaction. En E. M. Hetherington, y P. H. Mussen, *Handbook of child psychology: Socialization, personality and social development, Vol.4* (págs. 1-101). Wiley.

Manes, F. (2014). *Usar el cerebro.* Buenos Aires: Planeta.

Mardomingo, M. S. (marzo de 31 de 2015). *Epigenética y trastornos.* https://www.pediatriaintegral.es/

Mariale Hardiman, L. F. (2014). The Effects of Arts Integration on Long-Term Retention of Academic Content. *MIND, BRAIN, AND EDUCATION,* 144-148.

Marieb, E. N. (2008). Anatomía y fisiología Humana. En E. N. Marieb, *Anatomía y fisiología Humana* (pág. 310). Madrid, España. Pearson Educación .

Mariemma Martínez Sais, M. M. (2007-2009). *El Temperamento.* Barcelona. Universidad Autónoma de Barcelona .

Marina, J. A. (2011). *El temperamiento.* https://www.joseantoniomarina.net/articulo/el-temperamento/

Marino, J. (2017). *Neurociecias de las capacidades y los procosos cogntivos .* Córdoba. Encuentro Grupo Editor .

Martí, J. (2011). *Ideario Pedagógico.* Centro de Estudios Martianos.

Mehr, E. a. (2013). Two randomized trials provide no consistent evidence for nonmusical cognitive beefits of brieg preschool muisc enrichment. *PLOS ONE,* 12.

Mitra, S. (2013). *El hueco en la pared. Sistemas auto-organizados en la educación.* Buenos Aires : Editorial Fedun .

Montero, M., y Jiménez, M. A. (2009). Los estilos educativos parentales y su relación con las conductas de los adolescentes. *Familia: Revista de ciencias y orientación familiar, (39),* 77-104.

Mora, F., y Sanguinetti, A. M. (2004). *Diccionario de neurociencia.* Alianza.

Mora, F. (2013). *Neuroeduación. solo se puede aprender aquello que se ama.* Madrid: Alianza Editorial.

Morgado, I. (2014). *Aprender, recordar y olvidar. Claves cerebrales de la memoria y la educación.* Barcelona: Editorial Ariel.

Nadeau. (2020). *Nadeau Lab.* PNRI: Pacific Northwest Research Institute: https://www.pnri.org/research/labs/nadeau-lab/

ONBEING. (30 de Julio de 2015). *Cómo el trauma y la resiliencia cruzan generaciones.* Sobre estar con Krista Tippett: https://onbeing.org/programs/rachel-yehuda-how-trauma-and-resilience-cross-generations-nov2017/

Ortiz, A. (2015). *Neuroeducación ¿Cómo aprende el cerebro humano y cómo deberían enseñar los docentes?* Bogotá: Ediciones de la U. .

Palomino, A. (16 de Enero de 2020). *Cultura colectiva* . Obtenido de CC: https://culturacolectiva.com/arte/por-que-el-arte-produce-placer?fbclid=IwAR0U3epBeZQhzKRfQ99Z-59E1l75hpwcAkIiD69aNHlxmNb9MyvDnckCwe8

Papalia, W. (2009). *Psicología del desarrollo. De la infancia a la adolescencia.* McGraw Hill.

Pearce, J. (22 de Marzo de 2007). La Dra. Stella Chess, Especialista en Desarrollo Infantil, muere a los 93 años. *The New York Times* .

Pearce, J. (22 de marzo de 2007). *The New York Times.* https://www.nytimes.com/2007/03/22/nyregion/22chess.html

Peña, L. d. (1991). *Albert Einstein: navegante solitario.* México: FCE, SEP, CONACYT.

Pérez-Cortés, E. M. (2004). *Didáctica integrativa y el proceso de Aprendizaje* . México : Trillas.

Piñeiro, B. (2016). *Educar las emociones en la primera infancia. Teoría y guía práctica para niños de 3 a 6 años* . E-Book Distribution: XinXii.

Platón. (1872). *La República.* Madrid: Medina y Navarro Editores .

Ramírez-Lucas, A., Ferrando, M., y Sainz, A. (2015). *¿Influyen los estilos parentales y la inteligencia emocional de los padres en el desarrollo emocional de sus hijos escolarizados en 2o ciclo de educación infantil?* Acción Psicológica, *12(1)*, 65-78.

Rauscher, e. a. (14 de Octubre de 1993). Music and spatial task performance. *Nature.*

Rivero, O. (2016). Master and apprentice: Evidence for learnign in paleolithics portable art. *Journal of Archaeological Science,* 89-100.

Rodríguez., N. B. (17 de abril de 2019). *Web de Psicología.* https://www.psicologia-online.com/tipos-de-temperamento-y-sus-caracteristicas-4514.html

Rousseau, J. J. (1821). *Emilio o de la educación .* Madrid: Imprenta de Alban y compañia .

Semrud, M., y Teeter, P. (2011). *Neuropsicología infantil. Evaluación e intervención en los trastornos neuroevolutivos.* Pearson-UNED Sousa, D. A. (2014). *Neurociencia educativa. Mente, cerebro y educación .* Madrid : Narcea.

Sousa, D. A. (2018). *Implicar el cerebro reconectado.* España: SM.

Sousa, D. A. (2019). *Cómo Aprende el Cerebro .* California: Ediciones Obelisco .

Stiles, J., & Jernigan, T. L. (2010). The Basics of Brain Development. *Neuropsychol,* 20:327–348. Obtenido de https://link.springer.com/content/pdf/10.1007/s11065-010-9148-4.pdf

Tatarkiewicz, W. (1976). *Historia de seis ideas .* Madrid: Tecnos .

Torío, S., & Peña, J. y. (2008). *Estilos educativos parentales: Revisión bibliográfica y reformulación teórica.* España: Universidad de Salamanca. .

Tünnermann, C. B. (2008). *Panorama general sobre la filosofía de la educación.* Nicaragua: Editorial Hispamer.

UNICEF. (2020). *UNICEF MÉXICO.* UNICEF MÉXICO PARA CADA NIÑO: https://www.unicef.org/mexico/protecci%C3%B3n-contra-la-violencia

Vigotsky, L. (2004). *Teoría de las emociones. Estudio histórico-psicológico.* Madrid-España: Ediciones Akal.

Vygotski, L. (1983). *Obras escogidas de V. Fundamentos de defectología.* Moscú: Editorial Pedagógica Moscú.

Wright, R. (2006). Effect of a Structured Arts Program on the Psychosocial Functioning of Youth From Low-Income CommunitiesFindings From a Canadian Longitudinal Study. *Journal of Early Adolescence*, 26.

Zarzar, C. (1994). *Habilidades básicas para la docencia. Una guía para desempeñar la labor docente en forma más completa y enriquecedora.* México. Patria 3ª.

Ziglar, Z. (1990). *Cómo criar hijos con actitudes positivas en un mundo negativo.* México: Norma .